Sammlung Guttentag

Die Verfassung der Freien und Hansestadt Hamburg vom 6. Juni 1952

Kommentar

von

Wilhelm Drexelius und Renatus Weber

nebst
Bürgerschaftswahlgesetz, Geschäftsordnung der Bürgerschaft, Senatsgesetz, Geschäftsordnung des Senats, Gesetz über das Hamburgische Verfassungsgericht, Richterwahlbestimmungen des Hamburgischen Richtergesetzes, Gesetz über Verwaltungsbehörden, Bezirksverwaltungsgesetz, Gesetz über die Wahl der Bezirksabgeordneten

Zweite, neubearbeitete Auflage

1972

Walter de Gruyter Berlin · New York

ISBN 3 11 003781 5

Satz und Druck: Saladruck, Berlin 36

Inhalt

Abkürzungen und Hinweise

Abs.	Absatz
Änd.	Änderung(en)
Abg.	Abgeordneter
AG	Ausführungsgesetz
AmtlAnz.	Amtlicher Anzeiger, Teil II des Hamburgischen Gesetz- und Verordnungsblattes
AnO	Anordnung
ArchöffR	Archiv des öffentlichen Rechts
Art.	Artikel
AusschBer.	Ausschußbericht
Baul.	Baulandsenat, Baulandkammer
BayerVerfGH	Bayrischer Verfassungsgerichtshof
BBauG	Bundesbaugesetz v. 23. 6. 1960 (BGBl. III 2B-1)
BesGr.	Besoldungsgruppe
BezVerwG	Bezirksverwaltungsgesetz
BGB	Bürgerliches Gesetzbuch
BGBl. III	Bundesgesetzblatt, Teil III Sammlung des Bundesrechts
BGHSt., Z	Entscheidungen des Bundesgerichtshofs in Strafsachen, Zivilsachen
Bgm.	Bürgermeister
Bgsch.	Bürgerschaft
BgschWG	Bürgerschaftswahlgesetz
BL I, BL II	Sammlung des bereinigten hamburgischen Landesrechts, Sonderband des hamburgischen Gesetz- und Verordnungsblattes, ausgegeben am 21. 7. 1961, Teil II, Sonderband des GVBl, ausgegeben am 24. 4. 1970 (vgl. Bem. 6 zu Art. 52)
BRat.	Bundesrat
BRRG	Rahmengesetz zur Vereinheitlichung des Beamtenrechts (Beamtenrechtsrahmengesetz) idF. v. 22. 10. 1964 (BGBl. III, Nr. 2030—1)
BTag.	Bundestag
BürgA	Bürgerausschuß

BVerfG	Bundesverfassungsgericht
BVerfGE	Entscheidungen des Bundesverfassungsgerichts
BVerwG	Bundesverwaltungsgericht
DÖV	Die Öffentliche Verwaltung
DRiG	Deutsches Richtergesetz v. 8. 9. 1961 idF v. 19. 4. 1972 (BGBl. III 301—1)
DV	Deutsche Verwaltung
DVO	Durchführungsverordnung
FHH	Freie und Hansestadt Hamburg
G, Ges. (S)	Gesetz (-sammlung)
GeschO	Geschäftsordnung
GG	Grundgesetz für die Bundesrepublik Deutschland
GVBl.	Hamburgisches Gesetz- und Verordnungsblatt
HdbDSTR	Handbuch des Deutschen Strafrechts, hrsg. v. Gerhard Anschütz u. Richard Thoma, Bd. 1 u. 2, 1930/32
Hmb, hmb.	Hamburg, hamburgisch (-e, -er, -es)
HmbRiG	Hamburgisches Richtergesetz
HmbVerfG	Hamburgisches Verfassungsgericht
HansOLG	Hanseatisches Oberlandesgericht in Hamburg
HansRZ	Hanseatische Rechts-Zeitschrift
hrsg.	herausgegeben
idF	in der Fassung
JböffR	Jahrbuch des öffentlichen Rechts
JW	Juristische Wochenschrift
JZ	Juristenzeitung
Komm.	Kommentar
LHO	Landeshaushaltsordnung
LS	Loseblattsammlung, Gesetze u. Verordnungen der FHH, hrsg. vom Senat der FHH, seit 1961 (vgl. Bem. 6 zu Art. 52)
MDR	Monatsschrift für Deutsches Recht
NJW	Neue Juristische Wochenzeitschrift
OVG	Oberverwaltungsgericht
OVGE	Entscheidungen der Oberverwaltungsgerichte
Rdnr.	Randnummer
RGBl.	Reichsgesetzblatt
RGSt., Z	Entscheidungen des Reichsgerichts in Strafsachen, in Zivilsachen
RiWahlA	Richterwahlausschuß
RRat	Reichsrat

RTag	Reichstag
RVerf. 1871	Verfassung des Deutschen Reiches vom 16. 4. 1871
SenE	Senatsentwürfe einer Verfassung der FHH (s. Literatur: Die Verfassung)
SenG	Senatsgesetz
StenBer.	Stenografische Berichte über die Sitzungen der Bürgerschaft zu Hamburg seit 1899
StGB	Strafgesetzbuch
StGH	Staatsgerichtshof
Verf. 1860 Verf. 1879 Verf. 1921	Verfassung der Freien und Hansestadt Hamburg vom 18. 9. 1860, bzw. 13. 10. 1879, 7. 1. 1921
VerfA	Verfassungsausschuß der hamburgischen Bürgerschaft in der Legislaturperiode 1949—1953
VerfBer.	Zweiter Bericht des Verfassungsausschusses (Nr. 60 von 1951) der hamburgischen Bürgerschaft über den Antrag des Senats Nr. 16 (StenBer. 1952, S. 645 ff.)
Verh.	Verhandlungen zwischen Senat und Bürgerschaft (seit 1859)
VerfR	Verfassungsrecht
VerwGO	Verwaltungsgerichtsordnung v. 21. 1. 1960 (BGBl. III Nr. 340—1)
VerwRspr.	Verwaltungsrechtsprechung in Deutschland, Sammlung oberstrichtlicher Entscheidungen aus dem Verfassungs- und Verwaltungsrecht
VO	Verordnung
VorlVerf.	Vorläufige Verfassung der Hansestadt Hamburg vom 15. Mai 1946
WeimRVerf.	Verfassung des Deutschen Reiches v. 11. 8. 1919
ZHG	Zeitschrift des Vereins für Hamburgische Geschichte
ZuständAnO	Zuständigkeitsanordnungen des Senats der FHH, Loseblatt-Ausgabe, hrsg. nach dem Stand vom 28. 2. 1970 mit vierteljährl. Ergänzungen

Vorwort
zur zweiten Auflage

In Hamburg ändert man ungern die Verfassung. Außer einer unwesentlichen Einfügung im Art. 5 hat erst das Jahr 1971 durch das Zweite Gesetz zur Änderung der Verfassung die Unvereinbarkeit zwischen dem Amt des Senators und dem Mandat des Bürgerschaftsabgeordneten sowie die verfassungsmäßige Verankerung der Opposition und schließlich des Eingabenausschusses gebracht. Im Januar 1972 sind Änderungen im Teil VII (Haushalts- und Finanzwesen) erfolgt.

Eine Anzahl Vorschriften der Verfassung, die heute vor zwanzig Jahren verkündet wurde, sind infolge des inzwischen erlassenen Bundesrechts ungültig geworden, andere sind durch die Bundesgesetzgebung überlagert. Das ist das Schicksal aller Landesverfassungen. Verfassungsgrundsätze unseres Staates sind durch Literatur und Judikatur, insbesondere durch die Rechtssprechung des Bundesverfassungsgerichtes vertieft worden.

Das Schwergewicht der Hamburgischen Verfassung liegt nach wie vor in der Polarität zwischen Senat und Bürgerschaft sowie in der Landesverwaltung, der die Ausführung der eigenen und der Bundesgesetze obliegt. Der zweite und politisch bedeutsame Schwerpunkt der Länder, ihre Mitwirkung bei Verwaltung und Gesetzgebung des Bundes, ist nur gestreift; sedes materiae ist hier das Verfassungsrecht des Bundes.

Neben der Verfassungsauslegung ist, wie schon in der ersten Auflage, die Anwendung der Normen in der hamburgischen Staatspraxis aufgezeigt worden. Der Kommentar ist daher zugleich ein Handbuch der Praxis und nicht nur für Verfassungsjuristen, sondern auch für interessierte Laien bestimmt.

Die Verfasser haben den Stoff nicht unter sich aufgeteilt, sondern die Kommentierung aller Verfassungsartikel gemeinsam vorgenommen.

Hamburg, am 6. Juni 1972

Vorwort zur ersten Auflage

von Bürgermeister a. D. Adolph Schönfelder,
Präsident der Bürgerschaft

Am 4. Juni 1952 hat die Hamburger Bürgerschaft eine neue Verfassung verabschiedet, die am 1. Juli 1952 in Kraft getreten ist. Damit wurde die Vorläufige Verfassung vom 15. Mai 1946 aufgehoben.

Diese Vorläufige Verfassung war von einer Bürgerschaft beschlossen worden, deren Abgeordnete nicht gewählt, sondern deren Mitglieder, Männer sowie Frauen aus allen Kreisen der Bevölkerung und aus allen Bezirken der Hansestadt Hamburg, von der Militärregierung ernannt worden waren. Sie umfaßte Vertreter der politischen Parteien, der Konfessionen, der Gewerkschaften, der Industrie und des Handels, der freien Berufe, der Landwirtschaft und einige andere Gruppen.

Diese ernannte Bürgerschaft trat am 27. Februar 1946 zusammen und blieb in Funktion bis zur ersten Neuwahl einer Bürgerschaft am 13. Oktober 1946. Die von der ernannten Bürgerschaft beschlossene und von der damaligen Militärregierung genehmigte Verfassung stützte sich in ihren Hauptpunkten auf die alte Hamburger Verfassung vom 7. Januar 1921. Hamburg konnte mit dieser Vorl. Verfassung zunächst recht gut arbeiten und ließ sich deshalb Zeit mit der Erarbeitung einer neuen Verfassung, die „reifen" sollte, so daß es nun als letztes Land im Bunde seine Verfassung beschloß. Am 13. Januar 1948 legte der Senat der Bürgerschaft (Senatsmitteilung Nr. 6) den ersten Verfassungsentwurf vor. Mittlerweile war der Parlamentarische Rat berufen worden, und es erschien angezeigt, die Ergebnisse seiner Arbeit abzuwarten. Das Grundgesetz vom 23. Mai 1949 hat unsere Arbeit erleichtert, da manche grundsätzliche Fragen — vor allem die Grundrechte, Schulwesen, Verhältnis von Staat und Kirche — nunmehr bundeseinheitlich und damit auch für Hamburg geregelt waren. Andere Bestimmungen wie die über das Haushaltswesen und die über die Richteranklage konnten dem Grundgesetz angepaßt werden. Ein entsprechender Entwurf des Senats vom 19. Juli 1949 (Senatsmitteilung Nr. 170) wurde im Verfassungsausschuß der Bürgerschaft beraten, konnte aber bis zum Ablauf der

Wahlperiode im Oktober 1949 nicht mehr verabschiedet werden, so daß der Senat unter Auswertung der bisherigen Beratungen und des Berichtes dieses Verfassungsausschusses (Berichterstatter Prof. Dr. Walther Fischer) am 20. Januar 1950 der am 16. Oktober 1949 gewählten Bürgerschaft einen neuen Entwurf (Senatsmitteilung Nr. 16) vorlegte.

Dieser Entwurf ist in den zahlreichen Verhandlungen im Verfassungsausschuß behandelt worden, wobei als bemerkenswert hervorgehoben werden kann, daß in fast allen Punkten ohne Abstimmungen eine Einigung auf dem Wege der Aussprache erreicht worden ist. Hamburg ist vielleicht mehr als jedes andere Land traditionsgebunden und besitzt kaum Vorbilder in den Verfassungen anderer Länder. Die Verfassung der Freien Hansestadt Bremen ist vor Erlaß des Grundgesetzes verabschiedet worden und daher erheblich umfangreicher als unsere Hamburger Verfassung.

Natürlich kennt auch die Hamburger Verfassung die Trennung der Gewalten, die der Präsident des Senats, Bürgermeister Brauer, bei der zweiten Lesung der Verfassung als das Lebensgesetz jedes modernen Staates bezeichnet hat. Doch hier in diesem Stadtstaat, wo Gemeinde und Land eins sind, liegen alle Dinge näher beieinander, wie beispielsweise die nähere Berührung von Gesetzgebung und Verwaltung in den Verwaltungskörpern der Behörden, den sogenannten Deputationen. Andererseits kann der Senat durch ein aufschiebendes Veto bei der Gesetzgebung gewisse Funktionen einer ersten Kammer wahrnehmen. Das ist alte Übung in Hamburg und hat sich bewährt.

Wenngleich die neue Hamburger Verfassung sich in vielen Punkten auf altes, bewährtes Recht stützt, konnte die Bürgerschaft in ihrer Mehrheit sich doch nicht entschließen, jede alte Hamburger Gepflogenheit wieder neu in der Verfassung zu sanktionieren. So wurde die Frage der halbamtlichen Senatoren, Senatoren, die neben ihrem Amt auch noch ihren Beruf wahrnehmen durften, zu einem Streitpunkt, über den der Verfassungsausschuß sich nicht einigen konnte, sondern die Entscheidung dem Plenum überlassen mußte. Hierbei siegte doch die Meinung, daß diese Einrichtung früherer Jahrzehnte, die sich in alten geruhsamen Zeiten bewährt haben mochte, unter den heutigen politischen und wirtschaftlichen Verhältnissen nicht mehr als zweckmäßig angesehen werden könnte. So hat sich zuletzt auch der alte, zähe Kämpfer, der Abgeordnete Dr. de Chapeaurouge, der bis zur letzten Lesung mit der Verfassung in diesem Punkte nicht einverstanden war, mit der Entscheidung der Bürgerschaft abgefunden.

Eine andere Entscheidung, die der Verfassungsausschuß dem Plenum überließ, weil er selber zu keiner Einigung kommen konnte, betraf das Wahlrecht. Mit großem Nachdruck wurde insbesondere von dem Abgeordneten Büll noch die reine Verhältniswahl gefordert, während die Mehrheitswahl mit dem zuletzt in Hamburg geübten Ausgleich durch Verhältniswahllisten im Verfassungsausschuß mit Mehrheit vertreten wurde. Auch in dieser Frage wurde erst vor der Entscheidung des Plenums durch interfraktionelle Besprechungen eine Einigung dahingehend erzielt, daß zwar die Grundsätze für die Wähler, nicht aber das Wahlsystem in die Verfassung aufgenommen wurde.

Es ist verständlich, daß in den Verhandlungen des Verfassungsausschusses auch die Fragen der Wirtschaftsentwicklung eine wichtige Rolle gespielt haben: Demokratisierung der Wirtschaft, Gemeinwirtschaft, gelenkte oder private Wirtschaft waren die Probleme bei dieser Erörterung, wobei die Meinungen der Sozialpartner, deren Vertreter zu den Verhandlungen hinzugezogen waren, aufeinanderstießen. Der Senat hatte in einem Abschnitt „Wirtschaft und Arbeit" neben einer Darstellung der unbestrittenen Aufgaben Hamburgs als Welt- und Hafenstadt in Anlehnung an Artikel 15 des Grundgesetzes für die Bundesrepublik Deutschland auch Vorschläge gemacht für die Überführung von Wirtschaftsunternehmungen in Gemeineigentum und die Mitwirkung der Arbeitnehmer in Wirtschaftsbetrieben. Diese Vorschläge waren für die Gewerkschaften — vertreten durch den Abgeordneten Steinfeldt — nicht weitgehend genug, während sie von der Gegenseite grundsätzlich abgelehnt wurden. Nach langen Beratungen, in denen besonders geltend gemacht wurde, daß in dem engen Raume Hamburgs wohl kaum große Vergesellschaftungspläne durchgeführt werden könnten und auf dem Gebiete des Wirtschafts- und Sozialrechts der Bund die Gesetzgebung bereits an sich gezogen habe und noch weiterhin an sich ziehen werde, so daß Bestimmungen in der Hamburger Verfassung kaum praktische Bedeutung, sondern nur optischen Wert haben würden, einigte man sich in den letzten interfraktionellen Verhandlungen auf eine Präambel. Sie betont die alte, aus Geschichte und Lage sich ergebende besondere Aufgabe Hamburgs gegenüber dem deutschen Volke, bekennt sich aber auch zu der politischen, sozialen und wirtschaftlichen Gleichberechtigung, die zur politischen und wirtschaftlichen Demokratie führt.

In diesem Geiste wurden auch die letzten Verhandlungen zwischen den Parteien geführt. Sie hatten das Ergebnis, daß am 4. Juni 1952 die Hamburger Verfassung fast einstimmig (gegen drei kommunistische Stimmen) angenommen wurde. Damit erledigte sich auch die Frage nach einer endgültigen Sanktion durch einen Volksentscheid.

Nun ist die Verfassung in Kraft und es gilt, sie mit lebendigem Geist zu erfüllen. Für ihre Anwendung und Auslegung ist der Wille des Gesetzgebers maßgeblich. Es ist deshalb wichtig, daß der Wille des Gesetzgebers nicht nur in der Formulierung der Verfassungsartikel klar zum Ausdruck kommt. Es darf angenommen werden, daß in dieser Verfassung Widersprüche zwischen gesetzgeberischem Willen und seinem sprachlichen Ausdruck nicht auftreten, da nach Verabschiedung des sachlichen Inhalts eine Prüfung durch juristisch und sprachlich besonders versierte Mitbürger erfolgt ist. Dennoch bedarf auch diese Verfassung, wie jede andere, einer Erläuterung und Auslegung.

Es ist deshalb erfreulich, daß zur Abfassung eines Kommentars die beiden Herren sich vereinigt haben, die dazu die besondere Eignung und Kompetenz besitzen. Senatssyndicus Dr. Wilhelm Drexelius ist als Senatsreferent der Verfasser der Senatsentwürfe und hat als Vertreter des Senats an den Sitzungen des Verfassungsausschusses entscheidend Anteil an den Ergebnissen der Beratung. Rechtsanwalt Dr. Renatus Weber hat in der letzten Wahlperiode im gleichen Ausschuß als Schriftführer und Berichterstatter hervorragend mitgewirkt.

Die Deutung der Verfassung durch diese Herren, die aus der lebendigen Mitarbeit erfolgt, erscheint mir wertvoller, als wenn später andere Juristen nur mit der Schärfe ihrer Logik ihre Auslegung mehr aus dem Buchstaben als aus dem Leben folgern.

Ich bin vor Jahren als Laienrichter im Oberverwaltungsgericht von einem hohen Richter darüber belehrt worden, daß noch wichtiger als eine richtige, eine konstante Rechtsanwendung sei. In diesem Falle bin ich der festen Überzeugung, daß die Auslegung der beiden Herren Kommentatoren die richtige ist und deshalb ihr Kommentar verdient, konstantes Recht in der Anwendung unserer Verfassung zu werden.

Die Bürgerschaft wird selbst alsbald diesen Kommentar brauchen, so bei Schaffung der Gesetze, die durch die Verfassung notwendig werden (Verfassungsgericht), und besonders bei der Neugestaltung ihrer Geschäftsordnung, die in manchen Punkten der neuen Verfassung angepaßt werden muß.

Wir können dankbar sein, daß die Verfasser gleich nach Abschluß der Verfassungsberatungen ihre Arbeit aufgenommen haben, so daß die Verfassung mit diesem Kommentar bald in die Hände aller gegeben werden kann, die in Politik, Gesetzgebung, Verwaltung und Rechtsprechung Hamburgs tätig sind oder tätig sein werden.

Es wäre zu wünschen, daß darüber hinaus die Kenntnis unserer Verfassung in immer weitere Kreise der Bevölkerung dringt, das Interesse weckt, am öffentlichen Leben teilzunehmen und so der Geist lebendig wird, der in der Präambel unserer Verfassung zum Ausdruck kommt.

Großes Wappen

Hamburgische Flagge

Staatsflagge

Kleines Wappen

Admiralitätsflagge

Verfassung der Freien und Hansestadt Hamburg

Vom 6. Juni 1952 (BL I 100-a) mit Änderungen vom 9. Juni 1969 (GVBl. 109), 18. Februar 1971 (GVBl. 21) und 14. Januar 1972 (GVBl. 15)

Die Freie und Hansestadt Hamburg hat als Welthafenstadt eine ihr durch Geschichte und Lage zugewiesene, besondere Aufgabe gegenüber dem deutschen Volke zu erfüllen. Sie will im Geiste des Friedens eine Mittlerin zwischen allen Erdteilen und Völkern der Welt sein.

Durch Förderung und Lenkung befähigt sie ihre Wirtschaft zur Erfüllung dieser Aufgaben und zur Deckung des wirtschaftlichen Bedarfs aller. Auch Freiheit des Wettbewerbs und genossenschaftliche Selbsthilfe sollen diesem Ziele dienen.

Jedermann hat die sittliche Pflicht, für das Wohl des Ganzen zu wirken. Die Allgemeinheit hilft in Fällen der Not den wirtschaftlich Schwachen und ist bestrebt, den Aufstieg der Tüchtigen zu fördern. Die Arbeitskraft steht unter dem Schutze des Staates.

Um die politische, soziale und wirtschaftliche Gleichberechtigung zu verwirklichen, verbindet sich die politische Demokratie mit den Ideen der wirtschaftlichen Demokratie.

In diesem Geiste gibt sich die Freie und Hansestadt Hamburg durch ihre Bürgerschaft diese Verfassung.

1. Ein Vorspruch zu einer Verf. — Präambel — kann die Motive des Verfgebers, die geschichtliche Lage des Staates oder beides wiedergeben (so RVerf. 1871, WeimRVerf. 1919, GG), er kann auch den Gegensatz zum früheren VerfZustand aufzeigen (so die meisten Verf. der deutschen Länder, vgl. Bremen, Spitta 25). Verf. 1921 (Mittelstein 39) hatte sich darauf beschränkt zu erklären:

> „Das hamburgische Volk, vertreten durch die am 16. März 1920 gewählte Bürgerschaft, hat sich diese Verfassung gegeben."

2. Abs. 1 ist die einzige Stelle, an der die Verf. über die nüchterne hanseatische Sprache hinausgeht. Ipsen (257) bezeichnet diesen Teil der Präambel als „neuartig, im Sinne ihrer Individualisierung liegend und zum Zweck integrierender Selbstdarstellung auch im Hinblick auf Art. 29 Abs. 1 GG wesentlich".

3. Zu den Abs. 2—4 hat sich Adolph Schönfelder im Vorwort zur 1. Aufl. (oben) erläuternd geäußert, ebenso weist Ipsen (229) auf die erzielte Kompromißlösung hin, die ermöglicht hat, daß gegen die Verf. nur drei Stimmen der KPD abgegeben wurden. Es ist insbesondere nach BVerfGE 5 85 (KPD) herrschende Auffassung, daß der Präambel des GG „vor allem **politische, aber auch rechtliche Bedeutung zukommt**". Auch die in der hmb. Präambel niedergelegten Grundzüge einer Wirtschafts- und Sozialordnung geben dem Gesetzgeber „Ziel und Rahmen" (Ipsen 262), sie entbehren insofern nicht der normativ-rechtlichen Wirksamkeit, als sie im Gesamtzusammenhang aller VerfVorschriften einen Maßstab für die Auslegung durch die richterliche Gewalt darstellen.

In einer Äußerung gem. § 82 Abs. 4 Satz 2 BVerfGGes. hat sich das HmbVerfG (HVerfG 1—4 a/3/) am 16. 3. 1971 wie folgt zur Präambel geäußert:

„... der rechtliche Gehalt des Vorspruchs zur hmb. Verf. (geht) über die Bedeutung reiner Proklamation hinaus. Mit dem Postulat der Nothilfe für den Schwachen und der Aufstiegsförderung für den Tüchtigen, der Ausgestaltung der politischen Demokratie zur Wirtschaftsdemokratie und der Forderung nach politischer, sozialer und wirtschaftlicher Gleichberechtigung wendet sich die Verf. an den hmb. Gesetzgeber; sie stellt damit zugleich Maßstäbe für die Auslegung der hmb. Verf. und des Landesrechts auf. Ob die Forderung nach einer Förderung des Aufstiegs der Tüchtigen im Vorspruch der Verf. und die Verankerung des Sozialstaatsgrundsatzes in Art. 3 darüber hinaus den Rang von Verfassungssätzen erreichen, aus denen sich vollziehbare Rechtsansprüche des einzelnen ... ableiten lassen, erscheint fraglich ..."

4. Die Vorgeschichte und die Entstehung der Verf. und die Entstehung der Präambel haben Glatz-Haas im JböffR 1957 225 ff. dargestellt.

I.

Die staatlichen Grundlagen

Artikel 1

Die Freie und Hansestadt Hamburg ist ein Land der Bundesrepublik Deutschland.

1. „Freie und Hansestadt“ ist die Bezeichnung, die Hmb. nach der Befreiung von der französischen Herrschaft, seit dem Jahre 1819, ständig geführt hat (Studt u. Olsen 167). Im Einheitsstaat nach 1933 (Ges. v. 26. 1. 1937, RGBl. I 91) wurde der alte Name zu Gunsten von „Hansestadt Hamburg“ aufgegeben. Die Verf. stellt die traditionelle Bezeichnung wieder her. Dabei bedeutet das Adjektiv „frei“ das gleiche wie der folgende Satz „ist ein Land der Bundesrepublik Deutschland“, d. h. die staatliche Selbständigkeit der Stadt, ihre Stadtstaatlichkeit. „Frei“ im Namen bedeutet die **Freiheit von einer anderen Landeshoheit.** Bis in das 18. Jahrhundert hatte sich Hmb. nur als „Stadt“ bezeichnet. Seine Reichsunmittelbarkeit war bis zum Gottorper Vergleich 1768, wo auch der dänische König als Herzog von Holstein sie anerkannte, nicht unbestritten (Reincke, Hamburgs Aufstieg zur Reichsfreiheit, ZHG 47, 1961, 33 f.). Von 1768 bis zum Jahre 1806 nannte Hmb. sich „Kaiserlich Freie Reichsstadt“, seit dem Jahre 1806 „Freie Hansestadt“. Damit wurde im Namen eine geschichtliche Erinnerung wieder aufgenommen (Studt u. Olsen 121 u. 159). Eine ähnliche Entwicklung ist bei Bremen und bei Lübeck, das allerdings seit 1937 keine Freie Stadt mehr ist, zu beobachten.

2. Verf. 1921 bezeichnete in Art. 1 die FHH noch als „Staat“ und als „Republik“. Beides wurde bei den Beratungen des VerfA für selbstverständlich gehalten und daher nicht mehr in den Text der Verf. aufgenommen. Hmb. ist in seiner Geschichte niemals etwas anderes als eine **Republik** gewesen und daß es ein Staat ist, ergibt sich aus dem weiteren Satz „ist ein Land“. BVerfGE 1 34: „Die Länder sind als Glieder des Bundes Staaten mit eigener — wenn auch gegenständlich beschränkter — nicht vom Bund abgeleiteter staatlicher Hoheitsmacht.“

3. VorlVerf. 1946 bezeichnete die Hansestadt Hmb. in Art. 1 auch als Gemeinde und bestimmte, daß sie auch die Aufgaben der „Gemeindeverbände höherer Ordnung“ wahrzunehmen habe. Das war geschehen, um die Überleitung des durch das Groß-Hamburg-Gesetz geschaffenen Zustandes zu erleichtern und um sich dem damals geltenden Reichsrecht anzupassen. Hier ist bewußt darauf verzichtet worden, das Land Hmb. auch als Gemeinde zu bezeichnen. Die FHH ist daher **keine Gemeinde,** sondern ein Staat, der auch die Aufgaben als staatliche Aufgaben wahrnimmt, die in anderen Ländern den Gemeinden überlassen werden (so BGHZ 13 207, wo Hmb. als Land Gebührenfreiheit auch bei Angelegenheiten zugebilligt wurde, die in anderen Bundesländern den Gemeinden obliegen). Thieme in „Hamburg als Gemeinde“ (DÖV 1969 832) bezeichnet Hmb. irrtümlich als

Gemeinde und will das wohl mehr soziologisch als rechtlich gewertet haben. Wenn er dabei u. a. Schulangelegenheiten und Schulaufsicht als typisch gemeindliche Tätigkeiten ansieht, dann ist das auch tatsächlich nicht richtig. Auch in anderen Ländern sind sie Angelegenheiten, die das Land durch Gesetzgebung und staatliche Verwaltung ordnet und beaufsichtigt. Ipsen 233 ff. spricht von „einer Doppelgestalt der einzigen Gebietskörperschaft, nicht einem Zwilling zweier juristischer Personen" (234). Glatz-Haas 235 formulieren: „das bedeutet also, daß **eine** Körperschaft, die (juristisch) Staatsqualität hat, zugleich (soziologisch) Stadt ist". Dieser Auffassung entspricht z. B. auch die „Hamburg-Klausel" des BBauG (§ 188 Abs. 6): „Die Freie und Hansestadt Hamburg gilt für die Anwendung dieses Gesetzes auch als Gemeinde."

Artikel 2

(1) Das Hoheitsgebiet der Freien und Hansestadt Hamburg umfaßt das bisherige durch Herkommen und Gesetz festgelegte Gebiet. Gebietsveränderungen bedürfen eines die Verfassung ändernden Gesetzes.

(2) Hoheitsrechte, welche die Freie und Hansestadt Hamburg außerhalb ihres Hoheitsgebietes ausübt, bleiben erhalten. Dies gilt besonders für Hoheitsrechte in Cuxhaven, im Gebiet der Elbmündung und auf der Elbe.

(3) Durch Staatsvertrag können Einrichtungen, insbesondere Behörden, geschaffen werden, die der Freien und Hansestadt Hamburg und anderen Ländern gemeinsam sind. Ebenso kann die Freie und Hansestadt Hamburg sich an solchen Einrichtungen beteiligen.

1. Das Staatsgebiet der FHH hat in der mehr als tausendjährigen Geschichte der Stadt erhebliche **Veränderungen** erfahren. Das Gebiet ist durch kriegerische Ereignisse und durch Verträge erweitert und wieder verkleinert worden. Die letzten wesentlichen Veränderungen des Gebietes vor dem Inkrafttreten der Verf. waren der Übergang des „Amts **Bergedorf**" in alleinige hmb. Verwaltung aus der bisher gemeinsamen hmb.-lübischen Verwaltung im Jahre 1867 und die letzte Festlegung des Gebietes durch § 1 **Ges. über Groß-Hamburg** und andere Gebietsbereinigungen vom 26. 1. 1937 (RGBl. I 91). Vom Lande Preußen gingen damals auf das Land Hmb. über die Stadtkreise Altona, Wandsbek und Harburg-Wilhelmsburg, 27 Landgemeinden und einige kleinere Gebietsstücke. Hmb. verlor durch die gleiche Bestimmung die Städte Cuxhaven und Geesthacht, das Walddorf Groß-Hansdorf und Schmalenbek und die 5 weiteren

Landgemeinden des Amts Ritzebüttel (Studt u. Olsen 49 ff., 72, 121, 157).

2. Durch die Vierte DVO zum Ges. über Groß-Hamburg und andere Gebietsbereinigungen v. 22. 3. 1937 (RGBl. I 335) waren Hmb. in **Cuxhaven** besondere Rechte zugebilligt worden, in der Wirkung eine Art „völkerrechtlicher Servitut" (Ipsen 98). Entgegen der sonstigen Regelung des Groß-Hamburg-Ges. war das fiskalische Grundeigentum Hmbs. in einem näher bestimmten Raum (§ 4) hmb. Grundeigentum geblieben. Darüber hinaus war in einem Gebiet, das § 5 Abs. 1 wie folgt beschreibt:

> „Elbestrom von der Nordwestecke des Steubenhöfts bis zur preußisch-hamburgischen Landesgrenze bei Altenbruch, der Grenze folgend bis zur Bahnlinie Stade-Cuxhaven, der Bahnlinie nach Nordwesten folgend bis zur Abzweigung des zum Steubenhöft führenden Gleises, diesem Gleis folgend bis zum Steg über den Eingang zum Holzhafen, alsdann dem Zollgitter westlich der Lenzstraße folgend, bis zur Nordwestecke der Hallen der Hamburg-Amerika-Linie, von dort in gerader Linie zur Nordwestecke des Steubenhöfts",

die Einführung landesrechtlicher Vorschriften auf dem Gebiete des Wasser- und Wegerechts sowie der Landesplanung an hmb. Zustimmung gebunden. In dem gleichen Gebiet durften nur mit hmb. Zustimmung Bauten errichtet werden, die die Verwendung des Geländes zu Hafenzwecken erschweren könnten; alle Maßnahmen auf dem Gebiet der Gewerbeaufsicht bedurften hmb. Zustimmung.

Durch Vertrag mit dem Lande Niedersachsen vom 26. 5./4. 6. 1961 (GVBl. 317 — LS 101-b) hat Hmb. auf diese Rechte verzichtet. Der Vertrag ist durch Ges. veröffentlicht worden und am 5. 10. 1962 in Kraft getreten (GVBl. 177). Im Gebiet des Amerika-Hafens und des Steubenhöfts hat Hmb. jetzt nach Art. 1 des Vertrages

a) das Planungsrecht
b) die Baupolizei
c) die Wege-, Wasser- und Schiffahrtspolizei
d) die Verwaltung und den Ausbau des Hafens.

In Art. 2 dieses Vertrages wird vereinbart, daß ein Gebiet in der **Elbmündung mit den Inseln Neuwerk und Scharhörn** hmb. Staatsgebiet wird. Dieser Teil des Vertrages ist mit der Ratifikation des Durchführungsabkommens vom 14. 6. / 7. 8. 1967 (GVBl. 285 — LS 101-d) am 1. 10. 1969 in Kraft getreten (GVBl. 195). Das Ges., mit

23

dem der Vertrag veröffentlicht wurde, war im Hinblick auf Art. 2 mit der Mehrheit des Art. 51 verabschiedet worden.

3. Abs. 3 ist auf Grund einer Anregung des Abg. Dr. de Chapeaurouge von dem VerfA eingefügt worden, nachdem die sachlichen Beratungen der Verf. eigentlich abgeschlossen waren. Er will die verfassungsrechtliche Grundlage vor allem für die gemeinsamen Einrichtungen mit anderen Ländern geben, wie sie früher als HansOLG und als Landesversicherungsanstalt der Hansestädte mit Bremen und Lübeck und als Strafvollzugsgemeinschaft außerdem mit Braunschweig und Oldenburg gemeinsam bestanden. Rechtlich erforderlich war diese Verfassungsvorschrift nicht (Ipsen 248). Nicht in allen Fällen sind solche Regelungen durch **formelle Staatsverträge** erfolgt, sondern durch **Verwaltungsabkommen,** die nur die Verwaltungen binden und kein für den Bürger unmittelbar bindendes Recht schaffen. Dadurch erklärt sich bei den folgenden Beispielen die verschiedene Art der Bekanntmachung des Textes:

der Norddeutsche Rundfunk (GVBl. 1955 197, BL I 225-c) (dazu das sogenannte „Fernsehurteil" — BVerfGE 12 205 —, durch das der Staatsvertrag für ungültig erklärt ist, soweit er dem NDR das ausschließliche Recht für den Betrieb von sendetechnischen Anlagen des Hör- und Fernsehfunks zubilligt — BL I 225-c Anm. 2 —. Im übrigen ist der Vertrag für gültig erklärt worden)

das Zweite Deutsche Fernsehen (GVBl. 1962 5, LS 225-b)

der Gemeinsame Senat für Zoll- und Verbrauchssteuersachen beim Finanzgericht Hmb. für die Länder Hmb., Niedersachsen und Schleswig-Holstein (BL I 305-a)

die alleinige Zuständigkeit des Landgerichts Hmb. für Patentstreitigkeiten der Länder Hmb. und Schleswig-Holstein (AmtlAnz. 1950 73)

die alleinige Zuständigkeit des HansOLG Hmb. in Staatsschutzsachen in den Ländern Hmb. und Bremen (GVBl. 1970 271, 1971 1, LS 301-r)

die Verteilung der örtlichen Zuständigkeit in Binnenschiffahrtsangelegenheiten der Länder Bremen, Hmb., Niedersachsen und Schleswig-Holstein auf die drei Amtsgerichte Bremen, Hmb. und Emden und die Rechtsmittelinstanz auf das HansOLG Hmb. als Schiffahrtsobergericht für alle vier Länder (BL I 301-k)

das Gemeinsame Prüfungsamt für die Große Juristische Staatsprüfung der Länder Hmb., Bremen und Schleswig-Holstein (GVBl. 1972 119 — LS 315-d) der gemeinsame Strafvollzug der Länder Hmb. und Schleswig-Holstein (AmtlAnz. 1956 326) (Ein Abkommen über den gleichen Gegenstand zwischen Hmb. und Bremen und die späteren Änd. beider Abkommen sind nicht veröffentlicht worden)

das sogenannte „Königsteiner Abkommen" über die Finanzierung wissenschaftlicher Forschungseinrichtungen (Verhandlungen zwischen Senat und Bürgerschaft 1964 248) ist am 12. 12. 1963 zum dritten Mal für weitere 5 Jahre verlängert worden. Eine weitere formelle Verlängerung ist bisher nicht vereinbart worden. Das Abkommen wird aber auf Beschluß der Ministerpräsidenten (zuletzt am 17. 12. 1970 und am 28. 1. 1972) stillschweigend weiter angewandt.

die Nordwestdeutsche Klassenlotterie (GVBl. 1967 281, LS 7137-b)

der Gemeinsame Landesplanungsrat Hmb./Schleswig-Holstein und die Gemeinsame Landesplanungsarbeit Hmb.-Niedersachsen („Raumordnung an der Niederelbe", Kiel Hamburg Hannover 1968).

In Hmb. sind auf Grund der Abkommen über die Vereinheitlichung des deutschen Schulwesens, zuletzt abgeschlossen am 30./31. 10. 1968, die entsprechenden hmb. Ges. geändert worden, während andere Länder die Abkommen formell im Gesetzblatt verkündet haben.

Die Vereinbarungen über die **Konferenzen von Fachministern** sehen in der Regel vor, daß ein Land auf Dauer oder zeitweilig die Verwaltungsgeschäfte für die Konferenz führt. Das Sekretariat der Ständigen Konferenz der Kultusminister, das einen nicht unerheblichen Verwaltungsaufwand erfordert, ist zwar in Bonn errichtet, wird aber formell im Haushalt des Landes Berlin geführt und durch Beiträge der Länder aus deren Haushalt finanziert.

Für die Errichtung von **hmb. Strafanstalten** und hmb. **Krankenhäusern auf niedersächsischem** und **schleswig-holsteinischem Gebiet** ist keine besondere Rechtsgrundlage geschaffen worden.

Dem Bund obliegen auf der Elbe mit Ausnahme der „Hafen-Elbe" die Abwehr von Gefahren für die Sicherheit und Leichtigkeit des Verkehrs und die schiffahrtspolizeilichen Vollzugsaufgaben nach Maßgabe einer mit den Ländern zu schließenden Vereinbarung (§§ 1 und 5 des Ges. über die Aufgaben des Bundes auf dem Gebiet der Binnenschiffahrt v. 15. 2. 1956 — BGBl. II 317). Eine solche Vereinbarung ist bisher nicht getroffen. Die FHH nimmt die **polizei-**

lichen Aufgaben auf der Ober- und auf der Unterelbe bis Feuerschiff „Elbe 1" wahr, wie sie es auf Grund früheren Reichsrechts tat.

4. Die Bestimmungen des Art. 29 GG über die **Neugliederung des Bundesgebietes** gehen dem Art. 2 als Bundesrecht vor. Das gilt auch für das im Abs. 7 Art. 29 GG vorgesehene und inzwischen erlassene Bundesges. über das Verfahren bei Änderungen des Gebietsbestandes der Länder, die nicht Gegenstand der Neugliederung sind (BGBl. I 1965 65). Gebietsveränderungen bis zu 500 ha, unter besonderen Umständen bis 1000 ha, von denen nicht mehr als 100, bei 1000 ha nicht mehr als 500 Einwohner betroffen sind, können die Länder untereinander ohne Mitwirkung des Bundes vereinbaren. § 8 des Ges. hat die Gebietsveränderung durch den Vertrag von 1961 zwischen Niedersachsen und Hmb. ausdrücklich für wirksam erklärt. Auf Grund von Art. 29 GG könnten Gebietsveränderungen auch ohne hmb. Gesetzgebungsakt erfolgen. „Die einzelnen Länder der Bundesrepublik sind weder in ihrer Existenz noch in ihrem Gebietsstand gegen Eingriffe und Veränderungen durch die Bundesgewalt verfassungsrechtlich geschützt" (BVerfGE 5 38).

5. Keine Frage der Erhaltung oder Veränderung des Staatsgebiets ist die **Erhaltung des Freihafens** in Hmb., aber sie ist im Sinne der in der Präambel Abs. 1 erwähnten besonderen Aufgabe gegenüber dem deutschen Volk als Welthafenstadt lebenswichtig. Bei der Gründung des Deutschen Reichs im Jahre 1871 war das Gebiet der FHH zwar Staatsgebiet des Deutschen Reichs geworden, war aber außerhalb des Zollgebiets geblieben. Durch den Zollanschlußvertrag v. 25. 5. 1881 (Mitt. d. Sen. an die Bgsch. Nr. 47 v. 1881 236 ff. Anlage 1 und Ges. v. 16. 2. 1882 — RGBl. 39) wurde die FHH am 15. 10. 1888 auch Zollinland (Amtsbl. der FHH 1888 687), bekam aber einen Freihafen, d. h. die Einfuhr von Waren und Gütern in diesen Hafen bleibt zollfrei, so daß die Güter ohne Zollbelastung den Hafen Hmb. passieren können, wenn sie wieder ausgeführt werden (Zollges. v. 18. 5. 1970 — BGBl. I 529, §§ 59—66). Im alten Freihafen Hmb. (Gebiet bei Abschluß des Anschlußvertrages) dürfen Waren ohne zollrechtliche Beschränkung gewerblich oder in Betriebswerkstätten bearbeitet oder verarbeitet werden (§ 62 Abs. 4). Der Freihafen ist nicht mehr Zollausland, sondern **Zollfreigebiet** (§ 2 Abs. 3 Ziff. 3), da es auch im Freihafen gewisse zollrechtliche Beschränkungen gibt. Die Aufgaben des Hauptzollamts nimmt das hmb. Freihafenamt wahr (§ 18 a FinanzverwG v. 6. 9. 1950 — BGBl. I 448 —, eingefügt durch G v. 23. 4. 1963 — BGBl. I 197).

Der Freihafen beruht auf einem Vertrage zwischen dem Deutschen Reich und der FHH. Die Bundesrepublik Deutschland ist an diesen Vertrag gebunden — entweder weil sie identisch ist mit dem Deutschen Reich oder als Rechtsnachfolgerin — und kann ihn nicht ohne Zustimmung Hmb. ändern (Glatz-Haas 227). Zu dem gleichen Ergebnis kommt Ipsen (430 ff.) aus dem Gesichtspunkt der Bundestreue.

Artikel 3

(1) Die Freie und Hansestadt Hamburg ist ein demokratischer und sozialer Rechtsstaat.

(2) Alle Staatsgewalt geht vom Volke aus. Sie wird nach Maßgabe der Verfassung und der Gesetze ausgeübt.

1. Abs. 1 ist eine teilweise Wiederholung des Art. 28 GG, der die Normativbestimmungen für die Landesverf. enthält. Die **Gewaltenteilung** zwischen Gesetzgebung, Verwaltung und Rechtsprechung ist als Grundsatz nicht ausdrücklich in die Verf. aufgenommen worden. Aus der Verf. selbst ergibt sich, daß und wie die Gewalten geteilt sind. Außerdem war die Erwägung maßgebend, daß schon zum Wesen des Rechtsstaats die Dreiteilung der Gewalten gehöre. Die unter der Verf. 1921 zeitweilig strittige Frage, ob die Bgsch. dem Senat übergeordnet sei in dem Sinne, daß er Staatsgewalt nur in ihrem Auftrage und nach ihren Weisungen ausübe, besteht nicht mehr (vgl. Wulff Anm. 1 zu Art. 2 Abs. 2 und Anm. 3 zu Art. 36). Die Verf. weist der Bgsch. die Aufgabe der Gesetzgebung (Art. 6 Abs. 1 und Art. 48 Abs. 2), dem Senat die Aufgaben der Regierung und der Verwaltung (Art. 33 Abs. 2) und den Gerichten die Rechtsprechung (Art. 62) zu. Jeder dieser Gewaltenträger übt also aus eigenem in der Verf. begründetem und geregeltem Recht seinen Teil der Staatsgewalt aus.

2. Abs. 2 Satz 1 ist eine wörtliche Wiederholung von Art. 20 Abs. 2 Satz 1 GG. Das Volk übt die **Staatsgewalt nur durch Wahlen** aus, da die Verf. Volksabstimmungen nicht vorsieht. Durch einfaches Gesetz könnte jedoch über bestimmte Fragen eine **Volksabstimmung** vorgesehen werden, da die Verf. Volksabstimmungen nicht verbietet (BVerfGE 8 115), aber der Gegenstand der Volksbefragung muß zur Zuständigkeit des Landes gehören (a. a. O. 118). Durch hmb. Ges. v. 9. 5. 1958 (GVBl. 141) war eine Volksbefragung über die Lagerung von Atomwaffen angeordnet worden. Das BVerfG hat dieses Ges. für nichtig erklärt, weil es in eine ausschließliche Zuständigkeit des Bundes übergriff (a. a. O. 121, dazu E.-W. Fuss, Die Nichtigerklärung der Volksbefragungsgesetze von Hamburg u. Bremen, ArchöffR NF 44 383 ff.).

Das **Gesetzgebungsrecht** ist nach dem auch das GG (Ausnahme Art. 29) beherrschenden **Prinzip der repräsentativen Demokratie** jedoch durch die Verf. endgültig und allein der Bgsch. zugewiesen (Art. 48 Abs. 2, Vorbem. 4 zu Art. 48). Auf dem Gebiet der Gesetzgebung sind danach weder Volksbegehren noch Volksentscheid zulässig. Anders Verf. 1921 Art. 53 ff. und heute Verf. Bremen Art. 70, Bayern Art. 74, Berlin Art. 45, 49, Hessen Art. 116, 117, 123, 124, Nordrhein-Westfalen Art. 68, 69, Rheinland-Pfalz Art. 107, 109, Saarland Art. 62, 101. Wie Hmb. Landessatzung Schleswig-Holstein und Verf. Niedersachsen.

3. Das Volk besteht aus allen in Hmb. wohnenden Deutschen. Eine besondere **hmb. Staatsangehörigkeit** gibt es nicht. Sie wäre aber denkbar (vgl. Art. 74 Ziff. 8 GG).

Artikel 4

(1) In der Freien und Hansestadt Hamburg werden staatliche und gemeindliche Tätigkeit nicht getrennt.

(2) Durch Gesetze können für Teilgebiete Verwaltungseinheiten gebildet werden, denen die selbständige Erledigung übertragener Aufgaben obliegt.

1. Verf. 1921 bestimmte in Art. 67, daß es außer dem Lande Hmb. auch noch eine Gemeinde Hmb. gäbe, deren Gemeindeorgane Senat und Bgsch. wären. Daneben bestanden im Lande Hmb. drei weitere Städte — Cuxhaven, Bergedorf, Geesthacht — und 27 Landgemeinden. Diesen 30 Gemeinden war durch Art. 68 Selbstverwaltung zugesichert. Durch Ges. über Groß-Hamburg und andere Gebietsbereinigungen vom 26. 1. 1937 (RGBl. I 91) § 2 war das neu geschaffene Gebiet Groß-Hamburg zu einer **Einheitsgemeinde** zusammengefaßt worden. Die Verf. hat diesen Zustand im Grundsatz für das „Land" aufrecht erhalten.

2. Die Bildung selbständiger Gemeinden im Gebiet der FHH ist danach unzulässig. Es würde dazu einer Verfassungsänderung bedürfen. Die Verwaltungseinheiten des Abs. 2 müssen **Verwaltungseinheiten** bleiben und dürfen nicht zu selbständigen Rechtspersönlichkeiten mit eigenem Vermögen, eigener Steuerhoheit und eigenem Haushaltsrecht ausgestaltet werden. Der VerfA war sich aber einig darüber, daß die Verwaltungseinheiten sowohl nach sachlichen Aufgaben wie auf gebietlicher Grundlage errichtet werden könnten. Es sollte in dem angegebenen Rahmen bewußt dem Gesetz die Einzelausgestaltung überlassen bleiben.

3. Nach einem 1948 erstatteten Gutachten des ehemaligen Präsidenten des Deutschen und Preußischen Städtetages, Oskar Mulert (Die Neuordnung der kommunalen Verwaltung der Hansestadt Hamburg, hrsg. vom Senat 1948), erging 1949 das erste Ges. über die **Bezirksverwaltung** in Hmb. Durch Ges. v. 16. 9. 1969 (GVBl. 179, LS 2001-a), geändert am 27. 10. 1969 (GVBl. 206) und am 23. 12. 1971 (GVBl. 259) sind sieben Bezirke geschaffen worden:

1. Hamburg-Mitte
2. Altona
3. Eimsbüttel
4. Hamburg-Nord
5. Wandsbek
6. Bergedorf
7. Harburg

Das Ges. v. 16. 9. 1969 sah mit Wirkung vom 1. 4. 1974 einen neuen Bezirk Alstertal vor, während das Ges. v. 23. 12. 1971 bestimmt, daß „der Bezirk Alstertal durch ein besonderes Gesetz eingerichtet wird". Innerhalb der Bezirke können Ortsämter eingerichtet werden (§ 4). Über die Stellung der Bezirksverwaltung im hmb. Verwaltungsaufbau vgl. Vorbem. 6 und Bem. 3 c zu Art. 55.

Artikel 5

(1) Die Landesfarben sind weiß-rot.

(2) Das Landeswappen zeigt auf rotem Schild die weiße dreitürmige Burg mit geschlossenem Tor.

(3) Die Landesflagge trägt die weiße Burg des Landeswappens auf rotem Grund.

(4) Das Gesetz bestimmt das Nähere über die Flagge und das Wappen.

1. Verf. 1921 enthielt keine Bestimmung über Flagge und Wappen, weil dies nicht für nötig erachtet wurde (Wulff Anm. 3 zu Art. 1). Flagge und Wappen Hmbs. sind in der Geschichte keineswegs sicher und selbstverständlich bestimmt gewesen (vgl. dazu Reincke, Geschichte der hamburgischen Flagge im Hmb. Übersee-Jahrbuch 1926 11—35). 1897 hat der Senat eine hmb. **Staatsflagge** geschaffen, die ausschl. vom Senat geführt und z. Z. nur aus der Laube des Rathauses bei besonderen Anlässen gehißt wird. Die letzte amtliche Verlautbarung über das Aussehen der **hmb. Flaggen** und Wappen ist die Flaggentafel im Handbuch der Freien und Hansestadt Hamburg 1963. Sie ist auch veröffentlicht in „Wappen und Flaggen der Bundesrepublik Deutschland und der Bundesländer" 2. Aufl. 1966, hrsg. vom Bundesministerium des Innern, um den internationalen Schutz zu sichern.

2. Der Gebrauch des **Landeswappens** ist durch § 360 Ziff. 7 StGB strafrechtlich geschützt. Danach ist der unbefugte Gebrauch des Landeswappens verboten. Die Erlaubnis zur Verwendung des Landeswappens kann durch den Senat erteilt werden.

3. Das in Abs. 4 vorgesehene Ges. ist bislang nicht erlassen.

II.
Die Bürgerschaft

Artikel 6

(1) Die Bürgerschaft ist das Landesparlament.

(2) Die Bürgerschaft besteht aus mindestens 120 Abgeordneten, die in allgemeiner, unmittelbarer, freier, gleicher und geheimer Wahl gewählt werden.

(3) Der Wahltag muß ein Sonntag oder öffentlicher Feiertag sein.

(4) Das Gesetz bestimmt das Nähere über die Zahl der Abgeordneten, das Wahlrecht, die Wählbarkeit und die Durchführung der Wahl.

(5) Niemand ist verpflichtet, die Wahl anzunehmen. Die Gewählten können jederzeit aus der Bürgerschaft ausscheiden.

1. Die Bgsch. ist der Landtag; sie nimmt gleichzeitig diejenigen Aufgaben wahr, die in anderen Ländern den Gemeindevertretungen obliegen.

Der Name entspricht der historischen Entwicklung in den drei freien Städten. Gegenüber dem Rat hat sich im 15. Jahrh., noch mehr im 16. Jahrh. die Erbgesessene Bürgerschaft, universitas civium, die Mitwirkung an den Staatsgeschäften gesichert (Studt u. Olsen 57, 77, 120, 169 ff.). Der jetzige Name beruht auf dem Verf.-Entwurf der 1848 gewählten Konstituante und wurde Bestandteil der Verf. 1860.

2. Abs. 2 setzt eine **Mindestzahl der Abg.** fest. In den Entwürfen war die Zahl der Abg. dem Gesetz überlassen worden. Die Bgsch. hielt aber eine Mindestzahl in der Verf. für erforderlich, weil eine sehr kleine Zahl von Abg. das Wesen des „Landtags" verändern könnte. Die früher höheren Zahlen von 160 (Verf. 1879 und 1921) oder 192 (Verf. 1860) oder 196 (von 1874 bis 1879) erschienen aber nicht erforderlich.

3. Abs. 2 erfüllt außerdem das Gebot des Art. 28 GG, der die Grundsätze festlegt, nach denen die Volksvertretungen in den Ländern zu wählen sind. Ein Abweichen von diesen Grundsätzen wäre dem Landesrecht verwehrt. Art. 28 GG ist aber nicht in den Ländern unmittelbar geltendes Recht (BVerfGE 1 236).

4. **Allgemein sind Wahlen,** bei denen alle Bürger, die das Wahlalter erreicht haben, wählen können. Die Zusammensetzung der Bgsch. nach irgendwelchen ständischen Gesichtspunkten (Entsendung von Vertretern durch Kammern, Berufsvereinigungen, Gerichte, Universitäten, Kirchen und Gewerkschaften) ist unzulässig.

Im Gegensatz zu Art. 38 GG, der das **Wahlalter** festlegt, überläßt die Verf. die Regelung dem Ges. Bei dieser Festsetzung muß das Ges. die Regelung nach Gesichtspunkten treffen, die die politische Urteilsfähigkeit bestimmen. Wenn das Ges. ein extrem hohes Alter für die Wahlberechtigung festlegte, z. B. 40 Jahre oder verschieden für Männer und Frauen, dann wäre der Grundsatz der Allgemeinheit verletzt.

BgschWG v. 23. 3. 1971 (GVBl. 51, LS 111-a) bestimmt in seiner jetzigen Fassung, daß wahlberechtigt ist, wer das 18. Lebensjahr vollendet hat (§ 6 Ziff. 1) und wählbar, wer das 21. Lebensjahr vollendet hat (§ 10 Abs. 1). Die Allgemeinheit des passiven WahlR ist nicht durch Bestimmungen verletzt, die die Wählbarkeit von Angehörigen des öffentlichen Dienstes einschränken (Art. 137 GG).

5. Die **Gleichheit der Wahl** ist gegeben, wenn jeder Bürger — jeder Deutsche, der seinen Hauptwohnsitz in Hmb. hat (BgschWG § 6) — bei der Stimmabgabe gleich bewertet wird. Es wäre nicht zulässig, daß ein Bürger im Gegensatz zu anderen mehrere Stimmen abgeben kann, etwa weil er sich durch seine Bildung oder seinen Grundbesitz oder sein Geschlecht oder sein Alter unterscheidet (BVerfGE 3 240). Bei der etwaigen Einteilung des Staatsgebietes in Wahlkreise, die jeweils die gleiche Anzahl von Abg. zu wählen hätten, müßte die Bevölkerungszahl in den Wahlkreisen annähernd gleich sein. Die hmb. Bgsch. bestand vor 1918 aus 160 Abg., von denen 40 von den

Grundeigentümern und 40 von den sog. „Notabeln" gewählt wurden. Zu den Notabeln gehörten die gegenwärtigen und ehemaligen Mitglieder von Senat, Bgsch., Verwaltungsbehörden und Gerichten. Von der anderen Hälfte der Abg. wurden 8 im Landgebiet und 72 im Stadtgebiet gewählt, davon 48 von den Bürgern, die in den letzten drei Jahren mehr als 2500,— Mark versteuert hatten, und nur 24 von den übrigen Bürgern (Ges. v. 5. 3. 1906 GS I 47). Ein solches Wahlrecht wäre mit dem Grundsatz der Gleichheit aus mehreren Gründen nicht vereinbar.

Das BgschWG bestimmt in § 4 Abs. 1 „Gewählt wird nach dem Grundsatz der **Verhältniswahl** mit gebundenen Listen".

Dieses Wahlrecht bestand auch während der Geltung der Verf. 1921. Von 1946 bis 1956 galt in Hmb. ein durch Verhältnisausgleich abgewandeltes Mehrheitswahlrecht.

Bei der Verhältniswahl hat jede Stimme den gleichen Wert und auch die gleiche Erfolgsaussicht. Die Gleichheit der Wahl ist aber auch bei einer Mehrheitswahl gewährleistet, weil es genügt, daß jede Stimme den gleichen Zählwert hat (BVerfGE 1 247, 4 39, 5 83, 6 90, 7 70, 11 360).

Die Gleichheit der Wahl ist nicht verletzt, wenn zur Bekämpfung von Splitterparteien eine **Sperrklausel von bis zu 5 Prozent** eingeführt wird (BgschWG § 5 Abs. 2). „In der Regel können Wahlgesetze nicht verworfen werden, wenn sie das Quorum nicht über 5 Prozent ansetzen. Es müßten besondere Umstände des Einzelfalles vorliegen, die ein solches Quorum unzulässig machen würden" (BVerfGE 1 256, bestätigt 4 380, 6 95). „Es müssen ganz besondere, zwingende Gründe gegeben sein, um eine Erhöhung des Quorums über den gemeindeutschen Satz von 5 Prozent zu rechtfertigen" (BVerfGE 1 256). BVerfG hält auch die bayerische Regelung, die 10 Prozent der Stimmen in einem der 7 Wahlkreise verlangt und das Quorum nicht auf das gesamte Staatsgebiet bezieht, für zulässig (BVerfGE 1 253).

Zur Verhinderung von Splitterparteien oder völlig aussichtsloser Wahlvorschläge darf verlangt werden, daß die Wahlvorschläge eine bestimmte Zahl Unterschriften von Wahlberechtigten tragen. Die Zahl 500 in einem Bundestagswahlkreis mit 140 000 Wahlberechtigten hat das BVerfG in 3 28 für zu hoch, aber die gleiche Zahl bei Wahlvorschlägen parteifreier Wählergruppen für zulässig gehalten (5 81 f.). In einem Wahlkreis von 60 000 Stimmberechtigten hat das BVerfG gegen das Erfordernis von 100 Unterschriften keine Bedenken erhoben (BVerfGE 3 383). Das BgschWG sieht in § 23 Abs. 2 und 3 500 Unterschriften für „neue" Parteien und parteilose Wählergruppen vor.

6. Trotz des Unterschriftenquorums, wenn es sich im Rahmen der Rechtsprechung des BVerfG hält, bleibt die Wahl **geheim.** Bei der Vorbereitung der Wahl muß innerhalb der Parteien schon aus technischen Gründen eine größere Zahl von Menschen sich öffentlich zu einem Wahlvorschlag bekennen, so daß das Quorum als Mittel zur Verhinderung von Splitterparteien und aussichtsloser Vorschläge in angemessenem Verhältnis zu dem Grundsatz der geheimen Wahl steht.

Der Wähler hat nicht nur das Recht, geheim zu wählen, sondern er ist auch verpflichtet, bei der Stimmabgabe seine Wahlentscheidung geheimzuhalten (GVG Münster, OVGE 14 260). Vor und nach der Wahl kann er selbstverständlich öffentlich sagen, wie er sich entscheiden will oder wie er sich entschieden hat (Geller, Kleinrahm, Fleck — Anm. 2 d zu Art. 31 Verf. Nordrhein-Westf.).

7. **Unmittelbar** ist eine Wahl, bei der der Wähler das letzte Wort hat und niemand zwischen ihm und seiner Stimmabgabe steht. Das soll die Wahl durch „Wahlmänner" verhindern.

Mitglied der Bgsch. kann nur werden, wer zur Zeit der Wahl in einem Wahlvorschlag als Kandidat aufgeführt war. Erhält die Partei mehr Stimmen als Kandidaten zur Verfügung stehen, dann darf das Ges. nicht vorsehen, daß sie Kandidaten nachbenennen darf. Das gilt auch für den Fall, daß die Kandidatenliste durch Nachrücken nachträglich erschöpft ist (BVerfGE 3 49 ff.).

8. Art. 28 GG schreibt auch vor, daß die Wahlen **frei** sein müssen. In Art. 6 Abs. 2 ist das Wort „freier" erst durch Ges. vom 9. 6. 1969 (GVBl. 109) eingefügt worden. Eine ausdrückliche Bestimmung dieses Wortlauts ist zuerst im Entwurf des Verfassungskonvents von Herrenchiemsee enthalten: Ziff. 2 der „Mindestforderungen für die Länderverfassungen" lautet: „Die Länder müssen weiter eine Volksvertretung haben, die aus allgemeinen, gleichen, unmittelbaren und geheimen Wahlen hervorgehen muß. Außerdem müssen sie ausreichende Gewähr dafür bieten, daß das Wahlrecht frei, d. h. ohne unmittelbaren oder mittelbaren Druck ausgeübt werden kann" (Bericht 27). Im Gesetzesvorschlag taucht dann das Wort „frei" zusammen mit „allgemein, gleich, unmittelbar, geheim" als Merkmal des Wahlrechts auf. Im Parlamentarischen Rat war weder in den Ausschüssen noch zunächst im Plenum das Wort „frei" bei der Wahl

vorgesehen. Erst in der 3. Lesung im Plenum ist es auf Antrag eines Abg. zu der jetzigen Fassung der Art. 28 und 38 GG gekommen (JböffR NF 1 1951 353 zu Art. 38 GG).

9. Die Bestimmung des Abs. 3, nach der die Wahl an einem **Sonn- oder Feiertag** stattfinden muß, findet sich in allen deutschen Verf. oder Wahlges. Sie ist nur historisch erklärbar. In einer Zeit der täglich 12stündigen Arbeitszeit konnten Arbeiter an der Ausübung ihres Wahlrechts einfach dadurch gehindert werden, daß die Wahllokale nur während der üblichen Wahlzeit geöffnet waren. Das Ziel dieser Bestimmung könnte heute auch an einem Werktag erreicht werden, wenn die Wahllokale bis in den Abend oder auch an mehreren Tagen geöffnet wären wie in den angelsächsischen Ländern. Da die **Briefwahl** zwar in der Verf. nicht vorgeschrieben, im BgschWGes. aber vorgesehen ist, kommt es sowieso nicht mehr darauf an, ob der Wähler zu der Zeit, in der die Wahllokale geöffnet sind, örtlich oder zeitlich an der Stimmabgabe verhindert ist. Die Briefwahl „verletzt weder die Wahlfreiheit noch das Wahlgeheimnis" (BVerfGE 21 205). Nur der Wähler selbst könnte unter Verstoß gegen die Vorschriften das Wahlgeheimnis preisgeben. Das gleiche gilt für die Mitwirkung einer Vertrauensperson bei der Stimmabgabe eines Wählers, der des Lesens unkundig oder durch körperliche Gebrechen behindert ist (BVerfGE 21 206). Es besteht auf der anderen Seite kein Anspruch darauf, daß das Wahlges. die Briefwahl vorsieht. Es gibt keinen Rechtsanspruch auf die Einführung von Rechtsvorschriften, die zweckmäßig sind (BVerfGE 12 139 ff. und 15 166).

10. Abs. 5 entspricht Art. 7 Verf. 1921. In Art. 34 Verf. 1879 war Verpflichtung zur **Annahme der Wahl** ausgesprochen. Mit Recht ist bereits Verf. 1921 davon ausgegangen, daß über die erforderliche Berufung für die verantwortungsvolle und schwierige Tätigkeit der Gesetzgebung nur der Betroffene allein entscheiden darf (Wulff Bem. I zu Art. 7).

Artikel 7

Die Abgeordneten sind Vertreter des ganzen Volkes. Sie sind nur ihrem Gewissen unterworfen und an Aufträge nicht gebunden.

1. Wörtlich gleichlautend Art. 8 Verf. 1921, Art. 21 WeimR Verf.; ebenso Art. 38 GG. Ein **Grundsatz der liberal-repräsentativen Demokratie,** der in einem gewissen Spannungsverhältnis zu dem in Art. 21 GG von Bundesverfassung wegen sanktionierten Prinzip des modernen demokratischen Parteienstaates steht und diesem Prinzip eine Grenze setzt (BVerfGE 1 208, 2 1, 4 27, 5 85, 11 273).

Die Vorschrift legt das **freie Mandat** im Gegensatz zum imperativen Mandat etwa des den Weisungen des Senats unterliegenden hmb. Mitgl. des BRats fest. Der Abg. vertritt nicht eine Partei oder eine wirtschaftliche, soziale oder sonstige Gruppe, auch nicht seinen Wahlkreis. Er hat das Wohl Hmbs. über sonstige Interessen zu stellen, er ist staatsrechtlich betrachtet **Organ der FHH** (vgl. Anschütz Bem. 2 zu Art. 21, BVerfGE 4 149, 6 448; 7 73) und trägt in dieser Eigenschaft zur Willensbildung der Bgsch. als eines obersten Staatsorgans bei (Tatarin-Tarnheyden HdbDStR I 414, Geller-Kleinrahm-Fleck Anm. 4 a zu Art. 30, a. A. Achterberg 31, der ihn als „Organwalter des Parlaments" bezeichnen will).

2. Der Abg. ist daher **nicht an Aufträge** seiner Wählerschaft, seiner Partei, seiner Fraktion **gebunden.** Rechtsgeschäftliche Verpflichtungen solcher Art wären als gegen ein gesetzliches Verbot verstoßend (BGB § 134) nichtig. Eine Blanko-Unterschrift, eine der aufstellenden Partei gegenüber abgegebene Erklärung, unter bestimmten Umständen das Mandat niederzulegen, sind nichtig, „ein im voraus erklärter Verzicht ist unwirksam" (so schon Kaisenberg, Die Wahl zum Reichstag 40, Morstein-Marx, Rechtswirklichkeit und freies Mandat, ArchöffR NF 11 430 ff. und die Kommentare zu Art. 38 GG). Jeder Versuch, einen **Fraktionszwang** mit solchen Mitteln durchzusetzen, ist daher unzulässig; so auch bremischer StGH v. 13. 5. 1953 (Spitta zu Art. 83 bremVerf.). Inwieweit ein Abg. im Interesse des Gesamtwohls seine eigene Auffassung bei einer Beratung oder Abstimmung zurückstellt, ist Angelegenheit seines Gewissens. Ein Konflikt löst sich spätestens mit Ende der Legislaturperiode.

Die parlamentarische Praxis geht davon aus, daß ein Abg. gewisse berufliche, regionale oder parteiliche Interessen vertritt. Die verfassungsmäßige Regelung hebt aber den Abg. aus der Interessensphäre heraus und gibt ihm die **unabhängige Stellung,** die allein ihn befähigt abzuwägen, ob er in einem bestimmten Fall zum Wohle des Landes nicht diese Interessen außer acht lassen muß.

Art. 7 betrifft nur denjenigen, der bereits Abg. ist, nicht denjenigen, der sich darum bewirbt oder der als Nachrückender auf einer Liste steht, die von einer Partei aufgestellt worden ist. Für den Fall, daß er nach der Wahl, aber bevor er in die Bgsch. nachgerückt ist, aus der Partei austritt, könnte durch das Wahlgesetz bestimmt werden, daß er von der Nachfolge ausgeschlossen ist, weil eine Voraussetzung für seine Aufstellung weggefallen ist. So die Regelung im BWahlG § 48 Abs. 1 (BGBl. III Nr. 213-1) für die Nachfolge auf der Landesliste (BVerfGE 7 73).

3. Aus dem Grundsatz des freien Mandats ergibt sich, daß ein Abg. nicht ausscheidet, wenn er aus seiner Partei oder Fraktion ausgeschlossen wird. Er behält auch sein Mandat, wenn die Partei, die ihn aufgestellt hat, sich auflöst, verliert es dagegen, wenn sie verboten wird (BgschWG § 12). BVerfG ist in E 5 392 (KPD) von dem früher (E 2 72, SRP) aufgestellten Grundsatz des automatischen Mandatsverlustes von Abg. einer verbotenen Partei abgewichen und hat diese Regelung dem Landesrecht überlassen. Bremisches BgschW-Ges. § 35 bestimmt den Wegfall der Mandate nur im Falle einer ausdrücklichen E des BVerfG selbst (Spitta zu Art. 80). Die KPD hatte daher ihre Mandate in Bremen behalten.

Artikel 8

Ein Abgeordneter, der seine Wählbarkeit verliert, scheidet aus der Bürgerschaft aus.

1. Die Wählbarkeit ist im Wahlges. geregelt (Art. 6 Abs. 4). Danach ist Voraussetzung der Wählbarkeit das Wahlrecht zur Bgsch. (§ 10 BgschWG). Das **Wahlrecht verliert,** wer nicht mehr den Wohnsitz in Hmb. hat, wer entmündigt wird, unter vorläufiger Vormundschaft oder unter Pflegschaft wegen geistigen Gebrechens steht (§ 7 Abs. 1 Ziff. 1 BgschWG). Das Wahlrecht kann durch Richterspruch aberkannt werden (§ 31 Abs. 5 StGB und § 7 Abs. 1 Ziff. 2 BgschWG).

Nicht wählbar sind auch Personen, „1. die in einer Heil- und Pflegeanstalt wegen Geisteskrankheit oder Geistesschwäche untergebracht sind, 2. die auf Grund Richterspruchs zum Vollzug einer mit Freiheitsentzug verbundenen Maßregel der Sicherung und Besserung untergebracht sind“ (StGB §§ 42 b, 42 c, 42 e — Heil- oder Pflegeanstalt, Trinkerheilanstalt, Sicherungsverwahrung), weil ihr Wahlrecht ruht (BgschWG § 7 Abs. 2 und § 10 Abs. 2 Ziff. 1).

2. § 13 BgschWG bestimmt: „Beamte der Freien und Hansestadt Hamburg mit Dienstbezügen, zu deren eigentümlichen und regelmäßigem Aufgabenbereich die Ausübung von Hoheitsbefugnissen mit staatlicher Zwangs- oder Befehlsgewalt gehört, und Berufsrichter können die Wahl zur Bgsch. nur annehmen, wenn sie nachweisen, daß sie von ihrem Dienstherrn ohne Bezüge beurlaubt worden sind.“

Ein Abg., der zum Beamten mit „obrigkeitlicher“ Tätigkeit ernannt und nicht gleichzeitig beurlaubt wird, scheidet aus der Bgsch. aus. Nach § 14 Abs. 1 BgschWG ist diese Regelung auf Angestellte mit „hoheitlicher“ Tätigkeit sinngemäß anzuwenden.

Ob **Hoheitsbefugnisse im Sinne des § 13 BgschWG** ausgeübt werden, entscheidet der Dienstherr, gegen dessen Entscheidung das HmbVerfGer. angerufen werden kann (§ 15 BgschWG). Das BgschWG v. 29. 11. 1952 hatte im § 11 Abs. 1 beispielhaft einige Berufe aufgeführt, mit denen keine hoheitliche Tätigkeit verbunden sei, wie Lehrer, Hochschullehrer, Bibliothekare usw. Nach der jetzigen Fassung des Gesetzes kommt es immer auf den Einzelfall an, Lehrer sind auch jetzt wählbar, nicht aber Schulleiter, Schulaufsichtsbeamte. Hoheitstätigkeit ist auch angenommen worden bei einem Baukontrolleur (Angestellter), bei Sozialarbeitern im Außendienst und bei Abschnittsleitern der Steuerverwaltung.

3. Der Abg. scheidet kraft Art. 8 in dem Augenblick aus, in dem er die Wählbarkeit verliert; der Zeitpunkt der Kenntnisnahme durch die Bgsch. ist unbeachtlich. Es bedarf keiner Rücktrittserklärung des Abg.

4. Das BgschMandat eines Senators ruht und das BgschWG bestimmt, durch wen es ausgeübt wird (Art. 38 a Bem. 2 und 3).

Artikel 9

(1) Die Bürgerschaft entscheidet über die Gültigkeit der Wahl und befindet darüber, ob ein Abgeordneter die Mitgliedschaft verloren hat.

(2) Gegen die Entscheidung kann der Betroffene das Hamburgische Verfassungsgericht anrufen. Das Gesetz bestimmt das Nähere.

1. Der VerfA hat erörtert, ob ein besonderes **Wahlprüfungsgericht,** wie es für den RTag der Weimarer Republik bestand, aufgenommen werden sollte. Er hat sich jedoch in seiner Mehrheit gegen die Schaffung einer neuen Instanz ausgesprochen und für die vorliegende Regelung entschieden, die inhaltlich auch dem Art. 41 GG entspricht. Bereits die Verf. 1921 kannte kein Wahlprüfungsgericht und überließ die Entscheidung über die Gültigkeit der Wahlen in ihrem Art. 12 der Bgsch.

2. Einspruch gegen die Gültigkeit der Wahlen kann jeder Wahlberechtigte, jede Gruppe von Wahlberechtigten, der Landeswahlleiter und der Präsident der Bgsch. einlegen (§ 40 Abs. 1 BgschWG). Die

Einspruchsfrist beträgt einen Monat, beginnend mit der amtlichen Bekanntgabe des Ergebnisses, für den Präsidenten der Bgsch. beginnend mit seiner Wahl zum Präsidenten (§ 40 Abs. 3). Beschwerde gegen die Entscheidung der Bgsch. können erheben der Wahlberechtigte, der mit seinem Einspruch abgewiesen worden ist, der Abg., der nach Entscheid der Bgsch. sein Mandat verloren hat, eine Fraktion der Bgsch. und schließlich eine Minderheit der Bgsch. von mindestens einem Zehntel der gesetzlichen Mitgliederzahl (Hmb.-VerfGG § 42). Das Ges. sieht als Beschwerdeführer nicht den Landeswahlleiter und nicht den Präsidenten der Bgsch. vor, es sei denn, beide würden unter dem Begriff „Wahlberechtigter" mit erfaßt. Die Beschwerde muß innerhalb eines Monats erhoben werden, nachdem die Entscheidung dem Berechtigten bekanntgeworden ist. Sie kann nicht mehr eingelegt werden, wenn seit dem Beschluß der Bgsch. drei Monate verflossen sind (§ 44).

3. Das **Wahlprüfungsverfahren** ist ausschließlich dazu bestimmt, die richtige Zusammensetzung der Bgsch. zu gewährleisten (BVerfGE 4 372, 21 199). Ein **Wahlfehler** ist nur dann beachtlich, wenn sich aus ihm eine Änderung der Mandatsverteilung ergeben kann (BVerfGE 21 199). Wenn nur die subjektiven Rechte einzelner verletzt sind, ohne die Zusammensetzung des Parlaments zu berühren, sind sie nicht Gegenstand einer Wahlprüfung (BVerfGE 1 433, 22 281). Entscheidungen und Maßnahmen, die sich unmittelbar auf das Wahlverfahren beziehen, können nur mit den in den Wahlvorschriften vorgesehenen Rechtsbehelfen und im Wahlprüfungsverfahren angefochten werden (BVerfGE 11 329, 14 155).

4. Das HmbVerfG kann nur nach einer Entscheidung der Bgsch. mit der **Beschwerde** angerufen werden, nicht unmittelbar unter Umgehung der Bgsch. (BVerfGE 11 329, 14 155). Vor anderen Gerichten z. B. Verwaltungsgerichten können Anordnungen, Entscheidungen und Maßnahmen der Wahlorgane nicht angefochten werden (Seifert, Parlamentswahlen und Verwaltungsgerichtsbarkeit, DÖV 1953 365, a. A. Rietdorf, DVBl. 1949 665). Das ist mit Art. 19 Abs. 4 GG vereinbar (BVerfGE 22 281).

5. Der BTag hat in ständiger Praxis erklärt, daß er im Wahlprüfungsverfahren nicht die Übereinstimmung der wahlgesetzlichen Bestimmungen mit dem GG zu prüfen habe. „Das BVerfG ... muß ... auch im Wahlprüfungsverfahren ein Wahlgesetz auf seine materielle Übereinstimmung mit der Verf. prüfen" (BVerfGE 16 135).

6. BgschWG § 39 sieht eine **Wiederholungswahl** vor für den Fall, daß sie auf Grund eines Beschlusses der Bgsch. erforderlich geworden sei. Das muß auch gelten, wenn sie durch eine Entscheidung des VerfG im Beschwerdeverfahren erforderlich wird. Bei der Wiederholungswahl soll nach denselben Wahlvorschlägen und auf Grund derselben Wählerverzeichnisse gewählt werden (§ 39 Abs. 2 BgschWG). Die dort vorgesehene anderweitige Entscheidung der Bgsch. muß auch das VerfG im Beschwerdeverfahren treffen können. Es sind Fälle denkbar, daß die Wahl für ungültig erklärt wird, gerade weil die Wahlvorschläge oder die Wählerverzeichnisse rechtswidrig zustandegekommen sind. Der Staatsgerichtshof für das deutsche Reich hatte am 17. 12. 1927 entschieden, daß das damalige BgschWG i. d. F. v. 27. 6. 1927 (GVBl. 313) verfassungswidrig sei, weil es von neuen Parteien 3000 (im Landgebiet 1000) Unterschriften und von allen Parteien die Hinterlegung von 3000,— RM verlangte. Der Betrag verfiel, wenn auf den Wahlvorschlag nicht mindestens ein Mandat entfiel (RGZ 118 Anh. 22 ff. — eine am gleichen Tage wegen des gleichen Sachverhalts für das Land Mecklenburg-Strelitz ergangene Entscheidung). Die Entscheidung über das hmb. Ges. ist abgedruckt bei Nevermann, Die Auflösung der Hamburger Bürgerschaft im Jahre 1927 (Diss.), der das Urteil für falsch hält. Bei dieser Sachlage stellte die Bgsch. am 21. 12. 1927 fest, daß sie rechtsungültig gewählt sei und somit nicht zu Recht bestehe (Wulff Anm. 9 zu Art. 14 Verf. 1921 13). Der wiedereinberufene BürgA der Bgsch. von 1924 bis 1927 beschloß dann ein neues Wahlges. (Wulff Anm. 1 auf S. 70 u. 71 zu § 13 BgschWG v. 30. 12. 1920). Diese Lage könnte auch trotz § 39 BgschWG wieder eintreten, wenn es infolge der Entscheidung der Bgsch. oder des VerfG an gültigen Rechtsvorschriften für die BgschWahl fehlte.

7. Ob ein Abg. die Mitgliedschaft in der Bgsch. verloren hat, richtet sich nach Art. 8. Ein Abg., der nach Art. 13 Abs. 2 Satz 1 von der Bgsch. ausgeschlossen worden ist, hat nicht das Recht, gegen diesen Beschluß das HmbVerfG anzurufen (Art. 13 Abs. 2 Satz 2); es handelt sich also um einen justizlosen Hoheitsakt (Ipsen 273). Vgl. auch Bem. 5 zu Art. 13, wo auf die Möglichkeit hingewiesen wird, daß das BVerfG nach Art. 93 Abs. 1 Ziff. 4 angerufen wird, weil es sich um „eine andere öffentlich-rechtliche Streitigkeit ... innerhalb eines Landes handelt und kein anderer Rechtsweg gegeben ist“.

Artikel 10

(1) Die Bürgerschaft wird auf vier Jahre gewählt. Ihre Wahlperiode endet vier Jahre nach dem ersten Zusammentritt oder mit ihrer Auflösung.

(2) Die Bürgerschaft wird vor dem Ende der laufenden Wahlperiode neu gewählt.

1. „Es gehört zu den grundlegenden Prinzipien des freiheitlichen demokratischen Rechtsstaates, daß die Volksvertretungen in regelmäßigen, im voraus bestimmten Abständen durch Wahlen abgelöst und neu legitimiert werden" (BVerfGE 18 154). Diesem Grundsatz trägt Art. 10 Rechnung. Die Wahlperiode beginnt mit dem ersten Zusammentritt der neugewählten Bgsch. Das ergibt sich aus Abs. 1 Satz 1 und 2 des Art. 10. Wenn das Ende einer vierjährigen Wahlperiode vier Jahre nach dem ersten Zusammentritt liegt, dann ist der Anfang die erste Sitzung der Bgsch. Deswegen bestimmt auch Art. 12 Abs. 2, daß die alte Bgsch. die Geschäfte bis zur ersten Sitzung der neuen Bgsch. weiterführt. Die hmb. Bgsch. hat auch unter der Verf. 1921 **nur eine Wahlperiode, nicht auch Sitzungsperioden** oder Tagungen gekannt (Wulff Anm. 7 zu Art. 13), während WeimRVerf. noch in Art. 24, 37 und 40 a von Tagungen oder Sitzungsperioden spricht und z. B. die Immunität des Art. 37 sowohl im Reichstag als auch in den Landtagen nur für die Zeit der Sitzungsperioden, nicht für die ganze Wahlperiode gelten ließ. Tatsächlich hat es im Reichstag in jeder Wahlperiode nur eine Sitzungsperiode gegeben, die mit der ersten Sitzung begann und mit dem Ende der Wahlperiode endete (Anschütz Bem. 5 zu Art. 24).

2. Die Bgsch. als gesetzgebende Körperschaft wird in ihrer **Identität** durch die Wahlen nicht berührt. Es handelt sich vor und nach der Wahl um die Bgsch. der FHH ohne Rücksicht darauf, daß sie aus anderen Abgeordneten besteht (BVerfGE 4 152). Rechtsverhältnisse mit der Bgsch. bleiben bestehen. Prozesse, an denen die Bgsch. beteiligt ist, werden fortgeführt. Die jeweilige gesetzgebende Tätigkeit der Bgsch. endet aber mit dem Ende einer Wahlperiode. Angelegenheiten, die beim Ende der Wahlperiode von ihr nicht beschlossen sind, gehen unter und müssen von der neugewählten Bgsch. gegebenenfalls wieder aufgenommen werden **(Diskontinuität).** Dieser Grundsatz ist parlamentarisches Gewohnheitsrecht (Maunz-Dürig Rdnr. 16 zu Art. 39 GG). Initiativanträge aus der Bgsch. auf Erlaß eines Ges., Auskunftsersuchen an den Senat, bisherige Beratungen der Bgsch. gehen mit dem Ende der Legislaturperiode unter.

GesAnträge des Senats an die Bgsch. hingegen bleiben nach ständiger hmb. Staatspraxis bestehen und werden anders als im BTag nicht erneut bei einer neuen Bgsch. eingebracht, da der Senat (Art. 35) nicht mit dem Ende einer Legislaturperiode seine Amtszeit beendet, sondern auf unbestimmte Zeit gewählt ist (so schon Wulff Art. 14 Anm. 9 und Art. 38 Anm. 7). GeschO Bgsch. (§ 61 Abs. 4) läßt zu, daß auf Vorschlag des Präsidenten oder des Ältestenrats Ausschüsse die bisherigen Beratungen fortführen.

3. Die Wahlperiode ist in der Verf. festgelegt. Wenn sie geändert werden soll, bedarf es dazu eines Ges., das die Verf. ändert. Eine Bgsch. kann aber nicht ihre eigene Wahlperiode ändern, insbesondere nicht verlängern, weil damit die Grundsätze eines demokratischen Staates verletzt würden (BayerVerfGHE 11 1, BVerfGE 1 33). Durch Ges. v. 3. 7. 1961 (GVBl. 232) ist die Wahlperiode für die folgende Bgsch. einmalig auf vier Jahre und vier Monate verlängert worden. Das Ges. war als verfassungsänderndes Ges. beschlossen und rechtmäßig, weil es sich auf die folgende Bgsch. bezog.

Artikel 11

(1) Die Bürgerschaft kann ihre Auflösung beschließen. Der Antrag muß von wenigstens einem Viertel der Abgeordneten gestellt und mindestens zwei Wochen vor der Sitzung, auf deren Tagesordnung er gebracht wird, allen Abgeordneten und dem Senat mitgeteilt werden. Der Beschluß bedarf der Zustimmung der Mehrheit der gesetzlichen Mitgliederzahl.

(2) Hat die Bürgerschaft ihre Auflösung beschlossen, so finden innerhalb von sechzig Tagen Neuwahlen statt.

1. Während nach der WeimRVerf. das Recht zur Auflösung des Parlaments nur dem Reichspräsidenten (Art. 25) gegeben war und im GG nur dem Bundespräsidenten (Art. 58, 63, 68) zusteht, hat der VerfA aus der Verf. 1921 (Art. 14) das **Selbstauflösungsrecht der Bgsch.** übernommen. Die Bgsch. hat hiervon bisher keinen Gebrauch gemacht. — Art. 14 Verf. 1921 bestimmte, daß der Antrag auf Selbstauflösung mindestens eine Woche vor der Sitzung mitgeteilt werden muß. In dem Bestreben, übereilte Beschlüsse zu verhindern, wurde im VerfA zunächst die Einführung einer zweiten Lesung des Auflösungsbeschlusses angeregt; die Mehrheit des Ausschusses hielt jedoch eine Verlängerung der Frist von einer auf zwei Wochen für ausreichend.

2. Einen besonderen Fall der Selbstauflösung der Bgsch. sieht Art. 36 Abs. 1 Satz 1 Ziff. 3 vor, auf den Art. 11 anzuwenden ist.

3. Die **gesetzliche Mitgliederzahl** ergibt sich aus dem Wahlges. § 33 BgschWG hat die Zahl auf 120 Abg. festgelegt. Es müssen daher 61 Abg. für die Auflösung stimmen ohne Rücksicht darauf, wie viele Abg. anwesend sind. Bei 121 Abg. wäre die Mehrheit ebenfalls mit 61 Stimmen erreicht.

4. Die Auflösung wird **wirksam** mit der Feststellung des Abstimmungsergebnisses in der Bgsch. Von diesem Zeitpunkt an läuft die Frist des Abs. 2. Die Wahl muß also spätestens an dem letzten Sonntag oder öffentlichen Feiertag stattfinden (Art. 6 Abs. 3), der in diese Frist fällt. Die Frist wird daher meistens tatsächlich weniger als 60 Tage betragen.

5. In allen Fällen der Auflösung führt die alte Bgsch. die Geschäfte gemäß Art. 12 Abs. 2 bis zur ersten Sitzung der neugewählten Bgsch. weiter, so daß kein Vakuum eintritt. Diese Zeit der „**Geschäftsführung**" kann im Falle der Auflösung bis zu 81 Tagen betragen (60 Tage nach Art. 11 Abs. 2 und 21 Tage nach Art. 12 Abs. 1 Satz 2), während bei Ablauf der Wahlperiode nach vier Jahren nur eine Zeit von 21 Tagen gemäß Art. 12 Abs. 1 Satz 2 auftreten kann.

Artikel 12

(1) Der Senat hat rechtzeitig die Wahlen auszuschreiben. Die erste Sitzung findet spätestens drei Wochen nach der Wahl statt, jedoch nicht vor dem Ende der Wahlperiode der bisherigen Bürgerschaft; sie ist von dem Präsidenten der bisherigen Bürgerschaft einzuberufen.

(2) Die alte Bürgerschaft führt die Geschäfte bis zur ersten Sitzung der neuen Bürgerschaft weiter.

1. Der 2. Satz in Abs. 1 ist durch Ges. v. 9. 6. 1969 (GVBl. 109) geändert worden. Dabei sind insbesondere die Worte „jedoch nicht vor dem Ende der Wahlperiode der bisherigen Bürgerschaft" eingefügt worden. Die Änderung des Art. 12 war erforderlich geworden, weil das BgschWG (§ 1) nunmehr bestimmte, daß die Wahlen zur Bgsch. in den letzten acht Wochen der Wahlperiode statt bisher drei Wochen stattzufinden haben. Bei dieser Lage hätte der alte Wortlaut des Art. 12 unter Umständen dazu geführt, daß die neue Bgsch. noch während der Wahlperiode der alten Bgsch. hätte zusammentreten müssen. Das BgschWG war geändert worden, um für

den Wahltag mehr als die üblichen drei Sonntage zur Verfügung zu haben.

Die erste Sitzung einer Bgsch. nach dem Kriege hat am 27. 2. 1946 stattgefunden. Die Abg. waren aber nicht gewählt, sondern von der Besatzungsmacht ernannt worden.

Wahl und erste Sitzung der bisher gewählten sieben Bürgerschaften:

Erste Bgsch.-Wahl	13. 10. 46,	erste Sitzung	30. 10. 46
Zweite Bgsch.-Wahl	16. 10. 49,	erste Sitzung	9. 11. 49
Dritte Bgsch.-Wahl	1. 11. 53,	erste Sitzung	20. 11. 53
Vierte Bgsch.-Wahl	10. 11. 57,	erste Sitzung	27. 11. 57
Fünfte Bgsch.-Wahl	12. 11. 61,	erste Sitzung	29. 11. 61
Sechste Bgsch.-Wahl	27. 3. 66,	erste Sitzung	13. 4. 66
Siebente Bgsch.-Wahl	22. 3. 70,	erste Sitzung	14. 4. 70.

2. Vorsteher der neuen Bgsch. ist kraft Herkommens vom Augenblick ihres Zusammentritts an ihr **Alterspräsident.** Das bestimmt auch § 1 Abs. 2 GeschOBgsch., der aber diesen Fall nicht regeln kann, weil die GeschO in der neugewählten Bgsch. erst gilt, wenn die neue Bgsch. sie übernommen hat (vgl. Bem. 4 zu Art. 18).

Artikel 13

(1) Die Abgeordneten üben ihre Tätigkeit ehrenamtlich aus. Sie erhalten eine angemessene Aufwandsentschädigung, deren Höhe das Gesetz bestimmt.

(2) Ein Abgeordneter kann durch Beschluß der Bürgerschaft ausgeschlossen werden, wenn er

1. sein Amt mißbraucht, um sich oder anderen persönliche Vorteile zu verschaffen oder

2. seine Pflichten als Abgeordneter aus eigennützigen Gründen gröblich vernachlässigt oder

3. der Pflicht zur Verschwiegenheit gröblich zuwiderhandelt.

Der Beschluß bedarf der Zustimmung einer Mehrheit von drei Vierteln der gesetzlichen Mitgliederzahl. Artikel 9 Absatz 2 findet keine Anwendung.

(3) Die Geschäftsordnung der Bürgerschaft kann vorsehen, daß ein Abgeordneter bei grober Ungebühr oder wiederholtem Zuwiderhandeln gegen Vorschriften zur Aufrechterhaltung der Ordnung von einer oder mehreren, höchstens von drei Sitzungen ausgeschlossen werden kann.

1. Die **Aufwandsentschädigung** hat den Sinn, „die Entschließungsfreiheit, die traditionsgemäß zum Wesen des parlamentarischen Repräsentativsystems gehört, zu sichern und damit die Abg. in die Lage zu versetzen, die sich aus ihrem repräsentativen verfassungsrechtlichen Status ergebenden Rechte und Pflichten in Freiheit auszuüben" (BVerfGE 4 150, 20 103). Sie wurde eingeführt, „weil man jedermann ohne Rücksicht auf seine wirtschaftliche Lage den Zugang zum Parlament eröffnen wollte" (BVerfGE 4 149).

Die Aufwandsentschädigung war in der Reichsverfassung seit 1906 und in Verf. 1921 in Art. 16 vorgesehen. Damit hatte sich das Prinzip der liberal-repräsentativen Demokratie durchgesetzt (BVerfGE 1 150; 20 103).

2. Der Anspruch ist **unverzichtbar, unübertragbar** und **unpfändbar** (§ 2 Ges. v. 19. 5. 1961, GVBl. 165, i. d. F. v. 18. 2. 1971, GVBl. 26 — LS 1101-a). Die Aufwandsentschädigung ist für jeden Abg. gleich hoch, gleichgültig, welcher finanzielle Aufwand an Vermögen oder Einkommen vom einzelnen erbracht wird und grundsätzlich auch ohne Rücksicht auf die Art und Menge der geleisteten Arbeit. Das letztere schließt nicht aus, daß parlamentarisch Herausgehobene und mit Aufgaben Belastete, wie z. B. Präsident und Vizepräsidenten, Vorsitzende der Fraktionen oder der Ausschüsse, anders behandelt werden, weil auch für diese Tätigkeiten gilt, daß jedermann für sie in Betracht kommen sollte, nicht nur, wer außerhalb des Parlaments die entsprechende Entlastung zur Verfügung hat.

3. § 1 setzt die Aufwandsentschädigung auf 1000,— DM monatlich für den Abg. fest. Der Bürgerschaftspräsident und die Fraktionsvorsitzenden erhalten den dreifachen, die Vizepräsidenten und die stellv. Fraktionsvorsitzenden den doppelten Betrag.

4. Das **„Selbstreinigungsrecht der Bürgerschaft"** geht auf eine Anregung des VerfA der 1946 gewählten Bgsch. zurück; es findet sich zuerst im SenE, der als Senatsmitteilung Nr. 16 am 20. 1. 1950 der Bgsch. zugeleitet wurde. Die jetzige Fassung stellt klar, daß sich die Maßnahme nur gegen Abg. richten kann, die aus eigennützigen Gründen ihren Abgeordnetenpflichten zuwiderhandeln oder die ihre Verschwiegenheitspflicht verletzen.

Der VerfA hat erörtert, ob dem Abg. das ihm vom Volk verliehene Mandat durch die Bgsch. entzogen werden kann; der VerfA hat sich auf den Standpunkt gestellt, daß unter besonderen Voraussetzungen eine solche Selbstreinigung des Parlaments (Schultz in

MDR 1952 469: „Selbstkontrolle") zulässig und erforderlich sei, auch zweifellos dem Willen der Wählerschaft entspreche.

Schultz a. a. O. erklärt, daß die Hmb. Verf. „zum Ausgangspunkt einer modernen, auf die Dauer notwendigen Entwicklung des Verfassungsrechts" werden kann, „die auf eine Art von Ehrengerichtsbarkeit für Parlamentarier hinauslaufen müßte". Gleicher Meinung ist Ipsen (273): „Die Ausschlußbefugnis des Art. 13, die eine angemessene und notwendig erscheinende Fortentwicklung des Parlamentrechts genannt werden muß, läßt die Bgsch. in besonderer Funktion als Delegatar der Wählerschaft auftreten, auf deren Wahlakt der Abgeordnete sein Mandat zurückführte." Dem kann in vollem Umfange gefolgt werden (so im Ergebnis auch Kratsch, DÖV 1970 372 ff., weil dadurch verhindert würde, daß der Abg. nicht seinem Gewissen folge, sondern Vorteile suche). Bremen (Art. 85) hat eine ähnliche „Selbstreinigung".

Die Bgsch. wird die Prüfung der erhobenen Vorwürfe einem Aussch. überlassen müssen, wobei es erforderlich sein könnte, dem Aussch. die Rechte eines parlamentarischen UntersA (Art. 25) beizulegen.

Der bisher einzige Antrag von vier CDU-Abg. nach dieser Vorschrift lautete (StenBer. 1952 956):

„Es wird beantragt, den Abg. ... gemäß Art. 13 Abs. 2 der Verf. ... aus der Bgsch. auszuschließen."

Zugleich wurde ein interfraktioneller Antrag der vier Fraktionsvorsitzenden eingebracht:

„Die Bgsch. wolle beschließen, den Antrag ... an einen Sonderausschuß von 7 Personen, der die Rechte eines Untersuchungsausschusses gemäß Art. 25 der Verf. hat, zu überweisen."

Eine Entscheidung ist infolge des Ablaufs der Legislaturperiode nicht mehr ergangen.

In dem in Bem. 3 f. zu Art. 25 erwähnten UntersA wurde von einer Minderheit der Antrag gestellt, im Abschlußbericht dem Plenum zu empfehlen, den dort erwähnten Abg. gem. Art. 13 auszuschließen. Der Abg. hat sein Mandat niedergelegt, bevor es zur Verhandlung im Plenum kam.

5. Kratsch a. a. O. 374 hält den Ausschluß des Art. 9 und damit der Anrufung des HmbVerfG für unzweckmäßig, weil dadurch die Anrufung des BVerfG gem. Art. 93 Abs. 1 Ziff. 4 GG ermöglicht würde (vgl. Bem. 7 zu Art. 9). Verf. von Baden-Württemberg

(Art. 42), Bayern (Art. 61), Niedersachsen (Art. 13) und vom Saarland (Art. 87) sehen eine Klage vor dem VerfG des Landes vor, die auf Ausschluß aus dem Parlament gerichtet ist.

Artikel 14

(1) Niemand darf zu irgendeiner Zeit wegen seiner Abstimmung oder einer Äußerung, die er als Abgeordneter in der Bürgerschaft oder einem ihrer Ausschüsse getan hat, gerichtlich oder dienstlich verfolgt oder sonst außerhalb der Versammlung zur Verantwortung gezogen werden.

(2) Verleumderische Beleidigungen können mit Genehmigung der Bürgerschaft verfolgt werden.

1. Ähnlich GG Art. 46 Abs. 1, Verf. Baden-Württ. Art. 37, Bayern Art. 27, Berlin Art. 35 Abs. 1, Bremen Art. 94, Hessen Art. 95, Niedersachsen Art. 14, Nordrhein-Westf. Art. 47, Rheinland-Pfalz Art. 93, Saarland Art. 82, Schleswig-Holstein Landessatzung Art. 17 Abs. 1.

„Unter parlamentarischer Immunität ist die Gesamtheit der Wirkungen einer Reihe von Sätzen zu verstehen, die den Mitgliedern parlamentarischer Körperschaften gegen die Rechtsfolgen ihrer Äußerungen und Handlungen einen besonderen Schutz gewährt." Mit diesem Satz begannen die beachtenswerten Grundsätze des Deutschen Bundestages in Immunitätsangelegenheiten von 1951 (Ritzel-Koch, GeschO des Deutschen Bundestages, 1952, Anl. 4). Er steht allerdings nicht mehr in den am 26. 3. 1969 beschlossenen Grundsätzen des BTAusschusses für Wahlprüfung, Immunität und Geschäftsordnung (BTDrucks. V/4112).

Die angeführte Definition der **Immunität im weiteren Sinne** umfaßt

a) die parlamentarische Redefreiheit oder Indemnität (Art. 14),
b) die Unverletzlichkeit der Parlamentsmitglieder oder Immunität im engeren Sinn (Art. 15),
c) das Zeugnisverweigerungsrecht und die Sonderstellung der Abg. bei Durchsuchung und Beschlagnahme von Schriftstücken (Art. 17).

2. Das Recht der parlamentarischen Redefreiheit, nach dem Sprachgebrauch des Parlamentarischen Rates die **Indemnität** (Bonner Komm. II 1 a, Maunz-Dürig I 2 a zu Art. 46) ist seit langem deutsches VerfR.

Ursprünglich im englischen VerfR entwickelt, Bill of Rights 1689 (Hubrich, Die parlamentarische Redefreiheit und Disziplin, 1899, 15 ff.) Verf. 1860 u. 1879 Art. 48, RVerf. 1871 Art. 30 für Mitglieder des Reichstags, § 11 StGB für Mitglieder der Landtage und damit auch der Hmb. Bgsch., WeimRVerf. Art. 36, GG Art. 46 Abs. 1, HmbGes. über die vorläufige Regelung der Immunität etc. v. 4. 1. 1950 (GVBl. 1950 1).

3. Während der SenE in Anlehnung an Art. 36 WeimRVerf. noch die Fassung hatte „in Ausübung seiner Abgeordnetentätigkeit getanen Äußerungen", hielt der VerfA eine schärfere Begrenzung wie in Art. 46 Abs. 1 GG für notwendig. Die Streitfrage, ob Reden eines Abg. vor seinen Wählern oder Äußerungen innerhalb einer Parteiorganisation unter die Indemnität fallen (Anschütz Bem. 2 zu Art. 36 WeimRV) kann nicht mehr auftreten. **„In der Bürgerschaft"** bedeutet aber auch innerhalb deren Vorstand, Ältestenrat, innerhalb sonstiger von der Bgsch. oder in deren Auftrag wahrgenommener Veranstaltungen, innerhalb der Fraktionen, bei Verhandlungen zwischen den Fraktionen, kurzum bei jeglicher Tätigkeit innerhalb des Parlaments, nicht jedoch die sonstige politische Tätigkeit eines Abg., etwa bei Sprechstunden in seinem Wahlkreis.

Die Worte „in der Bgsch." bedeuten andererseits keine räumliche Beschränkung. Auch Äußerungen anläßlich einer Ortsbesichtigung durch einen Ausschuß oder bei anderen Veranstaltungen der Bgsch. außerhalb ihrer Räume werden davon erfaßt.

4. Gedeckt sind die Abstimmungen und Äußerungen, also Meinungsäußerungen und Behauptungen von Tatsachen, mündlich, schriftlich oder durch schlüssige Handlungen (Anschütz a. a. O. Bem. 2), nicht jedoch Tätlichkeiten (RGSt. 47, 276). Ob eine verleumderische Beleidigung vorliegt, haben die Gerichte, nicht die Bgsch. zu entscheiden. Der Bgsch. bleibt nur die Entscheidung darüber, ob die nach Ansicht eines Gerichts vorliegende Verleumdung auch verfolgt werden darf.

5. Art. 14 schützt **gegenüber der hmb. Staatsgewalt,** insbesondere auch gegen disziplinare Maßnahmen des Senats, aber auch der Körperschaften öffentlichen Rechts, wie Rechtsanwalts- oder Notarkammer, sowie gegen Verfahren vor den Zivilgerichten etwa auf Schadensersatz oder Unterlassung (OLG Karlsruhe DÖV 1956 763). Letzteres war schon früher (Anschütz I 229) herrschende Meinung. Wenn glaubhaft gemacht wird, daß die in der Bgsch. gemachte Äußerung außerhalb des Parlaments wiederholt wird, ist ein Verbot der Wiederholung durch ein Zivilgericht möglich (LG Koblenz NJW 1961 125).

Die Befugnisse des Präsidenten der Bgsch. entsprechend der Verf. und GeschO werden durch Art. 14 nicht berührt.

Soweit es im Bereich der staatlichen Stellen liegt (etwa bei staatseigenen Betrieben und Gesellschaften) dürfte eine Verpflichtung des Senats bestehen, sich für dieses Parlamentsrecht einzusetzen; notfalls wird die Bgsch. dies zu veranlassen haben.

6. Art. 14 schützt aber **nicht gegen außerhalb des staatlichen Bereichs stehende Kräfte,** verbietet also nicht Ausschluß aus einer Partei, Entlassung durch private Arbeitgeber, gesellschaftlichen Boykott (Anschütz Bem. 2 zu Art. 36).

7. Durch das Dritte StrafRÄndG v. 4. 8. 1953 (BGBl. I 735) hat § 11 StGB folgende Fassung erhalten:

„Mitglieder eines Gesetzgebungsorgans eines zur Bundesrepublik Deutschland gehörigen Landes dürfen zu keiner Zeit wegen ihrer Abstimmung oder wegen einer Äußerung, die sie in der Körperschaft oder einem Ausschuß getan haben, außerhalb der Körperschaft zur Verantwortung gezogen werden. Das gilt nicht für verleumderische Beleidigungen."

Das Verhältnis dieser Vorschrift zu Art. 14 ist nicht unbestritten. Zunächst ist Art. 14 umfangreicher als der nur die strafrechtliche Seite regelnde § 11 StGB. Aber auch gleichlautendes oder inhaltsgleiches Landesrecht wäre nicht ohne weiteres nichtig. Von der Gültigkeit der Indemnitätsbestimmungen in den Landesverfassungen gehen daher v. Mangoldt-Klein II 1 zu Art. 46, Dreher Komm. zu § 11 StGB Bem. 2, LG Koblenz NJW 61 125 aus. Man kann aber dem Bund, der die konkurrierende Gesetzgebungskompetenz über das Strafrecht hat (Art. 74 GG), schwerlich das Recht beschneiden, die strafrechtlichen Auswirkungen der Indemnität von Landtags- und BgschAbg. zu regeln, weil solche Bestimmungen zunächst in einer LandesVerf. standen. **§ 11 StGB setzt daher Art. 14 für den Bereich des Strafrechts gemäß Art. 31 GG außer Kraft** (ebenso StaatsGH Bremen bez. Art. 94 Verf. Bremen, MDR 68 24).

Der StrafREntw. 1962 hatte in §§ 41, 42 nicht nur die Regelung der §§ 11, 12 StGB wiederholt, sondern sie auch auf Mitglieder des BTages und der BVersammlung ausgedehnt. Der BRat hat in seiner Stellungnahme die Einfügung eines Abs. 2 zu 41 mit folgendem Wortlaut verlangt:

„Weitergehende Vorschriften in den Verfassungen der Länder bleiben unberührt.

Begründung: Klarstellung, daß durch die Regelung nicht in Landesverfassungsrecht eingegriffen werden soll, das den Abgeordneten weitergehende Indemnität gewährt."

Die Bundesregierung hat dem mit der Begründung widersprochen, daß diese vorgeschlagene Fassung „das Ausmaß der Indemnität kraft Bundesrechts einheitlich" bestimmen solle. Zu einer Beschlußfassung durch den BTag ist es nicht gekommen.

8. Art. 14 wie § 11 StGB stellt einen **persönlichen Strafausschließungsgrund** (Maunz-Dürig Rdnr. 22 zu Art. 46 mit Literatur und Judikatur, Schönke-Schröder zu § 11, Bockelmann, Unverletzlichkeit 40, 58) dar, der auch nach Beendigung der Wahlperiode oder nach Ausscheiden aus der Bgsch. fortbesteht. Die Tat bleibt aber rechtswidrig. Es wäre daher Notwehr zulässig (wenn auch praktisch kaum vorstellbar), und ein Anstifter oder Gehilfe genösse nicht den Schutz der Indemnität.

9. Nicht gedeckt sind Äußerungen, die **Senatoren** in der Bgsch. abgeben. In diesem Fall trifft gegebenenfalls der rechtliche Gesichtspunkt der Wahrnehmung berechtigter Interessen gemäß § 193 StGB zu (Maunz-Dürig a. a. O. Rdnr. 8).

Artikel 15

(1) Kein Abgeordneter darf ohne Genehmigung der Bürgerschaft während der Dauer des Mandats wegen einer mit Strafe bedrohten Handlung zur Untersuchung gezogen oder verhaftet werden, es sei denn, daß der Abgeordnete bei Ausübung der Tat oder spätestens im Laufe des folgenden Tages festgenommen worden ist.

(2) Eine Genehmigung der Bürgerschaft ist ferner bei jeder anderen Beschränkung der persönlichen Freiheit, welche die Ausübung der Abgeordnetentätigkeit beeinträchtigt, oder zur Einleitung eines Verfahrens gemäß Artikel 18 des Grundgesetzes für die Bundesrepublik Deutschland erforderlich.

(3) Jedes Strafverfahren und jedes Verfahren gemäß Artikel 18 des Grundgesetzes für die Bundesrepublik Deutschland gegen einen Abgeordneten und jede Haft oder sonstige Beschränkung seiner persönlichen Freiheit werden auf Verlangen der Bürgerschaft für die Dauer des Mandats aufgehoben.

1. Die Immunität oder die Verfolgungsfreiheit hat ihren Ursprung in einem durch Robespierre erwirkten Beschluß der französischen Nationalversammlung v. 26. 6. 1790, mit dem die gerichtliche Verfolgung des Abg. Lautrec bis zur Entscheidung der Nationalversammlung aufgeschoben wurde. Sie fand über Art. 45 belgische Verf. 1831 den Weg in die deutschen Verfassungen, insbesondere RVerf. 1871 Art. 31, der jedoch nur für RTagsAbg. galt. Die HmbBgsch. kannte auch unter den Verf. 1860 und 1879 das Immunitätsrecht für ihre Abg. nicht, es wurde in Hmb. zuerst durch WeimRVerf. Art. 37 eingeführt, der auch für LandtagsAbg. galt und daher eine Regelung der Verfolgungsfreiheit in der Hmb. Verf. 1921 ausschloß. Diese Bestimmung trat mit dem GG außer Kraft, so daß das Hmb. Immunitätsges. v. 4. 1. 1950 (GVBl. 1) die Lücke bis zum Inkrafttreten der Verf. ausfüllte und zugleich die ersten hmb. Normen auf diesem Gebiet darstellte. Art. 15 übernimmt im wesentlichen die Regelung des Art. 46 Abs. 2 bis 4 GG. Ähnlich Verf. Baden-Württ. Art. 38, Bayern Art. 28, Berlin Art. 35 Abs. 3, 4, Bremen Art. 95, Hessen Art. 96, Niedersachsen Art. 15, Nordrhein-Westf. Art. 48, Rheinland-Pfalz Art. 94, Saarland Art. 83, Schleswig-Holstein Landessatzung Art. 17 Abs. 2.

2. Die Immunität ist ein **Recht des Parlaments,** nicht etwa des einzelnen Abg. Dieser hat zwar ein subjektives Recht auf ungehinderte Ausübung seines Mandates innerhalb der Schranken von Verf. und GeschO (richtig Nawiasky-Leusser Verf. Bayern Rdnr. 2 zu Art. 28, BayerVerfGH 5 216), aber kein Recht auf Nichtgenehmigung einer Strafverfolgung (BayerVerfGH 10 20) und kann nicht auf die Immunität verzichten (einh. Meinung in Literatur und Praxis (Bockelmann, Unverletzbarkeit 25, BT-Grundsätze a. a. O. Ziff. 3).

Immunität bedeutete ursprünglich **Schutz des Abg. vor der Exekutive.** Maunz-Dürig (Rdnr. 26 zu Art. 48) halten diesen Gesichtspunkt auch heute für nicht ganz bedeutungslos, „da es weder ausgeschlossen ist, daß die Regierung (vor allem wegen Art. 67, 68 GG) ein Eigengewicht entwickelt, das sie in Gegensatz zum BTag bringt; noch daß Regierung oder Regierungskoalition auf ‚kaltem' und ‚außerparlamentarischem' Wege (z. B. durch Gerichtsverfahren) die Opposition auf personalem Gebiet verfolgt". Diese Argumentation dürfte jedenfalls für das hmb. politische Klima, wo man sich mit Immunität im engeren Sinn erst in der Weimarer Zeit befaßte (Mittelstein Bem. 3 zu Art. 13 Verf. 1921), nicht zutreffen. Es ist jedoch einh. Meinung in Literatur und Praxis, daß das Immunitätsrecht **Funktionsfähigkeit** und **Ansehen der parlamentarischen Kör-**

perschaften bezweckt (Maunz-Dürig a. a. O., BT-Grundsätze a. a. O. Ziff. 4 Abs. 2).

3. Der **Beschluß, die Immunität aufzuheben** (im BTag „Genehmigung zur Strafverfolgung", Grundsätze a. a. O. Ziff. 2 Abs. 2) ergeht gemäß Art. 19 und bedarf eines Antrages, der nach GeschO § 88 von den Staatsanwaltschaften, Gerichten, Ehrengerichten öffentlichrechtlichen Charakters über den Senat, im übrigen von Privatklägern und dem GeschOA gestellt werden kann. Der Präsident überweist einen Antrag ohne Mitteilung an die Bgsch. dem GeschOA (GeschO § 89), der entsprechend dem Verfahren des BTags (Grundsätze a. a. O. Ziff. 13) bei Bagatellsachen mit Zweidrittel-Majorität eine Vorentscheidung treffen kann (GeschO § 90), die der Präsident alsdann schriftlich der Bgsch. übermittelt, ohne daß sie auf die Tagesordnung gesetzt wird. Erhebt sich binnen 14 Tagen kein Widerspruch, so gilt diese Vorentscheidung als Beschluß der Bgsch.

Der ständige GeschOA der Bgsch. hat in den Jahren 1922 und 1928 folgende Richtlinien aufgestellt:

„1. Die Immunität ist regelmäßig aufrechtzuerhalten bei politischen Vergehen.

2. Die Immunität ist regelmäßig insoweit aufrechtzuerhalten, daß der Abg. mit der Untersuchungshaft verschont bleibt.

3. Die Immunität ist stets aufzuheben, wenn der Abg. einer gemeinen Straftat beschuldigt wird.

4. Die Immunität ist regelmäßig aufzuheben, wenn ein erhebliches, auf andere Weise nicht zu wahrendes Interesse eines Verletzten es verlangt.

5. Die Immunität ist regelmäßig aufzuheben, wenn die preßgesetzliche Verantwortung es erfordert.

In allen Fällen ist darauf Rücksicht zu nehmen, daß die Ausführung des Verfahrens den Abg. an der Ausübung seines Mandats nicht hindert und der Würde des Hauses nicht widerspricht."

Dazu Abg. Dr. Weber und Präsident Schönfelder, StenBer. 1953 501.

Nach den BT-Grundsätzen soll die Immunität bei Beleidigungen politischen Charakters in der Regel nicht aufgehoben werden (Ziff. 5 Abs. 1) hingegen bei Verkehrsdelikten die Genehmigung zur Strafverfolgung grundsätzlich erteilt werden (Ziff. 11). Das entspricht auch der Praxis der Bgsch.

4. Die Bgsch. hat am 3. 2. 71 „genehmigt, daß bis zum Ablauf der 7. Wahlperiode Ermittlungsverfahren gegen Abg. wegen Straftaten" durchgeführt werden. Ausgenommen sind Beleidigungen „politischen Charakters". Die Einleitung ist dem Präsidenten und soweit tunlich dem Betroffenen mitzuteilen.

Damit wird nicht genehmigt die Erhebung der öffentlichen Klage, ein Antrag auf Erlaß eines Haftbefehls oder auf Erlaß einer Strafverfügung. Freiheitsentziehende oder freiheitsbeschränkende Maßnahmen bedürfen der Zustimmung der Bgsch.

5. Der neu eingeführte § 152 a StPO dehnt den strafrechtlichen Schutz auch auf andere Länder und den Bund mit folgendem Wortlaut aus:

> „Landesgesetzliche Vorschriften über die Voraussetzungen, unter denen gegen Mitglieder eines Organs der Gesetzgebung eine Strafverfolgung eingeleitet werden kann, sind auch für die anderen Länder der Bundesrepublik Deutschland und den Bund wirksam."

6. Im Strafprozeß ist Immunität Prozeßhindernis, ihre **Aufhebung Prozeßvoraussetzung,** bezüglich einzelner Handlungen ist sie Prozeßhandlungshindernis und Prozeßhandlungsvoraussetzung (Bockelmann, Unverletzbarkeit 38).

7. Für **„mitgebrachte" Strafprozesse,** die also vor Antritt des Mandats eingeleitet waren, griff das Reklamationsrecht des Abs. 3 ein. Die herrschende Auffassung und Praxis (Maunz-Dürig Rdnr. 51, BT-Grundsätze Ziff. 16), geht aber nun davon aus, daß gemäß Abs. 1 ein schwebendes Verfahren von Amts wegen bei Antritt des Mandats (also nach Annahme, jedoch frühestens nach Ende der vorangehenden Legislaturperiode) auszusetzen sei. Der Wortlaut des Abs. 1 steht dem nicht entgegen.

8. Der Beschluß der Bgsch. in Immunitätsangelegenheiten ist eine **innerparlamentarische, justizfreie Ermessensentscheidung** des Hauses (Bockelmann Unverletzbarkeit 24, 32 f., v. Mangoldt-Klein IV 7 zu Art. 46, Spitta Komm. VerfBremen zu Art. 85). Einigkeit besteht darüber, daß der Beschluß nicht im Verwaltungsrechtsweg überprüft werden kann. Nach Maunz-Dürig (Rdnr. 71 zu Art. 46) ist aber eine verfassungsrechtliche Kontrolle mit der Organklage wegen Verletzung des subjektiven Rechts des Abg. auf eine willkürfreie Entscheidung des Parlaments zulässig. Nawiasky-Leusser (Rdnr. 8 zu Art. 28 BayerVerf.) halten in einem solchen Fall die Voraussetzung einer Verfassungsstreitigkeit gemäß Art. 64 BayerVerf. für gegeben und damit die Nachprüfung der Entscheidung des Landtages durch den BayerVerfGH für zulässig.

Artikel 16

Wahrheitsgetreue Berichte über die Verhandlungen in den öffentlichen Sitzungen der Bürgerschaft oder eines anderen deutschen Landtages bleiben von jeder Verantwortlichkeit frei.

1. Die **Privilegierung der Parlamentsberichterstattung** entspricht Art. 30 WeimRVerf. und Art. 42 Abs. 3 GG. In der Verf. 1921 fehlte eine entsprechende Regelung, da Art. 30 WeimRVerf. die Landtage mit umfaßte.

Die hmb. Regelung betrifft nur die Verhandlungen der Bgsch. selbst, nicht die eines etwa öffentlich tagenden Ausschusses.

2. Das Dritte StrafRÄndG v. 4. 8. 1953 (BGBl. I 735) hat § 12 StGB folgende Fassung gegeben:

„Wahrheitsgetreue Berichte über die öffentlichen Sitzungen der in § 11 bezeichneten Gesetzgebungsorgane oder ihrer Ausschüsse bleiben von jeder Verantwortlichkeit frei."

Mit dieser weitergehenden Fassung ist die Berichterstattung über öffentliche Sitzungen des Plenums und der Ausschüsse für den Bereich des Strafrechts privilegiert. Insoweit ist Art. 16 gemäß Art. 31 GG außer Kraft getreten.

3. Es ist ein **Parlamentsprivileg, kein Presseprivileg** (so Hatschek Bd. I 587, Anschütz Bem. 2 zu Art. 30) und schützt als **Rechtfertigungsgrund** (OLG Braunschweig, NJW 1953 516) gegenüber der strafrechtlichen sowie dienststrafrechtlichen und zivilrechtlichen Verfolgung. Nach der Definition des Reichsgerichts (RGSt. Bd. 18 207) ist ein Bericht „die erzählende Darstellung eines historischen Vorganges in seinem wesentlichen Verlauf"; nach Anschütz (Bem. 3 zu Art. 30) ist begriffswesentlich die Objektivität, das Zeichnen, nicht das Färben. Vermischung mit „subjektiven Zutaten", insbesondere Werturteilen, nimmt den Charakter als Bericht. Wahrheitsgetreu heißt nicht wortgetreu.

Artikel 17

Die Abgeordneten sind berechtigt, über Personen, die ihnen in ihrer Eigenschaft als Abgeordnete oder denen sie in dieser Eigenschaft Tatsachen anvertraut haben, sowie über diese Tatsachen selbst

das Zeugnis zu verweigern. So weit dieses Zeugnisverweigerungsrecht reicht, ist die Beschlagnahme von Schriftstücken unzulässig.

1. Das **privilegierte Zeugnisverweigerungsrecht** der Abg., ein Teil des parlamentarischen Immunitätsrechts (Art. 14 Bem. 1), findet sich erstmalig in WeimRVerf. Art. 38 und umfaßte auch die Abg. der Bgsch. (Anschütz Bem. 1). Es ist in Art. 47 GG für BTAbg. und in den Verf. Baden-Württ. Art. 39, Bayern Art. 29, Berlin Art. 35 Abs. 2, Bremen Art. 83 Abs. 2, Hessen Art. 97, Niedersachsen Art. 16, Nordrh.-Westf. Art. 49, Rheinland-Pfalz Art. 95, Schleswig-Holstein Art. 17 Abs. 3, Saarland Art. 84 für Landtags(Bgsch.-)Abg. geregelt. § 53 Abs. 1 Ziff. 4 StPO und § 383 Abs. 1 ZPO dehnen dieses Recht im Bereich des Straf- und Zivilprozesses auf das gesamte Bundesgebiet aus.

2. Es ist ein **subjektives Recht der Abg.**, kein Parlamentsprivileg und steht damit auch nicht zur Disposition der Bgsch. Der Abg. kann daher im Einzelfall auch darauf verzichten (Maunz-Dürig zu Art. 47 Abs. 3). Es umfaßt auch die Berufshelfer des Abg. (Assistenten, Sekretärinnen), § 53 a StPO, für den Zivilprozeß Wieczorek zu § 383 ZPO E c 1.

3. Zweck der Vorschrift ist, das zwischen Abg. und Dritten bestehende Vertrauensverhältnis zu schützen. Ob es sich um **anvertraute Tatsachen** handelt, entscheidet das Gericht (Anschütz zu Art. 38 Abs. 4, Bonner Komm. zu Art. 47 Abs. 2 a), nicht der Abg. selbst (wie es die Ansicht des GeschOAussch. des Reichstags war).

4. Um eine Beeinträchtigung der Arbeiten des Parlaments durch Ortsabwesenheit zu vermeiden, werden Mitgl. der Bgsch. als **Zeugen** während ihres Aufenthalts **am Parlamentssitz** dort vernommen. Zu einer Abweichung bedarf es der Genehmigung der Bgsch. (§ 50 StPO, § 382 ZPO).

5. Das **Beschlagnahmeverbot** des Satzes 2 betrifft die in den Händen des Abg. oder seiner Berufshelfer befindlichen Schriftstücke, es reicht nicht weiter als das Zeugnisverweigerungsrecht des Satzes 1 (vgl. § 97 Abs. 3 StPO, dazu Löwe-Rosenberg Bem. 4 a cc). Es umfaßt auch das Verbot, durch hoheitliche — etwa disziplinäre — Maßnahmen eine Herausgabe zu erzwingen (Maunz-Dürig zu Art. 47 Rdnr. 16, Graf Dohna HdbDStR I 449).

Artikel 18

(1) Die Bürgerschaft wählt ihren Präsidenten, die Vizepräsidenten und den übrigen Vorstand. Sie gibt sich eine Geschäftsordnung.

(2) Der Präsident übt das Hausrecht und die Polizeigewalt in den von der Bürgerschaft benutzten Räumen aus; ihm untersteht die Bürgerschaftskanzlei. Er verfügt nach Maßgabe des Haushaltsplanes (Artikel 66) über Einnahmen und Ausgaben der Bürgerschaft und vertritt die Freie und Hansestadt Hamburg in allen Rechtsgeschäften und Rechtsstreitigkeiten der Bürgerschaft. Abweichend von Artikel 45 Absatz 1 ernennt und entläßt der Präsident die Beamten der Bürgerschaft.

(3) Eine Durchsuchung oder Beschlagnahme in den Räumen der Bürgerschaft darf nur mit Einwilligung des Präsidenten vorgenommen werden.

1. Der **Vorstand der Bgsch.** besteht aus dem Präsidenten, den beiden Vizepräsidenten und aus den vier Schriftführern, deren Zahl verfassungsmäßig nicht festgelegt ist. Über die Befugnisse des Vorstandes vgl. Art. 22, 23. Der Vorstand wurde in Hamburg jährlich in der ersten Sitzung nach dem 1. April für das laufende Geschäftsjahr gewählt, nunmehr in der ersten Sitzung der neu gewählten Bgsch. für die ganze Legislaturperiode; er ist **nicht absetzbar,** ein Mißtrauensvotum gegen ihn wäre unzulässig (so schon Wulff Bem. 22 zu § 5 GeschO, der BT aus Anlaß der KPD-Mißtrauensanträge gegen den Präsidenten v. 30. 9. 1949 und den Vizepräsidenten Dr. Schäfer v. 9. 10. 1949). Für die Wahl genügt wie im BTag **einfache Mehrheit,** d. h. die Mehrheit der abgegebenen gültigen Stimmen (§ 2 GeschOBgsch., § 2 GeschOBTag, insoweit falsch Achterberg 25, der annimmt, daß für die Wahl eines „Parlamentspräsidenten" absolute Mehrheit erforderlich sei). Gewählt wird durch **Stimmzettel** in getrennten Wahlgängen für den Präsidenten, den ersten und den zweiten Vizepräsidenten. Die Wahl wird wiederholt, wenn kein Kandidat die Mehrheit der abgegebenen Stimmen erhält. Bei einem nötig werdenden dritten Wahlgang findet eine Stichwahl zwischen den beiden Anwärtern statt, die die meisten Stimmen erhalten haben (GeschO Bgsch. § 2). Die Schriftführer werden in einem Wahlgang gewählt.

2. Der **Ältestenrat** (GeschO Bgsch. §§ 11—13) erscheint nicht in der Verf. GeschO 1881 kannte den „Ältestenausschuß", der jedoch 1924 mit Recht den Namen „Ältestenrat" erhielt, da er sich als **zwangloses Gebilde** von den straff organisierten Ausschüssen seinem Wesen nach unterscheidet. Der Name bedeutet nicht, daß tatsächlich die an Jahren Ältesten hier zusammentreten. Die Fraktionen werden vielmehr in der Regel ihre Vorsitzenden oder deren Vertreter zum

Ältestenrat entsenden, ohne daß eine formelle Benennung oder Festlegung der Stärke (wie in BTGeschO § 13 vorgesehen) erfolgt. Diese Regelung hat sich bewährt.

Der Ältestenrat trifft grundsätzlich freie, unverbindliche Vereinbarungen (GeschO Bgsch. § 12 Abs. 1 S. 3), die jedoch kraft parlamentarischen Brauches von der Bgsch. berücksichtigt und gegebenenfalls beschlossen werden (Achterberg 18). Es entspricht den Gepflogenheiten in der Bgsch., daß von den Fraktionen gewünschte Abweichungen von solchen im Ältestenrat getroffenen Vereinbarungen unverzüglich dem Präsidenten und den anderen Fraktionen mitgeteilt werden. Zum Arbeitsplan des Ältestenrats gehört auch die technische Vorbereitung von Wahlen (GeschO Bgsch. § 28 Abs. 4).

3. Die **GeschO** ist eine **autonome Satzung**, die sich die Bgsch. kraft ihrer Parlamentsautonomie selbst gibt und die sich im Rahmen der Verf. und der Gesetze zu halten hat (so 4. Ber. des VerfA 1952 a. a. O. 1 mit der herrschenden Meinung, jetzt auch Giese-Schunk, 7. Aufl. zu Art. 40 Abs. 3). Die verfassungsmäßigen Rechte der Abg. können nur im Rahmen der Ordnungsgewalt, des Hausrechts und der Polizeigewalt in angemessener Ausübung eingeschränkt werden. Ein Abg., der die Ordnung des Hauses gröblich verletzt, kann von der Teilnahme an der weiteren Sitzung ausgeschlossen werden (GeschO § 49; sehr weitgehend BTGeschO § 42 mit einer Ausschlußmöglichkeit bis zu 30 Sitzungstagen). Für den Fall des Art. 13 Abs. 2 war eine Ermächtigung der Verf. erforderlich.

Die Bestimmungen der GeschO binden nur die Mitglieder der Bgsch., sichern das geordnete Funktionieren des Parlaments und regeln die Abwicklung der Parlamentsgeschäfte. BVerfGE 1 148 weist mit Recht darauf hin, daß bei Auslegung der GeschO **Tradition und Praxis** mit heranzuziehen seien. Das gilt insbesondere für ein Parlament mit derart langer Tradition wie die Bgsch. (4. Ber. des VerfA 1952 a. a. O.). Präsident Ross erklärte 1927 (Wulff Bem. 2 zu § 1 GeschO): „Es ist sehr viel in der GeschO nicht verboten, ohne daß es deshalb erlaubt ist." Der Abg. Dr. Weber wies anläßlich der Beratungen der GeschO 1952 darauf hin, daß selbstverständlich „gewisse Gebräuche in den Parlamenten vorhanden sind, ob sie nun in der GeschO stehen oder nicht. Auch wenn wir überhaupt keine GeschO hätten, würden die Abstimmungsregeln, die Minderheitsrechte, die seit Ewigkeiten in den Parlamenten aller demokratischen westlichen Länder entwickelt sind, für dieses Haus gelten, ganz gleich, ob wir sie vorher in juristische Paragraphen gegossen hätten oder nicht."

4. Die GeschO gilt **nur für die Wahlperiode** der Bgsch., die sie beschlossen hat (BVerfGE 1 148, Achterberg 49). Nach der ständigen Übung der Bgsch. wird die GeschO stillschweigend auch von einer neuen Bgsch. übernommen und bleibt bis zu einer Änderung in Kraft (4. Ber. des VerfA 1952 a. a. O. 2, dagegen H. Schneider, Festg. für Smend 1952, mit beachtlichen Gründen).

Der VerfA hat es aber gleichwohl für empfehlenswert erachtet, daß bei Konstituierung der neuen Bgsch. ihr Vorsteher kraft Herkommens (GeschO § 1), der Alterspräsident, die **Übernahme der alten GeschO** vorschlägt, ehe zu Wahlen geschritten wird. So alsdann Alterspräsident Büll in der ersten Sitzung der 1953 gewählten Bgsch. (StenBer. 1953 667).

5. Das **Prüfungsrecht der Gerichte** gemäß Art. 64 erstreckt sich nur auf die Ordnungsmäßigkeit der Verkündung, nicht aber darauf, ob die Bestimmungen der GeschO bei der Beschlußfassung durch die Bgsch. beachtet worden sind (Wulff a. a. O.; Maunz-Dürig RdNr. 23 zu Art. 40; s. unten Bem. 1 zu Art. 64).

6. Der Präsident ist **Hausherr** der Räume der Bgsch.; er stellt gegebenenfalls auch Strafantrag wegen Hausfriedensbruches. Als **Inhaber der Polizeigewalt** in diesen Räumen ist er Organ der öffentlichen Gewalt mit der Befugnis und Verpflichtung, die sonst der Polizei obliegenden Aufgaben wahrzunehmen. Die Polizei ist verpflichtet, ihm zur Erfüllung dieser Aufgaben Vollstreckungshilfe zu leisten (Achterberg 17).

7. In Anlehnung an das ehemalige Reichsgesetz zur Befriedung der Gebäude des Reichstags und der Landtage v. 8. 5. 1920 (RGBl. I 909) hat § 16 Bundesversammlungsges. v. 24. 7. 1953 (BGBl. III 2180-4) Versammlungen unter freiem Himmel in den Bannkreisen, die durch Landesgesetz geschaffen worden sind, verboten. Nachdem zunächst der **Bannkreis** auf Grund des hmb. Ges. v. 15. 2. 1952 (GVBl. 15, BL I 218-a) die Innenstadt, begrenzt durch die Wallanlagen, umfaßte, ist er durch Ges. v. 4. 11. 1968 (GVBl. 241, LS 2180-a) wesentlich verkleinert worden und umfaßt nur die unmittelbare Umgebung des Rathauses mit einem größten Abstand vom Rathaus von etwa 350 m. Von dem Verbot der Versammlungen und Umzüge kann der Senat mit Zustimmung des Präsidenten der Bgsch. Ausnahmen zulassen.

8. Die **Beamten der Bgsch.** sind zwar hmb. Staatsbeamte, sie werden jedoch nicht durch den Senat noch auch unter dessen Mitwirkung, sondern allein vom Präsidenten der Bgsch. ernannt. Der Beamtenernennungsausschuß des Art. 45 Abs. 2 ist vorschlagsberechtigt, da nur Art. 45 Abs. 1 keine Anwendung findet.

9. Der dritte Absatz des Art. 18 ist gegenüber der Verf. 1921 neu, weil damals Art. 38 Abs. 2 WeimRVerf. auch für die Landtage galt. Wenn der VerfA das Wort „Zustimmung“ im SenE durch „Einwilligung“ ersetzte, so sollte damit klargestellt werden, daß es zu einer **Durchsuchung oder Beschlagnahme in den Räumen der Bgsch.** stets einer vorweg einzuholenden zustimmenden Erklärung des Präsidenten der Bgsch. bedarf.

Artikel 19

Zu einem Beschluß der Bürgerschaft ist einfache Stimmenmehrheit erforderlich, sofern die Verfassung nicht ein anderes Stimmenverhältnis vorschreibt.

1. Die Vorschrift entspricht derjenigen des Art. 18 Satz 1 Verf. 1921, im übrigen auch Art. 32 Abs. 1 Satz 1 WeimRVerf. und Art. 42 Abs. 2 Satz 1 GG.

2. Einfache Mehrheit bedeutet die Mehrheit der im Saal anwesenden Abg., wobei ungültige Stimmen und Stimmenthaltungen nicht gezählt werden. Stimmengleichheit bedeutet Ablehnung.

3. Die Verf. schreibt ein anderweitiges Stimmenverhältnis vor in Art. 11, 13, 34, 35, 36, 50, 51, 63.

Artikel 20

(1) Die Bürgerschaft ist beschlußfähig, wenn mehr als die Hälfte der Mitglieder anwesend sind. Jedoch sind alle Beschlüsse gültig, die gefaßt werden, ohne daß die Beschlußfähigkeit vor der Abstimmung oder Wahlhandlung angezweifelt worden ist.

(2) Die Beschlußfähigkeit für die Anberaumung der Sitzungen, für die Feststellung der Tagesordnung und der Niederschrift sowie für andere die Geschäftsbehandlung betreffende Fragen wird durch die Geschäftsordnung geregelt.

(3) Die Geschäftsordnung regelt die Art der Abstimmung.

1. Die Verf. übernimmt hier die Bestimmung des Art. 19 Verf. 1921.

2. Ist ein Beschluß nicht vorgesehen wie z. B. bei der Entgegennahme einer Mitteilung des Senats, so ist Beschlußfähigkeit des Hauses nicht erforderlich (vgl. StenBer. 1924 295).

Für Beschlüsse, welche die Geschäftsbehandlung betreffen (Abs. 2), ist die Bgsch. immer beschlußfähig (§ 17 Abs. 2 GeschO).

3. Anwesend sind die Abg., die im Sitzungssaal der Bgsch. sind. Es genügt nicht die Anwesenheit im Hause. Auch Abg., die sich nicht an der Abstimmung beteiligen oder ungültige Stimmen abgeben, sind anwesend.

4. Die Bestimmungen über Abstimmungen finden sich in GeschO §§ 31 bis 33.

Abgestimmt wird durch Aufheben einer Hand. Ist das Ergebnis auch durch eine Gegenprobe nicht mit Sicherheit festzustellen, so findet ein „Hammelsprung“ statt, d. h. alle Abg. verlassen den Saal und betreten ihn wieder entweder durch die „Ja-Tür“ oder durch die „Nein-Tür“. Wer sich enthalten will, geht durch die mittlere Tür (§ 32 GeschO).

Auf Verlangen von sechs Abg. wird namentlich abgestimmt (§ 33).

Eine geheime Abstimmung kennt die GeschO nur bei Wahlen (§ 28).

Artikel 21

Die Sitzungen der Bürgerschaft sind öffentlich. Beantragt ein Zehntel der Abgeordneten oder der Senat, die Beratung und die Abstimmung in geheimer Sitzung stattfinden zu lassen, so beschließt die Bürgerschaft darüber in nicht öffentlicher Verhandlung.

1. Die Vorschrift entspricht im wesentlichen der in Art. 21 Verf. 1921 getroffenen Regelung. Da die Zahl der Abg. in der Verf. nicht festgesetzt wird, ist an Stelle der Zahl von 30 Abg. (Art. 21 Verf. 1921) die Bruchteilbestimmung „ein Zehntel“ gewählt worden. Für den Beschluß der Bgsch. ist wie früher einfache Mehrheit ausreichend. Im Bundestag bedürfte ein derartiger Beschluß einer Zweidrittelmehrheit: Art. 42 Abs. 1 Satz 2 GG.

2. Der **Begriff der Öffentlichkeit** der Sitzungen umschließt die rechtliche Möglichkeit des freien Zutritts zu den Tribünen für Publikum und Presse entsprechend dem tatsächlich vorhandenen Raum (GeschO § 64 Abs. 4 Satz 2). Er gibt kein Recht auf eigene

Betätigung wie Beifalls- oder Mißfallensäußerungen. Er gibt auch kein Recht auf Fotografieren, auf Tonaufnahme oder Übertragungen in Rundfunk oder Fernsehen ohne Einholung einer Genehmigung. Durch Satz 1 werden die Befugnisse des Präsidenten gemäß Art. 18 Abs. 2 nicht berührt. Der Präsident kann daher die völlige oder teilweise Räumung der Zuhörertribünen anordnen (so Wulff Bem. 3 zu Art. 21).

3. Bei einer **geheimen Sitzung** bleiben nur die Abg. und die Senatsvertreter im Saal. Die Bgsch. wird besonders beschließen müssen, ob Beamte der Bgsch. und Stenografen im Saal bleiben sollen. Die Bgsch. bestimmt durch Beschluß, „ob und inwieweit über eine geheime Sitzung ein Bericht aufzunehmen und zu vervielfältigen ist" (GeschO § 53 Abs. 2).

In der bislang einzigen geheimen Sitzung der Bgsch. vom 22. Mai 1946 wurde ein Antrag über Wohnraumnot beraten, bei dem Maßnahmen der Besatzungsmacht Gegenstand der Verhandlung waren. Die stenografische Niederschrift der Verhandlungen befindet sich in den StenBer. der Bgsch. (7. Sitzung 1946 110 ff.), die jedoch damals infolge des Papiermangels erst Monate später gedruckt und veröffentlicht wurden.

4. Die Sitzung bleibt öffentlich, auch wenn **Eintrittskarten** ausgegeben werden. Die Eintrittskarten dürfen aber nicht ausschließlich auf bestimmte Personenkreise (z. B. Presse) beschränkt werden. Durch „freie" Eintrittskarten muß gewährleistet sein, daß „irgendwer aus dem Volke" Zutritt hat.

5. Die Bestimmung bezieht sich nur auf die Sitzungen der Bgsch., nicht auch ihrer Ausschüsse. Die Öffentlichkeit muß zu **Ausschußsitzungen** ausdrücklich zugelassen werden (GeschO § 64 Abs. 4 Satz 1 und 2). Auf Antrag eines Viertels der Mitglieder eines Ausschusses muß ein **öffentliches Anhörverfahren** stattfinden (GeschO § 68). **Untersuchungsausschüsse** tagen öffentlich, wenn sie nicht „anderes beschließen" (Art. 25 Abs. 1).

Artikel 22

Die Bürgerschaft wird durch den Präsidenten einberufen. Er ist dazu verpflichtet,

1. **auf Beschluß des Vorstandes,**
2. **auf Beschluß der Bürgerschaft,**
3. **auf Beschluß des Bürgerausschusses,**

4. **auf Verlangen von einem Zehntel der Abgeordneten, wenn seit der letzten Sitzung mehr als ein Monat verflossen ist,**
5. **auf Verlangen des Senats.**

1. Die gegenüber Art. 22 Verf. 1921 geänderte Fassung („Die Bürgerschaft wird durch ihre Kanzlei zusammenberufen") bringt zum Ausdruck, daß die Kanzlei lediglich ausführendes Organ des Bgsch.-Präsidenten ist. Es steht im pflichtgemäßen Ermessen des Präsidenten, den Termin für die Sitzung zu bestimmen.

2. Die Bgsch. ist auch in den Fällen des Satzes 2 Ziff. 1, 3—5 berechtigt, sich zu vertagen, wenn das Plenum die Einberufung nicht für erforderlich hält. Der Beschluß erfolgt mit der Mehrheit der abgegebenen Stimmen (GeschO Bgsch. § 15 Abs. 3, Achterberg 73). Die Bgsch. kann auch die Reihenfolge der Tagesordnung ändern. Dadurch kann das Minderheitenrecht auf Einberufung des Parlaments leerlaufen (§ 15 Abs. 3).

Artikel 23

(1) Die Senatoren haben zu allen Verhandlungen der Bürgerschaft und ihrer Ausschüsse Zutritt; der Senat hat das Recht, auch andere Vertreter zu entsenden. Das gilt nicht für Untersuchungsausschüsse (Artikel 25). Auf Ersuchen der Bürgerschaft, ihres Vorstandes oder ihrer Ausschüsse ist der Senat zur Entsendung von Vertretern verpflichtet.

(2) Den Vertretern des Senats ist auf ihr Verlangen jederzeit das Wort zu erteilen. Sie unterstehen der Ordnungsgewalt des Vorsitzenden.

(3) Von den Sitzungen der Ausschüsse ist dem Senat, soweit tunlich, vorher Kenntnis zu geben.

(4) Anträge des Senats, die er als dringlich bezeichnet, sind vor allen anderen Gegenständen zu verhandeln.

1. Abs. 1 Satz 1 ist durch Ges. v. 18. 2. 1971 neu gefaßt worden (GVBl. 21). Die Ausschüsse der Bgsch., die die Verf. hier zum ersten Mal nennt, beraten die ihnen überwiesenen Vorlagen und schlagen dem Plenum die weitere Behandlung vor. Die **Zusammensetzung der Ausschüsse** regelt sich nach der Stärke der Fraktionen. Jede Fraktion entsendet so viele Abg. in den Ausschuß, wie ihr danach zustehen.

2. Art. 23 Verf. 1921 sah das Recht der **Teilnahme von Senatsvertretern** an den Verhandlungen der Bgsch. und ihrer Ausschüsse vor, während Art. 26 Verf. 1921 die Teilnahme von Senatsvertretern an Sitzungen parlamentarischer UntersA „nur auf Beschluß der Ausschüsse“ zuließ. Auch jetzt können UntersA durch Beschluß die Teilnahme von Senatsvertretern zulassen.

GG Art. 43 Abs. 2 und die Verf. der anderen Länder behandeln die UntersA wie andere Ausschüsse, und Vertreter der Regierung dürfen daher anwesend sein und müssen jederzeit das Wort erhalten. Abs. 1 Satz 2 gilt sowohl für Senatoren als auch für andere Vertreter des Senats, obgleich durch die Neufassung die Anknüpfung nur an den zweiten Satz des Satzgefüges denkbar erscheint.

Den Vertretern des Senats ist „jederzeit“ das Wort zu erteilen, d. h. wenn der gegenwärtig Redende seine Rede beendet hat. Der Senatsvertreter ist nicht an die Tagesordnung gebunden, er kann auch vor oder nach einem Punkt das Wort verlangen oder sich zu einem anderen Gegenstand äußern. Seine Redezeit kann nicht beschränkt werden, und er kann auch mehrfach das Wort ergreifen (BVerfGE 10 17 f.; das BVerfG sieht die Begrenzung dieser Rechte darin, daß sie nicht zu einem Mißbrauch führen dürfen).

Die Ordnungsgewalt des Vorsitzenden gegenüber den Vertretern des Senats richtet sich nach der GeschO. Dem Senatsvertreter kann aber nicht das Wort entzogen werden, er kann nicht von der Sitzung ausgeschlossen und er kann auch nicht „zur Sache ermahnt“ werden, weil er sich nicht an die Tagesordnung zu halten braucht.

3. Abs. 1 Satz 3 ist ein **Teil des Interpellationsrechts** der Bgsch. Wie Anschütz (Bem. 1 zu Art. 33) mit Recht ausführt, bedeutet das Entsenden von Vertretern nicht „stummes Dabeisitzen, sondern Beteiligung an den parlamentarischen Verhandlungen, insbesondere die Pflicht . . ., auf Anfragen Rede und Antwort zu stehen“. Die Art der Anfragen in der Bgsch. regelt Art. 24, im übrigen vgl. Art. 32.

4. Abs. 3 mildert die vom Senat vorgeschlagene Fassung durch Einfügung der Worte „soweit tunlich“ ab. Hiermit soll jedoch nicht die Verpflichtung, den Senat rechtzeitig von Ausschußsitzungen zu unterrichten, eingeschränkt, sondern lediglich eine Anfechtungsmöglichkeit für den Fall ausgeschaltet werden, daß solche Unterrichtung im Drang der Geschäfte einmal unterbleibt.

Artikel 23 a

(1) Die Opposition ist ein wesentlicher Bestandteil der parlamentarischen Demokratie.

(2) Sie hat die ständige Aufgabe, die Kritik am Regierungsprogramm im Grundsatz und im Einzelfall öffentlich zu vertreten. Sie ist die politische Alternative zur Regierungsmehrheit.

1. Die Verf. des Landes Baden v. 22. 5. 1947 (RegBl. 129) enthielt in ihrem Art. 120 folgenden Abs. 3:

„Stehen sie in Opposition zur Regierung, so obliegt es ihnen, die Tätigkeit der Regierung und der an der Regierung beteiligten Parteien zu verfolgen und nötigenfalls Kritik zu üben. Ihre Kritik muß sachlich, fördernd und aufbauend sein. Sie müssen bereit sein, gegebenenfalls die Mitverantwortung in der Regierung zu übernehmen."

Der Art. 23 a der HmbVerf. ist im Wege des Kompromisses auf Wunsch der derzeitigen Opposition durch Ges. v. 18. 2. 1971 (GVBl. 21) eingefügt und stellt die zu diesem Zeitpunkt vorhandene Lage dar.

Die Verf. kannte bisher nur die Polarität zwischen Bgsch. und Senat, die unabhängig von parteipolitischen Erwägungen immer besteht. „Die Regierung ist mehr als Exponent der Parlamentsmehrheit. Sie steht als Spitze der Exekutive zugleich dem Parlament, also der Opposition und der Mehrheit gegenüber" (BVerfGE 10 19).

Im GG und in den anderen deutschen Landesverf. wird die Opposition nicht geregelt. Nur die HmbVerf. erwähnt die Opposition und legt ihre politische Rolle und Aufgabe staatsrechtlich fest. Dadurch ist aber nicht festgelegt, daß eine Opposition vorhanden sein muß. Eine „Allparteienregierung" ist nicht ausgeschlossen, eine politische Alternative zur Regierungsmehrheit gäbe es in diesem Falle allerdings nicht (so auch H.-U. Klose in Gegenwartskunde 1971 304).

Die freiheitlich demokratische Grundordnung gibt „das Recht auf verfassungsmäßige Bildung und Ausübung einer Opposition" (BVerfGE 2 13). Ein Zwang zur Bildung einer Opposition entsteht durch diesen Artikel nicht.

2. Zur Opposition gehören alle Abg., die nicht die Regierung tragen. Das kann eine Partei oder können mehrere Parteien oder auch einzelne Abg. sein. Im Falle einer Minderheitsregierung könnte die Opposition auch die Mehrheit haben trotz der Formulierungen in Abs. 2 Satz 2 „Alternative zur Regierungsmehrheit". In diesem Falle kann es sich bei der Opposition auch um mehrere andere Möglichkeiten zu der Regierungsbildung, nicht nur um die Alternative, handeln.

3. Durch Festsetzungsbeschluß gemäß § 7 Aufwandsentschädigungs-Ges. v. 19. 5. 1961 (GVBl. 165, LS 1101-a), i. d. F. v. 18. 2. 1971 (GVBl. 26) — Drucks. VII/894 Anl. 9 — ist bestimmt, daß außer den Fraktionszuschüssen (z. .Z mtl. 20 000,— DM und 420,— DM für jeden der Fraktion angehörenden Abg.) Fraktionen, die in der Opposition sind, darüber hinaus mtl. einen Grundbetrag von 1000,— DM und 150,— DM für jeden zur Fraktion gehörenden Abg. erhalten. Zur Frage, ob dadurch der Grundsatz der Gleichheit verletzt wird, vgl. StenBer. VII. Wahlperiode 1563 B bis 1569 B, 30. Sitzung am 31. 3. 1971 (dazu Klose a. a. O. 306).

Artikel 24

(1) Die Abgeordneten sind berechtigt, in öffentlichen Angelegenheiten große und kleine Anfragen an den Senat zu richten.

(2) Große Anfragen sind schriftlich zu stellen und müssen von einer in der Geschäftsordnung der Bürgerschaft zu bestimmenden Mindestzahl von Abgeordneten, die nicht höher als 10 sein darf, unterzeichnet sein. Sie sind binnen zwei Wochen durch einen Vertreter des Senats in der Sitzung der Bürgerschaft zu beantworten. Auf Verlangen von einem Drittel der anwesenden Abgeordneten folgt der Antwort eine Besprechung.

(3) Kleine Anfragen können von einem Abgeordneten schriftlich gestellt werden. Sie sind vom Senat binnen acht Tagen schriftlich zu beantworten. Auf Verlangen hat der Senat die Antwort im Rahmen der Aktuellen Stunde der Bürgerschaft mündlich zu erteilen, wenn die Kleine Anfrage sechs Tage vor der Sitzung gestellt worden ist; eine Besprechung findet nicht statt.

1. Art. 24 regelt das **Recht der Anfragen** an den Senat, er stellt einen Teil — den praktisch wichtigsten Teil — des auch in Art. 32 und Art. 23 Abs. 1 Satz 3 vorgesehenen Interpellationsrechts des Parlaments dar.

Das Recht der Bgsch., „vom Senate Auskunft über Staats-Angelegenheiten zu verlangen“ (Art. 65 Verf. 1879) erschien bereits dem VerfA 1921 als zu umständlich, der das Anfragerecht des einzelnen Abg. — auch des abwesenden, und zwar auch des etwa verhafteten, nicht aber des ausgeschlossenen (Wulff Anm. 6 zu Art. 24, StenBer. 1925 205 ff.) — einführte (Art. 24 Verf. 1921). Der VerfA hat, nachdem die Praxis der Bgsch. und anderer parlamentarischer Gremien zu übersehen war, entsprechend der Regelung des BTags (GeschO v. 6. 12. 1951) „Große Anfragen“ und „Kleine Anfragen“ zugelassen.

2. Die **Auskunftspflicht des Senats** besteht nur in „öffentlichen Angelegenheiten". Sie findet im übrigen ihre Grenze in den Verpflichtungen des Senats dem Bunde (etwa bei Behandlung vertraulicher auswärtiger Angelegenheiten) oder dem Lande (innere Sicherheit) gegenüber.

Bei der Ausübung seiner verfassungsmäßigen Befugnisse ist der Senat nicht verpflichtet, auf Fragen über Interna zu antworten (etwa wie er seinen Vertreter im BRat zu instruieren gedenke, Wulff Anm. 7 zu Art. 24). Mit Recht hat der Senat die Beantwortung einer Frage nach den Gründen der Ausübung des ihm höchstpersönlich zustehenden Gnadenrechts verweigert. Die Grenze der Auskunftspflicht verschiebt sich, wenn die Auskunft etwa in einer nicht öffentlichen Bgsch.-Sitzung, im BürgA oder in einer Ausschußsitzung — insbesondere, wenn Vertraulichkeit beschlossen worden ist — gefordert wird, vgl. hierzu Bem. 1 und 4 zu Art. 32.

3. Abs. 3 ist durch Ges. vom 18. 2. 1971 (GVBl. 21) neu gefaßt worden. Kleine Anfragen werden jetzt immer schriftlich gestellt und in der Regel auch schriftlich beantwortet. Die **Aktuelle Stunde** ist in § 36 a der GeschO geregelt. Ihre erstmalige Erwähnung in der Verf. soll gewährleisten, daß mündliche Beantwortung von Kleinen Anfragen und Aktuelle Stunde nicht nebeneinander den gleichen Gegenstand betreffen.

Artikel 25

(1) Die Bürgerschaft hat das Recht und auf Antrag eines Viertels der Abgeordneten die Pflicht, Untersuchungsausschüsse einzusetzen. Die Ausschüsse erheben Beweis in öffentlicher Verhandlung, soweit sie nicht anderes beschließen. Beantragte Beweise sind zu erheben, wenn es ein Viertel der Ausschußmitglieder verlangt.

(2) Für die Beweiserhebung gelten die Vorschriften der Strafprozeßordnung sinngemäß. Brief-, Post- und Fernmeldegeheimnis bleiben unberührt.

(3) Im übrigen regelt die Geschäftsordnung der Bürgerschaft das Verfahren der Untersuchungsausschüsse.

(4) Hamburgische Gerichte und Behörden sind zu Rechts- und Amtshilfe verpflichtet. Der Senat stellt den Ausschüssen auf Ersuchen die zu ihrer Unterstützung erforderlichen Beamten zur Verfügung. Die Untersuchungsausschüsse haben das Recht, die Beamten auszuwählen.

(5) Öffentlich Bedienstete, die vor einem Untersuchungsausschuß vernommen werden, sind dem Ausschuß gegenüber von ihrer dienstlichen Pflicht zur Verschwiegenheit entbunden.

(6) Die Beschlüsse der Untersuchungsausschüsse sind der richterlichen Erörterung entzogen. In der Würdigung und Beurteilung des der Untersuchung zugrunde liegenden Sachverhalts sind die Gerichte frei.

(7) Die Mitglieder von Untersuchungsausschüssen sind zur Verschwiegenheit verpflichtet, soweit es sich um Tatsachen handelt, die sie bei ihrer Tätigkeit im Untersuchungsausschuß erfahren haben und die nicht Gegenstand der öffentlichen Verhandlung gewesen sind.

1. Das Recht der „parlamentarischen Enquete" ist aus dem englischen VerfR in die deutschen Verf. der Weimarer Zeit (Art. 34 WeimRVerf., Art. 26 Verf. 1921) eingegangen und findet sich heute im GG Art. 44 und den Länderverf. Baden-Württ. Art. 35, Bayern Art. 25, Berlin Art. 33, Bremen Art. 105 Abs. 6, Hessen Art. 92, Niedersachsen Art. 11, Nordrh.-Westf. Art. 41, Rheinland-Pfalz Art. 91, Saarland Art. 81, Schleswig-Holstein Landessatzung Art. 15. Es ist die schärfste Form parlamentarischer Kontrolle, ausgestattet mit Befugnissen, wie sie die Strafprozeßordnung einem Richter gibt. Der Ausdruck „Enquete" ist für parlamentarische UntersA nicht mehr üblich und wird im parlamentarischen Sprachgebrauch jetzt für Ausschüsse besonderer Art mit Sachverständigen verwendet (GeschO § 79 a „Enquete-Kommission"). Über die „VerfWirklichkeit" der UntersA vgl. „Verhandlungen des fünfundvierzigsten Deutschen Juristentages 1964" Bd. 1 (Gutachten) Teil 3, Partsch.

In Bremen können Untersuchungsausschüsse nur mit Mehrheit beschlossen werden. Die übrigen Verf. lassen Untersuchungsausschüsse auch auf Verlangen einer Minderheit zu, und zwar auf Antrag von einem Viertel der Mitglieder des Parlaments (wie Hmb.), GG, Verf. Baden-Württ., Berlin, Niedersachsen und Landessatzung Schleswig-Holstein, von einem Fünftel der Abg. Verf. von Bayern, Hessen, Nordrhein-Westf., Rheinland-Pfalz. Im Saarland muß ein UntersA auf Antrag von einem Drittel der Abg. eingesetzt werden.

Für die „Regelung des Verfahrens von parlamentarischen Untersuchungsausschüssen" haben die Landtagspräsidenten am 4. 5. 1961 Empfehlungen beschlossen (abgedruckt als Anlage III bei Partsch).

2. Die **Bedeutung** dieses wichtigen **Minderheitsrechtes** ergibt sich daraus, daß

a) auf Antrag eines Viertels der Abg. ein UntersA eingesetzt werden muß,
b) ein Viertel der Mitglieder Beweiserhebung veranlassen kann,
c) in der Regel öffentlich verhandelt wird,
d) der Ausschuß direkt — nicht mittels Ersuchens an den Senat — die Ermittlungen vornimmt, damit also eine behördliche Stellung hat.

3. **Aufgabe der Untersuchung** ist die Feststellung tatsächlicher Vorgänge zur Vorbereitung einer Beschlußfassung der Bgsch. auf dem Gebiet der Gesetzgebung, der Verwaltung oder der der Bgsch. sonst zustehenden Funktionen (vgl. Entschl. des 34. Deutschen Juristentags bei Knorr, HansRZ 1926 Sp. 836). Es gibt daher der Art nach legislative, administrative (politische) sowie Wahl- und sogen. Skandaluntersuchungen. Die Bgsch. hat seit Inkrafttreten der Verf. folgende parlamentarische UntersA eingesetzt:

a) 29. 3. 1956 zur Untersuchung „welche Vorgänge und Maßnahmen innerhalb und außerhalb der Behörden der Eröffnung der gerichtlichen Voruntersuchung gegen den Kriminaldirektor ... vorangegangen sind" (StenBer. 1956 539), 10 Mitgl., Antrag der Fraktion des Hamburg-Blocks.
b) 19. 6. 1957 „insbesondere auch im Hinblick auf die in der Bevölkerung entstandene Unruhe zu prüfen, ob in der Angelegenheit des Waffenhändlers ... alle gesetzlichen Vorschriften für den Handel und die Lagerung von Waffen eingehalten, die erforderlichen Rücksichten auf die benachbarten Bewohner genommen und alle im Interesse der Sicherheit der Bevölkerung notwendigen Maßnahmen getroffen wurden" (StenBer. 1957 596, 662, 724), 10 Mitgl., Antrag der Fraktion der SPD.
c) 13. 12. 1961 „zu untersuchen,
   1. ob die technischen Vorkehrungen die Sicherheit der Fahrgäste der HHA ausreichend gewährleisten,
   2. ob die Personalpolitik der HHA zu Beanstandungen Anlaß gibt"

   (StenBer. 1961 482), 13 Mitgl., Antrag der Fraktion der CDU.
d) 27. 4. 1966 zur Untersuchung,
   „1. ob die Unterbringung in den sogen. Beruhigungszellen und die sonstigen besonderen Sicherungsmaßnahmen gegen Gefangene in ihrer in den hamburgischen Vollzugsanstalten üblichen Form erforderlich und sinnvoll ist,

2. in welchen Fällen und in welchem Ausmaß in den hamburgischen Vollzugsanstalten unmittelbarer Zwang gegen Gefangene angewandt wird" (StenBer. 1966 24), 11 Mitgl., Antrag der Fraktion der CDU.

e) 8. 12. 1967 zur Prüfung,

„1. welche Gründe dazu geführt haben, daß die für Krankenhausbauten in Altona und Harburg ursprünglich angesetzten Haushaltsbeträge erheblich überschritten wurden ..., insbesondere ob diese Kostenüberschreitungen zurückzuführen sind auf
   a) mangelhafte Planungen,
   b) unzureichende Ausschreibungsunterlagen,
   c) unzureichende Aufsicht,

2. wer die Verantwortung für die Kostenüberschreitung trägt" (StenBer. 1967 1860) 15 Mitgl., Antrag der Fraktion der CDU.

f) 17. 3. 1971 zur Untersuchung der folgenden Fragen:

„1. Hat der Abgeordnete ... auf Mitglieder der Bodenordnungskommission dahingehend eingewirkt, daß das stadteigene Grundstück an der Palmaille 65/79 den Architekten ... anhand gegeben wurde?

2. Hat die Zugehörigkeit eines der Architekten zur Sozialdemokratischen Partei oder die Hingabe oder Zusage von Spenden an diese Partei bei dieser Einflußnahme des Abgeordneten ... eine Rolle gespielt?

3. Wurde von einem der Architekten ... eine Spende an die Sozialdemokratische Partei dafür in Aussicht gestellt, daß sie den Zuschlag erhalten?

4. Hat bei der Vorbereitung des Bebauungsplans Niendorf 49 der Abgeordnete ... zugunsten bestimmter an einer Änderung des ursprünglichen Planes interessierter Bauträger außerhalb der Bürgerschaft Einfluß genommen?

5. Haben die Architekten ... in den letzten fünf Jahren im Zusammenhang mit der Vergabe von Grundstücken oder Bauaufträgen der Freien und Hansestadt Hamburg Spenden an die Sozialdemokratische Partei geleistet?"

(StenBer. 1971 1524) 15 Mitgl., Antrag der Fraktion der CDU. Siehe dazu Bem. 4 zu Art. 13 am Ende.

25 3

g) 17. 3. 1971 zur Untersuchung der folgenden Fragen:

„1. Inwieweit wurden bei der Beseitigung des in Hamburg anfallenden Haus- und Industriemülls durch den Senat und durch Privatfirmen bestehende gesetzliche Vorschriften verletzt?

2. Hat der Senat in ausreichendem Maße Verwaltungsvorschriften und Dienstanweisungen erlassen, um eine wirksame Kontrolle der Beseitigung von Haus- und Industriemüll zu garantieren?

3. Hat der Senat die ihm obliegende Pflicht zur Überwachung der Beseitigung von Haus- und Industriemüll durch Privatfirmen vernachlässigt?

4. In welcher Form hat der Senat eine Kontrolle der von ihm genehmigten privaten Müllkippen durchgeführt?

5. Nach welchen Kriterien hat der Senat entschieden, an welchen Plätzen a) Hausmüll, b) Industriemüll abzulagern bzw. zu vernichten ist, und wie hat er die Kontrolle darüber ausgeübt, daß diese von ihm getroffenen Entscheidungen eingehalten wurden?

6. In welchem Umfange wurde Müll aus außerhamburgischen Gebieten auf Hamburger Müllplätzen oder Hamburg berührenden Gewässern abgelagert bzw. beseitigt?

7. In welcher Form wurde das in Hamburg anfallende Altöl beseitigt und wie übte der Senat die Kontrolle darüber aus?

8. Haben sich durch die Ablagerung von Müll für die Bevölkerung Hamburgs bereits schädliche Auswirkungen ergeben?“

(StenBer. 1971 1527) 15 Mitgl., Antrag der Fraktion der CDU.

h) 25. 8. 1971 zur Untersuchung der folgenden Fragen:

„1. Wie viele Todesfälle und wie viele postoperative Infektionen traten 1968, 1969, 1970 und 1971 (bis 11. 7.) an der Frauenklinik des UKE auf, und worauf sind die Todesfälle und postoperativen Infektionen zurückzuführen?

2. Wann wurde eine auffällige Häufung von Todesfällen und postoperativen Infektionen bemerkt?

3. Wurden Bakteriologen und Hygieniker beim Bau der Frauenklinik, insbesondere hinsichtlich der Klimaanlage und der baulichen Anordnung der OP-Räume befragt?

4. Wie konnten verschiedene hochpathologische Keime in den OP-Saal gelangen?
5. Wer war für Auswahl, Einbau und Abnahme der Klimaanlage verantwortlich, und welche Stelle kontrolliert in welchen zeitlichen Abständen die Klimaanlage und die Einhaltung der Asepsis im OP-Trakt?
6. Wann erhielten die zuständigen Behörden zuerst Kenntnis von den gehäuft auftretenden postoperativen Infektionen und Todesfällen und welche Maßnahmen leiteten sie daraufhin ein?
7. Wie war eine Information und Kooperation zwischen den betreffenden Behörden während des Baues und der später aufgetretenen Infektionen gewährleistet und wenn nicht, welche Möglichkeiten bieten sich für eine zukünftige reibungslose zwischenbehördliche Information und Zusammenarbeit?
8. Hätte durch frühere Information der Behörden oder durch Einleitung anderer Maßnahmen durch die Klinikleitung die Zahl der infizierten Patientinnen und die Zahl der an postoperativen Infektionen gestorbenen Patientinnen verringert werden können?"

(StenBer. 1971 2087) 15 Mitgl., Antrag der Fraktion der SPD.

i) 24. 2. 1972 zur Untersuchung der folgenden Fragen:

„1. Wie ist das gegenwärtige Verfahren bei der Zahlung von Geldbußen an gemeinnützige Einrichtungen im Zusammenhang mit staatsanwaltlichen Ermittlungsverfahren, Strafverfahren sowie Verfahren nach dem Ordnungswidrigkeitengesetz geregelt und wie wird es praktiziert?
2. An welche Einrichtungen wurden in den letzten 3 Jahren Geldbußen und in welcher Höhe gezahlt?
3. Welches ist die Zielsetzung, Organisation und personelle Zusammensetzung dieser Einrichtungen?
4. In welcher Weise wurden die Geldbußen von den begünstigten Einrichtungen verwandt?
5. Unterliegen die begünstigten Einrichtungen staatlicher Aufsicht und wie wird die Aufsicht gehandhabt?"

(StenBer. 1972 2976) 7 Mitgl., Antrag der Fraktion der SPD.

Zur Vorberatung des Antrags, einen Abg. gemäß Art. 13 Abs. 2 auszuschließen, setzte die Bgsch. am 17. 9. 1952 einen **Sonderausschuß** ein, der die Rechte eines UntersA hatte (Anm. 4 zu Art. 13).

Anläßlich der Flutkatastrophe 1962 wurde der interfraktionelle Antrag gestellt (StenBer. 1962 106), einen 15köpfigen Sonderausschuß einzusetzen

1. zur Beratung der Senatsvorlagen über Hilfsmaßnahmen für die von der Hochwsaserkatastrophe Betroffenen,
2. zur Prüfung der Ursachen der Hochwasserkatastrophe.

Dieser SondA, der öffentlich tagte und Zeugen und Sachverständige hörte, hatte nicht die Rechte eines UntersA nach Art. 25.

Die UntersA dürfen nicht in die Kompetenz der Gerichte eingreifen; ihr Zweck begrenzt ihre **Zuständigkeit,** die der Staatsgerichtshof für das Deutsche Reich in zwei Entscheidungen v. 12. 7. 1921 (i. Sa. des Senats in Bremen wider die Bgsch. in Bremen — RGZ Bd. 102 425 ff.) und v. 12. 1. 1922 (eine Fraktion gegen Landtag und Land Württemberg — RGZ Bd. 104 423 ff.) behandelt hat. Sie geht nicht weiter als die Zuständigkeit des Parlaments selbst, das den Ausschuß als sein Hilfsorgan geschaffen hat. Vgl. Bem. 4 zu Art. 32.

4. Der **Antrag** auf Einsetzung eines UntersA ist wie alle anderen Anträge schriftlich zu stellen. Alle bisherigen Anträge waren von mindestens 30 Abg., d. h. einem Viertel der Bgsch., unterzeichnet, und die bisherige Praxis hat offenbar 30 Unterschriften für erforderlich gehalten (StenBer. 1956 539). Das ist mit dem Wortlaut der Verf. nicht zu vereinbaren. Abs. 1 Satz 1 bestimmt vielmehr, daß die Bgsch. verpflichtet ist, einem Antrag, der von einem Viertel der Abg. gestellt wird, stattzugeben. Anträge, die weniger Unterschriften enthalten, sind ebenfalls auf die Tagesordnung zu setzen und über sie ist mit Mehrheit zu entscheiden. Es genügt nicht, daß bei der Abstimmung 30 oder mehr Abg. zustimmen, wenn das nicht die Mehrheit der Anwesenden ist, weil eine Verpflichtung zur Einsetzung eines UntersA nur besteht, wenn mindestens 30 Abg. es beantragt haben. Ihre spätere Zustimmung zu einem Antrag genügt nicht. Nach § 26 der GeschO setzt die Bgsch. die Mindestzahl der Abg. fest, die einen Antrag unterzeichnen müssen. Durch Beschluß v. 14. 4. 1970 hat die Bgsch. die Zahl auf 5 festgesetzt und für Anträge auf Einsetzung eines UntersA keine Ausnahme gemacht. Im Antrag sind Gegenstand und Umfang der Untersuchungen zu bezeichnen. Wenn der Antrag von 30 oder mehr Abg. unterzeichnet ist, kann ihm nur der Einwand der verfassungsrechtlichen Unzulässigkeit entgegengesetzt werden. Es steht dem Plenum frei, das Thema klarer zu fassen (nicht zu ändern!) und zu ergänzen. Die klarere Fassung oder Ergänzung dürfen nicht zu einer Erweiterung der Untersuchungsaufgabe führen, weil dadurch die Untersuchung verzögert werden könnte (RGZ 116 Anh. 53, 55, OVG Lüneburg DVBl. 54 574). Ein Antrag einen UntersA einzusetzen, der sich mit den Meinungsumfragen des Senats befassen sollte, hat zu einem Verfassungsstreitverfahren geführt, das in der Verhandlung vor dem Präsidenten des VerfGer. als beauftragtem Richter mit einer Vereinbarung schloß, auf Grund derer alle Beteiligten ihre Anträge zurücknahmen (AZ 2/71).

Die Bgsch. hat bisher die **Einsetzung** von UntersA in allen Fällen einstimmig beschlossen. In einem Fall hat sich der formelle Beschluß darauf beschränkt, die Zahl der Mitgl. festzulegen. Das ist die Praxis im Deutschen BTag (Ritzel-Koch GeschO Deutscher BTag 119). Mit der Festlegung der Zahl der Mitgl. eines UntersA ist gleichzeitig festgelegt, daß er antragsgemäß eingesetzt wird (EmpfLdtagsPräs. sehen Einsetzungsbeschluß vor Ziff. II/4). Die **Zusammensetzung** erfolgt entsprechend der Stärke der Fraktionen (d'Hondt), die Fraktionen ihrerseits bestimmen die auf sie entfallenden Mitgl. Der UntersA wählt seinen Vorsitzenden, der nicht der Fraktion der Antragsteller angehört (GeschO Bgsch. § 74 Abs. 3). EmpfLdtags-Präs. Ziff. III/1 halten Befähigung zum Richteramt für wünschenswert, aber nicht zwingend notwendig.

Die in Abs. 3 vorgesehene Regelung durch die GeschO ist in deren §§ 74 bis 79 erfolgt. Gemäß § 77 Abs. 1 ist für den **Ausschluß der Öffentlichkeit Zweidrittelmehrheit** erforderlich.

§ 74 Abs. 2 bestimmt, daß für jedes Mitgl. ein Stellvertreter zu bestimmen ist und die Vertretung durch andere Abg. als die Stellvertreter nicht zulässig ist. Diese Vorschrift weicht von der im BTag und in anderen LdTagen z. T. ab. In den LdTagen von Hessen, Nordrhein-W., des Saarlandes und Schleswig-Holstein ist eine Vertretung nicht zulässig, im BTag und den anderen LdTagen mit wechselnder Praxis auch Vertretung durch nicht ausdrücklich zum Vertreter bestellte andere Abg. üblich.

5. Abs. 5., der öffentlich Bedienstete von der **Pflicht zur Verschwiegenheit** entbindet ohne Beschluß des Dienstherrn, ist eine Bestimmung, die weder im GG noch in einer Verf. eines anderen deutschen Landes enthalten ist. Praktisch wird aber ebenso gehandelt in Bayern, Bremen und Schleswig-Holstein (Partsch 135 ff.).

Durch das BRRG (BGBl. I 1971 1026) werden die Länder verpflichtet, ihr Beamtenrecht an die Bestimmungen dieses Ges. anzupassen. § 39 BRRG regelt die Verschwiegenheitspflicht von Beamten. Sie dürfen weder vor Gericht noch außergerichtlich über dienstliche Vorgänge ohne Genehmigung der vorgesetzten Behörde aussagen. Die Genehmigung kann aber nur bei Nachteil für das Wohl des Bundes oder eines Landes oder bei ernstlicher Gefährdung oder erheblicher Erschwerung der Erfüllung öffentlicher Aufgaben versagt werden (Abs. 3). HmbBG übernimmt diese Regelung mit den §§ 63 und 64 (GVBl. 1970 9, LS 2030-a). Da dieses Ges. als einfaches Ges. die Verf. nicht geändert oder durchbrochen hat, bedarf ein hmb. Beamter vor einem UntersA keiner Aussagegenehmigung. Die Bundesregierung vertritt dagegen die Auffassung, daß landesrechtliche Vorschriften, die den Rahmenvorschriften widersprechen, mit dem Ablauf der Frist außer Kraft treten (BT-Drucks. 1549 v. 4. 6. 1955 79. So wohl auch Maunz-Dürig RdNr. 39 zu Art. 28 GG).

6. Abs. 2 bestimmt, daß für die **Beweiserhebung** die „Vorschriften der StPO sinngemäß gelten", nicht wie das GG, daß die „Vorschriften über den Strafprozeß sinngemäß Anwendung finden" (Art. 44 Abs. 2). Durch diesen abweichenden Wortlaut findet das GVG, insbesondere dessen Vorschriften über Sitzungspolizei (§ 176) und das Verbot von Ton- und Fernseh-Rundfunkaufnahmen keine Anwendung. Die Sitzungspolizei wird aber dem Vorsitzenden als selbstverständliche Voraussetzung einer Anwendung der StPO zugebilligt werden müssen. Daß der Begriff der Öffentlichkeit nicht das Recht auf Beifalls- und Mißfallensäußerungen, auf Photographieren oder Übertragungen im Rundfunk umfaßt, ist in Bem. 2 zu Art. 21 dargelegt.

7. Eine Bestimmung wie Abs. 1 Satz 3, die einem Viertel der Ausschußmitgl. die Möglichkeit gibt, **Beweiserhebungen** zu **erzwingen,** kennen weder das GG noch die Verf. der anderen Länder.

8. Der UntersA berichtet entsprechend § 72 GeschO an die Bgsch., wobei er „die im Ausschuß vertretenen Meinungen und die Gründe, die zum Beschluß geführt haben", darlegt; eine Entscheidung in der Sache liegt nicht in seiner Kompetenz, jedoch kann der beschlossene **Bericht an die Bgsch.** Wertungen enthalten, ohne damit dem Hause selbst vorzugreifen. Ein etwaiger **Minderheitsbericht** durch einen zweiten Berichterstatter (§ 73 GeschO) kann von einem Viertel der Mitglieder des UntersA verlangt werden.

9. Die **Verletzung der Verschwiegenheitspflicht** des Art. 25 Abs. 7 (§ 79 GeschO) findet ihre Sanktion in der Bestimmung des Art. 13 Abs. 2.

10. Der UntersA **endet** mit der Erfüllung seines Auftrags und dem Bericht an das Plenum, mit einer formellen Auflösung durch das

Plenum — ein solcher Beschluß kann nicht gegen 30 Abg. gefaßt werden — oder durch die Diskontinuität der Bgsch. nach Ablauf der Legislaturperiode oder ihrer Auflösung.

11. Die seit der Weimarer Zeit bestehende **Kritik** an der Einrichtung der parlamentarischen UntersA (insbes. Nawiasky-Leusser bayerVerf. Bem. 4 zu Art. 25) entbehrt insofern nicht der Berechtigung, als Personen, gegen die sich die Untersuchung richtet, nicht wie Beschuldigte im Strafprozeß das Recht haben, die Aussage zu verweigern, sondern als Zeugen auch eidlich vernommen werden können, sofern nicht die Besorgnis eigener strafrechtlicher Verfolgung besteht (§ 55 StPO). UntersA sollten sich dieser Problematik bewußt sein. Die Landtagspräsidenten wollen in ihrer Empfehlung eine Person, gegen die sich die Untersuchung ausschließlich oder ganz überwiegend richtet, nicht als Zeugen vernehmen, sondern „nach Art eines Beschuldigten anhören" (VII Ziff. 3 a und b). Dafür fehlt es aber an einer Rechtsgrundlage und daran kann die Untersuchung scheitern, wenn der „Betroffene" wie ein Beschuldigter die Aussage verweigert.

12. Eine Vorschrift wie Abs. 4 Sätze 2 und 3 findet sich weder im GG noch in den anderen Landesverfassungen. Diese beschränken sich darauf, wie Satz 1 von Abs. 4, Gerichte und Behörden zu Rechts- und Amtshilfe zu verpflichten. Die **zur Verfügung gestellten Beamten** leisten keine Amtshilfe, sie nehmen vielmehr Aufgaben des Parlaments, insbesondere des UntersA wahr, nicht Aufgaben ihrer Dienststelle. Sie sind bei der Tätigkeit für den UntersA weder im Hauptamt noch in einer Nebentätigkeit im Sinne des Beamtenrechts tätig, sondern in einer von der Verf. geschaffenen besonderen Zuordnung.

Die Entwicklung der Parlamente geht in zunehmendem Maße dahin, die Hilfe der Exekutive für ihre Aufgaben nicht oder immer weniger in Anspruch zu nehmen. Sie schaffen sich den erforderlichen „Apparat" mehr und mehr selbst, und daher werden vermutlich in Zukunft die Sätze 2 und 3 des Abs. 4 weniger oder gar nicht mehr angewandt werden.

Artikel 25 a

(1) Die Bürgerschaft bestellt einen Eingabenausschuß, dem die Behandlung der an die Bürgerschaft gerichteten Bitten und Beschwerden obliegt.

(2) Bei der Überprüfung von Beschwerden wird der Eingabenausschuß als parlamentarisches Kontrollorgan tätig. Das Nähere regelt das Gesetz.

1. Art. 25 a ist durch Ges. v. 18. 2. 1971 (GVBl. 21) eingefügt worden. Der EingabenA war schon bisher in der GeschO vorgesehen. Die §§ 84—87 regeln das Verfahren, wie Eingaben zu behandeln sind.

Abs. 2 bedarf der Ausfüllung durch das vorgesehene Gesetz, das noch nicht ergangen ist.

2. In Schleswig-Holstein ist die Erledigung von Eingaben in der Landessatzung Art. 15 a im einzelnen geregelt.

Das Recht des Bürgers, Eingaben auch an die Parlamente zu richten, beruht auf Art. 17 GG.

3. Die Bestellung des EingabenA als **parlamentarisches Kontrollorgan** gibt diesem Ausschuß zwar nicht die behördenähnliche Stellung des UntersA, berechtigt ihn aber wie den BürgA (Bem. 2 zu Art. 31) zu direktem Verkehr mit dem Senat (Auskunft, Aktenvorlage, Abhilfeersuchen), nicht aber mit nachgeordneten Dienststellen. Das Recht des EingabenA findet seine Grenze in Art. 32.

Artikel 26

(1) Zur Wahrnehmung bestimmter durch die Verfassung oder durch Gesetz festgelegter Aufgaben wird der Bürgerausschuß gebildet.

(2) Er besteht aus dem Präsidenten der Bürgerschaft, der den Vorsitz führt, und zwanzig von der Bürgerschaft aus ihrer Mitte zu wählenden Mitgliedern. Senatoren dürfen dem Bürgerausschuß nicht angehören.

(3) Die in den Bürgerausschuß gewählten Abgeordneten sind nicht verpflichtet, das Amt anzunehmen. Sie können es jederzeit niederlegen.

1. Der Bürgerausschuß (BürgA) ist ein **Organ der Bgsch.**, durch die Verf. mit einer gewissen Selbständigkeit versehen (so VerfBer. 650 und Mittelstein Bem. 1 zu Art. 27, a. M. Perels, Über den Hamburgischen Bürgerausschuß, 18 f. „ein der Bürgerschaft gegenüber durchaus selbständiges Organ"). Die den BürgA behandelnden Bestimmungen der Verf. befinden sich daher im Abschnitt „Bürgerschaft", nicht in einem besonderen Abschnitt wie noch in der Verf. 1921. Der BürgA ist ein **Ausschuß der Bgsch.**, auf ihn finden z. B. die Bestimmungen des Indemnitätsrechts (Art. 14) Anwendung; er ist

aber durch die Verf. selbst eingesetzt, nicht wie die sonstigen Ausschüsse, auch der EingabenA in der Form des Art. 25 a, durch die Bgsch. Innerhalb des durch die Verf. gesteckten Rahmens regelt (a. M. Perels a. a. O. 22) die GeschO der Bgsch. die Arbeitsweise des BürgA.

2. Die **Institution des BürgA** geht auf den VerfE der 1848 gewählten Konstituante v. 11. 7. 1849 (Art. 86 bis 93) zurück. Der BürgA hatte die bürgerlichen Kollegien des VerfRechts von 1712, insbesondere das Kollegium der Oberalten zu ersetzen (Perels a. a. O. 3, Studt u. Olsen 76 ff., 120, 166). Diese Bestimmungen wurden im wesentlichen als Abschn. II zusammen mit dem Abschn. I über die Bgsch. am 11. 8. 1859 eingeführt, mit der gesamten Verf. 1860 erneut verkündet, in die Verf. 1879 (Art. 54 bis 60) und mit Änderungen in die Verf. 1921 (Abschn. III Art. 27 bis 31) übernommen. Während die VorlVerf. 1946 einen BürgA nicht vorsah, erschien es angebracht, entsprechend dem SenE diese alte und bewährte hmb. Einrichtung wieder einzuführen. Der am 1. 7. 1952 — dem Tage des Inkrafttretens der Verf. — gewählte BürgA trat erstmalig am 2. 7. 1952 zusammen.

3. Abs. 2 regelt die **Zusammensetzung** wie Art. 27 Verf. 1921. Der Präsident der Bgsch. ist Vorsitzender und Mitglied kraft Amtes. Der stellv. Vorsitzende ist vom BürgA zu wählen. So erstmalig geschehen in der ersten konstituierenden Sitzung am 2. 7. 1952, bei der ein Mitglied der zweitstärksten Fraktion gewählt worden ist, weil der Präsident der Bgsch., der geborene Vorsitzende des BürgA, nach parlamentarischem Brauch der stärksten Fraktion angehört.

Bei Verhinderung des Vorsitzenden und des stellv. Vorsitzenden kann mit relativer Mehrheit für diese Zeit ein anderer Vorsitzender gewählt werden. In Anbetracht des Aufsichtsrechts des BürgA (Bem. 2 zu Art. 31) hatte der VerfA diesen Teil der Legislative formell und personell von der Exekutive geschieden und daher Senatoren von der Mitgliedschaft ausgeschlossen (VerfBer. 650). Abs. 2 Satz 2 ist durch die Einfügung des Art. 38 a gegenstandslos geworden.

Artikel 27

(1) Die Mitglieder des Bürgerausschusses werden nach den Grundsätzen der Verhältniswahl (d'Hondt) mit gebundenen Listen gewählt. Wahlvorschläge bedürfen der Unterschrift von fünf Abgeordneten.

(2) Jeder Wahlvorschlag erhält so viele Sitze, wie auf ihn Höchstzahlen entfallen. Über die Zuteilung des letzten Sitzes entscheidet bei gleicher Höchstzahl das Los. Enthält ein Wahlvorschlag weniger Bewerber als auf ihn Höchstzahlen entfallen, so werden die überschüssigen Sitze den anderen Wahlvorschlägen gemäß ihren Höchstzahlen zugeteilt.

(3) Lehnt ein Abgeordneter die Wahl in den Bürgerausschuß ab oder scheidet er nachträglich aus, so tritt an seine Stelle der nächste Abgeordnete desselben Wahlvorschlages. Ist der Wahlvorschlag erschöpft, so bleibt der Sitz im Bürgerausschuß unbesetzt.

1. Die Vorschrift entspricht Art. 27 Verf. 1921.

2. Durch Abs. 1 wird erreicht, daß die politische Zusammensetzung des BürgA der der Bgsch. entspricht. Die Wahl zum BürgA ist höchstpersönlich, die Mitglieder können sich nicht vertreten lassen. Der BürgA führt bis zur ersten Sitzung der neugewählten Bgsch. die Geschäfte weiter (Art. 12 Abs. 2), ganz gleich, ob die bisherigen Mitglieder der neuen Bgsch. angehören. Wählt die Bgsch. in ihrer ersten Sitzung der Wahlperiode keinen neuen BürgA, so endet gleichwohl das Amt der bisherigen Mitglieder mit der Folge, daß ein Vakuum eintritt.

3. Das Los nach Abs. 2 zieht der Präsident (Wulff Bem. 3 zu Art. 27).

4. Der BürgA wird für die Legislaturperiode gewählt. Eine Neuwahl des BürgA oder eines Mitgliedes während der laufenden Wahlperiode ist nicht vorgesehen und angesichts der Einzelregelungen in Abs. 2 und 3 auch nicht zulässig; sie wäre nur möglich auf Grund eines verfassungsändernden — „verfassungsdurchbrechenden“ — Beschlusses der Bgsch.

Artikel 28

Der Bürgerausschuß wird durch seinen Vorsitzenden einberufen. Auf Verlangen des Senats oder von drei Mitgliedern hat der Vorsitzende die Einberufung zu veranlassen.

1. Während Art. 28 Verf. 1921 auch dem Senat ein Einberufungsrecht gab und damit auch die Bestimmung über Zeit und Ort der Sitzung, steht jetzt das Einberufungsrecht ausschließlich dem Vorsitzenden — bei dessen Verhinderung dem Vertreter im Vorsitz — zu, der allerdings in den genannten zwei Fällen einberufen muß. Damit ist für den BürgA die gleiche Regelung wie für die Bgsch. in

Art. 12 und 22 getroffen worden. Der Senat kann in beiden Fällen verlangen, daß die Bgsch. oder der BürgA einberufen werden.

2. Ordnungsmäßige Einberufung ist Voraussetzung für verfassungsmäßige Tätigkeit des BürgA.

Artikel 29

Der Bürgerausschuß ist bei Anwesenheit von elf Mitgliedern beschlußfähig.

1. Die Bestimmung war in Art. 29 Verf. 1921 in der Form enthalten, daß der BürgA bei Anwesenheit von mehr als der Hälfte seiner Mitglieder beschlußfähig war, ebenso Art. 90 VerfE der Konstituante (Berichte über die Verhandlungen der constituirenden Versammlung in Hamburg, 1850, Nr. 56, 11. 7. 1849 895). Verf. 1860 verlangte 14 Mitgl., Verf. 1879 12 Mitgl.

2. „Elf Mitglieder einschließlich des Vorsitzenden" entspricht in seiner politischen Bedeutung der Bestimmung über die Beschlußfähigkeit der Bgsch. (Art. 20). Die im VerfA erwogene Erhöhung der Zahl von elf Mitgl. wurde abgelehnt, weil sonst die Arbeit des BürgA leicht durch Obstruktion behindert werden könne (VerfBer. 651).

3. Der BürgA beschließt mangels anderweitiger verfassungsmäßiger Regelung mit **einfacher Mehrheit.** Die Verf. schreibt nicht vor, daß eine mehrmalige Lesung erfolgt, auch wenn es sich um gesetzliche Vorschriften handelt. Die GeschO der Bgsch. könnte mehrere Lesungen oder andere Mehrheiten vorschreiben, wie es die GeschO 1881 und 1924 für den Fall der Geheimhaltung bestimmter Angelegenheiten getan haben (vgl. Bem. 1 zu Art. 30).

Artikel 30

(1) Die Sitzungen des Bürgerausschusses sind nicht öffentlich. Mitglieder der Bürgerschaft, die dem Bürgerausschuß nicht angehören, können seinen Sitzungen beiwohnen.

(2) Artikel 23 findet Anwendung.

1. Die Sitzungen des BürgA sind nicht öffentlich, um die Vertraulichkeit seiner Erörterungen zu gewährleisten (ebenso Verf. 1879 und 1921). Darüber hinaus kann der BürgA **Geheimhaltung** einer bestimmten Angelegenheit mit Zweidrittelmehrheit beschließen (GeschO § 59 Abs. 3), jetzt mit der Sanktion des Art. 13 Abs. 2 Ziff. 3.

2. Wie bei allen Ausschüssen der Bgsch. können alle Abg. auch an den Sitzungen des BürgA teilnehmen, stimmberechtigt sind jedoch nur die Mitgl. Die Niederschrift wird zur Einsichtnahme für Abg. in der Kanzlei der Bgsch. niedergelegt. Der Vorsitzende bestimmt, ob Verhandlungen über Gegenstände protokolliert werden, deren Geheimhaltung angeordnet worden ist (GeschO § 60 Abs. 2).

3. Der Senat hat das Recht der Entsendung von Vertretern, auf Verlangen des BürgA ist er dazu verpflichtet. Er wird zu den Sitzungen des BürgA in derselben Weise eingeladen wie zu den sonstigen Ausschüssen der Bgsch. (Art. 23).

Artikel 31

(1) Der Bürgerausschuß ist verpflichtet, über die Einhaltung der Verfassung und über die Gesetzmäßigkeit der Verwaltung zu wachen. Verstöße hat er der Bürgerschaft anzuzeigen, sofern der Senat nicht Abhilfe schafft.

(2) Der Bürgerausschuß ist befugt, auf Antrag des Senats

1. Ausgaben bis zur Grenze des ihm von der Bürgerschaft zur Verfügung gestellten Betrages zu genehmigen, wenn

a) ihre Erörterung in der Bürgerschaft dem Staatswohle zuwiderläuft oder

b) ihre Dringlichkeit eine Beschlußfassung vor der nächsten Sitzung der Bürgerschaft erfordert oder

c) sie im Einzelfalle einen von der Bürgerschaft festzusetzenden Betrag nicht übersteigen;

2. Veräußerungen von Staatsgut, die im Einzelfall einen von der Bürgerschaft festzusetzenden Betrag nicht übersteigen, nach Artikel 72 zu genehmigen;

3. in dringenden Fällen gesetzliche Vorschriften bis zur anderweitigen Beschlußfassung der Bürgerschaft zu erlassen.

(3) Der Bürgerausschuß wirkt bei der Bestellung der Mitglieder des Rechnungshofes (Artikel 71 Absatz 2) sowie bei der Genehmigung einer sonstigen Tätigkeit eines Senators (Artikel 39 Absatz 2) mit.

(4) Weitere Aufgaben können dem Bürgerausschuß durch Gesetz zugewiesen werden.

Die Vorschrift behandelt — ergänzt durch Art. 22 Ziff. 3, 32, 39 Abs. 2, 71 Abs. 2 — die Zuständigkeit des BürgA.

1. Das **Aufsichtsrecht** (Seelig a. a. O. 105: „Wächterstellung" gegenüber Regierung und Verwaltung) in Abs. 1 hat seinen geschichtlichen Ursprung im Hauptrezeß v. 15. 10. 1712, der dem Kollegium der Oberalten die Aufgabe zuweist, „nebst E. E. Rat das Auge der Stadt und des gemeinen Wesens zu sein" und „ein sonderliches Aufsehen dahin zu haben, daß all dieser Stadt Verfassungen ... stets in Ehren vollführet und befolget werden" (Perels a. a. O. 3). Diese Pflicht ist 1859, 1879, 1921 und jetzt sachlich unverändert und seit 1859 gleichlautend formuliert.

2. In Verfolg. des Aufsichtsrechts wird der BürgA aus eigenem Recht und aus eigener Initiative tätig, er kann aus eigener Sachkenntnis oder aber auf Anregung Dritter handeln. Stellt der BürgA eine Verletzung der Verf. oder Gesetze fest, so hat er zunächst den Senat um Abhilfe zu ersuchen; erst wenn der Senat dem Ersuchen nicht nachkommt, wendet sich der BürgA an die Bgsch. Sowohl der Senat wie ein Viertel der BgschAbg. können alsdann die Streitfrage durch das Hamburgische Verfassungsgericht entscheiden lassen (Art. 65 Abs. 2 Ziff. 1—3), falls die Bgsch. von dem Mißtrauensvotum nicht Gebrauch machen will (Art. 35).

Der Senat hatte 1877 durch VO die Unterlassung der Anzeige vom Vorkommen des Kolorado-Käfers unter Strafe gestellt. Auf Einspruch des BürgA leitete der Senat unter prinzipieller Aufrechterhaltung seiner Rechtsansicht eine gesetzliche Vorlage der Bgsch. zu, die alsdann in der 28. Sitzung 1877 ein entsprechendes Gesetz verabschiedete.

1910 machte der BürgA eine Mitteilung (Ber. Nr. 44) an die Bgsch. bezüglich der Verleihung des Prof.-Titels durch den Senat (vgl. Perels a. a. O. 11, Verh. 1912 3 ff.). Weitere Beispiele in der gutachtlichen Äußerung des Staatsarchivs an die Kanzlei der Bgsch. v. 7. 6. 1967, betr. Kontrollfunktion des BürgA.

3. Der Katalog des Abs. 2 stellt eine **Delegation der dem Parlament zustehenden Befugnisse** dar. Der BürgA hat hier keine eigene Initiative, er wird nur auf Antrag des Senats tätig. Ob die Voraussetzungen des Abs. 2 vorliegen, bestimmt der BürgA nach eigenem nicht nachprüfbaren Ermessen; er ist nur befugt, nicht aber verpflichtet zu handeln. „Auf Antrag des Senats" bedeutet, daß der BürgA an die Anträge des Senats gebunden ist, er kann sie nur annehmen oder ablehnen, nicht aber ändern oder etwa an die Bgsch. verweisen.

Die politische Verantwortung für die an den BürgA gestellten Anträge gegenüber der Bgsch. — und auch dafür, daß sie an den

BürgA und nicht an die Bgsch. gerichtet sind — trägt der Senat. Eine Verantwortlichkeit des BürgA gegenüber der Bgsch. kennt die Verf. nicht. Der BürgA berichtet über seine Beschlüsse nicht an die Bgsch.

4. In den Fällen des Abs. 2 kann selbstverständlich auch die Bgsch. selbst tätig werden, entweder auf Initiative des Senats oder aus eigener Initiative. Es besteht also eine **konkurrierende Zuständigkeit von Bgsch. und BürgA.** Wenn ein Antrag entweder von der Bgsch. oder vom BürgA nicht angenommen worden ist, steht es dem Senat frei, sich noch an die andere Körperschaft zu wenden. Aus dem Wortlaut der Verf. ergibt sich aber, daß im Falle des Abs. 2 Ziff. 3 bei Ablehnung eines Antrages durch die Bgsch. der Senat nicht ohne neue Gründe diesen Antrag im BürgA wiederholen darf. Der „anderweitige Beschluß“ der Bgsch. liegt nämlich dann schon vor und ist für den BürgA als Organ der Bgsch. bindend. Der Fall des Abs. 2 Ziff. 1 b liegt nur vor, wenn die Bgsch. noch nicht entschieden hat.

5. Fälle des Abs. 2 Ziff. 1 b werden nur in den Parlamentsferien vorkommen. Die Bestimmung ist eingeführt, weil man ursprünglich glaubte, die Bgsch. würde wie einst die Erbgesessene Bürgerschaft nur wenige Tage im Jahr versammelt sein, während der BürgA als Nachfolger der Oberalten häufig tagen werde (Perels a. a. O. 14 Anm. 33). Die Entwicklung des hmb. VerfRechts hat jedoch schon unter Geltung der Verf. 1879 den Schwerpunkt des öffentlichen Lebens in die Bgsch. verschoben.

6. Am 1. 7. 1952 hat die Bgsch. folgenden Beschluß gefaßt:

„Die Befugnisse des BürgA nach Art. 31 Abs. 2 Ziff. 1 und 2 der Verf. der FHH werden wie folgt abgegrenzt:

1. Der Gesamtbetrag für die Nachbewilligung von Haushaltsmitteln nach Art. 31 Abs. 1 Ziff. 1 wird im Rahmen des Haushaltsplans zur Verfügung gestellt. . . .
2. Der Höchstbetrag für eine Nachbewilligung von Haushaltsmitteln nach Art. 31 Abs. 2 Ziff. 1 c wird auf 50 000,— DM im Einzelfall festgesetzt.
3. Der Höchstbetrag für die Genehmigung einer Veräußerung von Staatsgut (einschl. Grundstücken) nach Art. 31 Abs. 2 Ziff. 2 wird auf 80 000,— DM festgesetzt.

Der BürgA wird außerdem ermächtigt, den Ankauf von Grundstücken bis zu einem Höchstbetrag von 80 000,— DM im Einzelfall zu genehmigen, wenn für den Ankauf Haushaltsmittel zur Verfügung stehen oder der BürgA in eigener Zuständigkeit die erforderlichen Haushaltsmittel nach Art. 31 Abs. 2 Ziff. 1 nachbewilligen kann."

7. Das **Notgesetzgebungsrecht** des Abs. 2 Ziff. 3 ist gegenüber früheren Befugnissen des BürgA — Verf. 1921: „gesetzliche Vorschriften von geringerer Bedeutung" — erweitert worden. Der Senat hat nicht mehr das ihm durch Art. 48 Abs. 4 WeimRVerf. gegebene weitgehende Notverordnungsrecht. Der VerfA hat aber in „dringenden Fällen" — wobei insbesondere an den Fall der Arbeitsunfähigkeit der Bgsch. gedacht ist — die Möglichkeit des Erlasses gesetzlicher Vorschriften für staatspolitisch notwendig gehalten und diese Befugnisse dem BürgA übertragen, da sie dem Senat allein nicht zuerkannt werden sollten.

Die „gesetzlichen Vorschriften" des BürgA sind Gesetze im Sinne des Abschnittes IV der Verf., also **formelle Landesgesetze,** deren Verkündung gemäß Art. 54 dem Senat obliegt. Unter der Verf. 1879 ist ein Fall der Notgesetzgebung durch den BürgA nicht vorgekommen. Die Vorschrift wurde sogar für hmb. Verhältnisse als nicht mehr notwendig angesehen (Wolffson 23, v. Melle 193, Seelig 101 f.).

Aus der **Staatspraxis** unter Verf. 1921 vgl. Ges. über die Zuständigkeit der Kommission zur Festsetzung von Gebühren und Tarifen v. 9. 9. 1923 (GVBl. 1049) sowie die nach Auflösung der Bgsch. 1927 vom alten BürgA beschlossenen Gesetze (GVBl. 623, 1928 13, 17, 37, 55 und Verh. 1928 33 ff.) — Wulff Bem. 10 zu Art. 31.

Der BürgA hat durch drei Ges. v. 24. 12. 1969 (GVBl. 285, 288 und 289) zwei Staatsverträgen über Rundfunkgebühren und Finanzausgleich bei Rundfunkanstalten zugestimmt. Die Bgsch. hat durch drei Ges. v. 30. 12. 1969 (GVBl. 315, 318 und 319, LS 225-f., 225-g, 225-h) den gleichen Verträgen zugestimmt. Die ZustimmungsGes. des BürgA v. 24. 12. 1969 und die der Bgsch. v. 30. 12. 1969 haben den gleichen Wortlaut.

Da die gesetzlichen Vorschriften nur auf Antrag des Senats erlassen werden (vgl. Bem. 3), besteht **kein Einspruchsrecht** wie bei den von der Bgsch. beschlossenen Gesetzen (Art. 50). Der BürgA kann mit Ausnahme der Verf. jedes Ges. ändern oder neues Recht setzen. Die Beschlüsse des BürgA haben dieselbe staatsrechtliche Wirkung wie Beschlüsse der Bgsch. (v. Melle a. a. O. 110). Nur in einer Beziehung sind die gesetzlichen Vorschriften des BürgA Ges.

minderen Rechtes: sie können durch **„anderweitige Beschlußfassung“** der Bgsch., mithin durch einfachen Beschluß gemäß Art. 19 ex nunc — nicht rückwirkend — außer Kraft gesetzt werden. Eine etwaige Änderung oder Ergänzung der vom BürgA erlassenen Vorschriften allerdings hätte gemäß Art. 48 Abs. 2, 49 zu erfolgen. Faßt die Bgsch. keinen Beschluß, so bleiben die Ges. des BürgA in Kraft.

8. Abs. 3 sieht in Übereinstimmung mit Verf. 1921 vor, daß dem BürgA auch außerhalb der ihm durch die Verf. übertragenen Zuständigkeit **weitere Aufgaben** durch (einfaches) Ges. zugewiesen werden können. Der VerfA hat erwogen, für ein derartiges Ges. eine qualifizierte Mehrheit vorzusehen. Er ist hiervon wieder abgekommen, vor allem wegen der praktischen Schwierigkeit, die mit der Erreichung solcher Mehrheiten erfahrungsgemäß verbunden ist. Der Ausschuß war sich andererseits darüber einig, daß dem BürgA auf dem Wege der einfachen Gesetzgebung keine Befugnisse zur Notgesetzgebung über den Rahmen des Art. 31 Abs. 2 Ziff. 3 hinaus verliehen werden könnten (VerfBer. 651).

a) Die Verf. selbst hat in Art. 39 Abs. 2 die Zustimmung zur Mitgliedschaft von Senatoren in Aufsichtsräten und in Art. 71 die Zustimmung zur Ernennung von Mitgliedern des Rechnungshofs dem BürgA zugewiesen.

b) SenGes. v. 18. 2. 1971 (GVBl. 23, LS 1102-a) sieht die Zustimmung des BürgA für Umzugsentschädigungen sowie für die Festsetzung von Tagegeldern und Reisekosten der Senatoren vor (§ 12 Abs. 3) und ermächtigt den BürgA zu Billigkeitsregelungen bei der Gewährung von Ruhegehältern der Senatoren (§ 14 Abs. 5).

c) Auf Grund Ziff. 13 des Rat- und Bürgerschlusses v. 11. 8. 1859 (Lappenberg's Neue Sammlung Hamburgischer Verordnungen, 28. Bd. 80), daß „wo in jetzt bestehenden besonderen Gesetzen und Rat- und Bürgerschlüssen die Mitwirkung der Kollegien der Oberalten oder der Sechziger zu den Erlassen des Senats vorgeschrieben ist, an die Stelle dieser Kollegien der Bürgerausschuß trete“, war die Zustimmung des BürgA in den Fällen der Verleihung der Hamburgischen Ehrendenkmünze v. 21. 7. 1853 an Hamburger notwendig. RSammlG v. 22. 1. 1960 (GVBl. 9, BL I 115-a) hat den Rat- und Bürgerschluß v. 11. 8. 1859 nicht in das Verzeichnis des weitergeltenden Rechts aufgenommen. Er ist daher formell außer Kraft getreten (§ 1 Abs. 1 RSammlG). Trotzdem hat der Senat die Zustimmung des BürgA für die Verleihung der Hamburgischen Ehrendenkmünze an Adolph Schönfelder zum 5. 4. 1960 eingeholt (vgl. Art. 40 Bem. 5).

Artikel 32

Soweit dem Bekanntwerden des Inhaltes nicht gesetzliche Vorschriften oder das Staatswohl entgegenstehen, hat der Senat der Bürgerschaft, dem Bürgerausschuß und den von der Bürgerschaft eingesetzten Ausschüssen auf Verlangen Auskünfte zu erteilen sowie auf Verlangen eines Viertels der jeweils vorgesehenen Mitglieder Akten vorzulegen.

1. Das **Interpellationsrecht,** das alte Recht der Bgsch., ihrer Ausschüsse und des BürgA, den Senat um Auskunft zu ersuchen (Verf. 1921 Art. 24 Abs. 2, 25, 31), ist hier zusammengefaßt. Das Recht besteht nur **gegenüber dem Senat,** nicht gegenüber einzelnen Senatoren oder Beamten, nicht gegenüber einzelnen Behörden. In Anbetracht der in Art. 24 geregelten „Kleinen" und „Großen Anfragen" kommt der Vorschrift praktische Bedeutung nur für den BürgA und die bürgerschaftlichen Ausschüsse zu. Der stärkste Ausdruck des Interpellationsrechts liegt bereits in Art. 30 Abs. 2, 23 Abs. 1 Satz 3. Machen BürgA oder bürgerschaftliche Ausschüsse hiervon Gebrauch, so haben die Senatsvertreter Rede und Antwort zu stehen (Bem. 3 zu Art. 23).

2. Die **Verschwiegenheitspflicht von Beamten und Senatoren** ist hierdurch nicht aufgehoben, bei parlamentarischen UntersA (Art. 25 Abs. 5) ist eine ausdrückliche andere Regelung getroffen. Über amtliche Vorgänge kann daher lediglich der Senat um Auskunft ersucht und die Akten beigezogen werden.

3. Durch Ges. v. 18. 2. 1971 (GVBl. 21) ist die Verf. dahin geändert, daß Akten nicht nur auf Beschluß der Mehrheit der Bgsch. oder des Ausschusses, sondern schon auf Verlangen einer Minderheit, nämlich eines Viertels der Mitglieder vorgelegt werden müssen.

Ein solches Minderheitsrecht, das dem des Art. 25 Abs. 1 ähnelt, bestand bislang im deutschen VerfRecht nicht. Die Weigerung des Senats, dem Verlangen eines Viertels der Mitglieder des Haushaltsausschuß auf Vorlage von Akten über Meinungsumfragen und die Mittelfristige Finanzplanung nachzukommen, führte 1972 zu einem Verfassungsstreit vor dem Hmb.VerfG (Aktz. 1/72 u. 2/72). Hinsichtlich der Meinungsumfragen wurde der Antrag auf Grund der in Bem. 4 zu Art. 25 erwähnten Vereinbarung zurückgenommen.

4. Das **Interpellationsrecht** in allen Formen — Art. 23, 24, 25, 32 — ist ausdrücklich **begrenzt,** wenn einer Antwort **bestehende gesetzliche Vorschriften** oder das **Staatswohl** entgegensteht. Ersteres ist eine durchweg erkennbare Schranke, letzteres unterliegt dem Ermessen des Antwortenden. Art. 65 Verf. 1879 hatte als Ausnahme der Beantwortungspflicht „obschwebende Angelegenheiten in Reichs- oder auswärtigen Angelegenheiten“ zugelassen, was heute im Begriff des Staatswohls enthalten ist. Es war früher selbstverständlich und ist zumindest seit Verf. 1921 anerkanntes Recht, daß der Kontrollfunktion der Bgsch. **Interna des Senats** als des selbständigen Trägers der vollziehenden Gewalt (Art. 35 Bem. 2) nicht unterliegen. Was aber Interna sind — dazu Art. 24 Bem. 2 —, läßt sich abstrakt schwer bestimmen. Die Entscheidung des Einzelfalls liegt hier wie bei der Beurteilung, ob das Staatswohl gefährdet ist, im pflichtmäßigen Ermessen des Senats. Nur bei Behauptung von Überschreitung dieses pflichtmäßigen Ermessens ist eine verfassungsmäßige Nachprüfung bei Vorliegen eines der Fälle des Art. 65 zulässig.

III.
Der Senat

1. Der Abschnitt „Senat“ befand sich noch in der Verf. 1879 vor dem Abschnitt „Bürgerschaft“. Darin prägte sich auch äußerlich seine Stellung als „Oberhaus“ aus. Mit der Einführung des Einkammersystems für die Gesetzgebung durch Verf. 1921 findet der Senat zum ersten Male seine Regelung nach der Bürgerschaft und nach dem Bürgerausschuß, für den noch ein besonderer Abschnitt vorgesehen war.

2. In der Gesetzessprache kommt die Bezeichnung „Senat“ zuerst in der Verf. 1860 vor. Bis dahin war die deutsche Bezeichnung „Rat“ und nur die lateinische Übersetzung „senatus“ (Studt u. Olsen 168).

Artikel 33

(1) Der Senat ist die Landesregierung. Er bestimmt die Richtlinien der Politik, führt und beaufsichtigt die Verwaltung.

(2) Das Gesetz bestimmt die Zahl der Senatsmitglieder (Senatoren).

1. Schon Verf. 1921 bestimmte in Art. 32, daß der Senat die Landesregierung ist. Das war damals schon deswegen zweckmäßig, weil er nach Aufhebung der Verf. 1879 **nur** noch die Regierung war,

während er vorher auch ein Haus der Gesetzgebung bildete. Unter „Senat" versteht man in der Staatsrechtslehre und im Sprachgebrauch anderer Länder ein gesetzgebendes Organ, so daß es zweckmäßig erschien, deutlich herauszustellen, daß es sich um den **Träger der Exekutive** handelt.

2. Die **Richtlinien der Politik** werden nur in Hamburg und Bremen durch das Kollegium bestimmt. In Bremen fehlt es allerdings an einer ausdrücklichen Bestimmung mit diesem Inhalt. Das GG (Art. 65) gibt dem Bundeskanzler, die anderen Landesverfassungen geben dem MinPräs. die Richtlinienkompetenz (Verf. Baden-Württ. Art. 49 Abs. 1, Bayern Art. 47 Abs. 2, Hessen Art. 102, Niedersachsen Art. 28 Abs. 1, Nordrhein-Westf. Art. 55 Abs. 1, Rheinland-Pfalz Art. 104, Saarland Art. 93 Abs. 1, Schleswig-Holstein Landessatzung Art. 24 Abs. 1). In Berlin werden die Richtlinien der Politik vom Regierenden Bürgermeister im Einvernehmen mit dem Senat bestimmt. Sie bedürfen der Billigung des Abgeordnetenhauses (Verf. Art. 43 Abs. 2).

Hamburg erstreckt das **Kollegialprinzip** auch auf die Richtlinien der Politik. Alle Mitglieder des Senats sind gleichberechtigt. Der Präsident ist Erster unter Gleichen, primus inter pares (vgl. aber Bem. 3 zu Art. 41). Das Kollegium, der Senat, ist den einzelnen Senatoren vorgesetzt.

3. Verf. 1879 bestimmte die **Zahl** auf 18, von denen 9 Juristen oder „Cameralisten" und 7 Kaufleute sein mußten. Verf. 1921 überließ die Bestimmung der Zahl dem Gesetz. Die Regierung sollte nach Umfang und Zusammensetzung beweglich gehalten werden, § 1 SenG v. 18. 2. 1971 (GVBl. 23, LS 1102-a) bestimmt die Zahl auf mindestens 10, höchstens 15 Senatoren. In diesem Rahmen hat die Bgsch. die Zahl durch Beschluß festzulegen.

Beim Inkrafttreten der Verf. bestand der Senat aus 12 Senatoren. Die Zahl der Senatoren ist später wie folgt festgelegt worden:
am 2. 12. 1953 auf 12 Senatoren
am 17. 3. 1954 auf 15 Senatoren
am 4. 12. 1957 auf 12 Senatoren
am 13. 12. 1961 auf 12 Senatoren
am 15. 12. 1965 auf 12 Senatoren
am 27. 4. 1966 auf 13 Senatoren
am 22. 4. 1970 auf 13 Senatoren.

4. Der Senat und die Senatoren stehen unter dem besonderen **strafrechtlichen Schutz** des § 90 b StGB (Verunglimpfung von Verfas-

sungsorganen) und der §§ 105 und 106 StGB (Nötigung von Verfassungsorganen und deren Mitglieder).

Senatoren sollen nicht zu Schöffen berufen werden (GVG §§ 34, 77 und 84) und sollen als Zeugen an ihrem Amtssitz oder Aufenthaltsort vernommen werden (StPO § 50, ZPO § 382).

5. Der Senat gibt sich gemäß § 5 SenG seine **GeschO**, deren letzte Fassung am 11. 1. 1972 beschlossen wurde. BGH (III ZR 83/64 v. 16. 3. 1967 41/42) hat die GeschO zutreffend als eine **autonome Satzung** bezeichnet, die entsprechend dem beschränkten Kreis ihrer Adressaten nicht wie ein Ges. verkündet werden muß (ebenso HansOLG v. 20. 3. 1964 — 1 U 33/63 Baul.). Insbesondere nötigt auch eine in der GeschO des Senats den Senatssyndici erteilte Vollmacht nicht zur Verkündung der GeschO.

Artikel 34

(1) Die Senatoren werden von der Bürgerschaft mit der Mehrheit ihrer gesetzlichen Mitgliederzahl gewählt.

(2) Wählbar ist jeder Deutsche, der die Voraussetzungen zur Wahl in die Bürgerschaft erfüllt; er braucht weder seinen Wohnsitz noch seinen Aufenthalt in der Freien und Hansestadt Hamburg gehabt zu haben. Beamte einschließlich der Richter sind wählbar.

(3) Niemand ist verpflichtet, die Wahl anzunehmen.

1. Bei der **Wahl eines Senators** müssen **mindestens 61 Stimmen** für ihn abgegeben werden (für den Fall, daß die Zahl der BgschAbg. gemäß Art. 6 Abs. 2 auf mehr als 120 erhöht wird, entsprechend mehr). Verf. 1921 sah nur „Mehrheit der abgegebenen Stimmen“ vor (Art. 34). Die Erwägung bei der Einführung der Erschwerung war, daß die Wahl eines Senators nicht auf Zufallsmehrheiten beruhen solle, besonders angesichts des erschwerten Mißtrauensvotums nach Art. 35. Möglicherweise kommt durch die Erschwerung die Wahl nicht zustande. Da aber nach Art. 37 der bisherige Senat die Geschäfte weiterzuführen hat, droht kein Vakuum.

2. Die Verf. sieht kein Mindestalter vor wie Verf. 1921 mit 30 Jahren (Art. 33). Das BgschWG verlangt als **Wählbarkeitsvoraussetzung**, daß das 21. Lebensjahr vollendet ist. Das ist damit auch das Mindestalter für die Wahl zum Senator. Es wird auch nicht mehr verlangt, daß der Kandidat seit mindestens einem Jahr Deutscher ist (Verf. 1921 Art. 33). Die Verf. will den Kreis der für eine Wahl in Frage Kommenden bewußt weit ziehen und die Entscheidung lieber dem

Einzelentscheid bei der Wahl überlassen als allgemeine Grenzen festlegen. Deswegen ist auch Verwandtschaft oder Schwägerschaft nicht als Hinderungsgrund aufgeführt (wie Verf. 1879 Art. 8 Abs. 2 und 3).

3. Wenn ein **Beamter** oder ein **Richter** in den Senat gewählt wird, so „scheidet er mit der Annahme der Wahl aus seinem Amt aus" (§ 10 Abs. 1 SenGes.). Nach Ausscheiden als Senator tritt er in den Ruhestand, wenn ihm nicht mit seinem Einverständnis innerhalb dreier Monate ein anderes Amt übertragen wird (§ 10 Abs. 2).

4. Die **Wahl** erfolgt **auf unbestimmte Zeit.** Die Gewählten bleiben solange im Amt, bis sie entweder zurücktreten oder aus einem anderen Grunde ausscheiden (Art. 35). Auch der Zusammentritt einer neu gewählten Bgsch. ist rechtlich kein Grund für den Rücktritt des Senats.

Das GG bestimmt in Art. 69 Abs. 2, daß das Amt des Bundeskanzlers und der Bundesminister mit dem Zusammentritt eines neuen Bundestages endet. Die hmb. Regelung verstößt nicht gegen Art. 28 GG (BVerfGE 29 56 für Schleswig-Holstein, Glatz-Haas 236, a. A. Ipsen 292 ff., der meint, die neue Bgsch. müsse ihre Aufgabe nach Art. 34, einen Senat zu bestellen, ausüben).

Artikel 35

(1) Der Senat und einzelne Senatoren können jederzeit zurücktreten. Sie scheiden aus ihrem Amt aus, wenn ihnen die Bürgerschaft das Vertrauen entzieht.

(2) Die Bürgerschaft kann dem Senat oder einzelnen Senatoren das Vertrauen nur dadurch entziehen, daß sie mit der Mehrheit ihrer gesetzlichen Mitgliederzahl den Senat oder einzelne Senatoren durch Neuwahl ersetzt. Der Antrag muß den Abgeordneten und dem Senat mindestens eine Woche vor der Beschlußfassung mitgeteilt werden; er muß von einem Viertel der Abgeordneten unterzeichnet sein.

(3) Wird die Zahl der Senatoren herabgesetzt, so kann die Bürgerschaft eine entsprechende Zahl von Mitgliedern mit der Mehrheit der Abgeordnetenstimmen entlassen.

1. Das **Parlamentarische System,** das durch die Verf. 1921 eingeführt worden war, wird aufrecht erhalten. In dieser Frage war und ist der Verfassunggeber frei, da durch Art. 28 Abs. 1 Satz 1 GG nicht

ein Regierungssystem vorgeschrieben wird, „in dem die parlamentarische Verantwortlichkeit der Regierung ... im Mißtrauensvotum Ausdruck findet" (BVerfGE 9 281). Sowohl der Senat als Kollegium wie die einzelnen Senatoren bedürfen des Vertrauens der Bgsch. Das Mißtrauensvotum ist in Anlehnung an Art. 67 GG als **konstruktives Mißtrauensvotum** ausgestaltet, d. h. das Mißtrauen kann nur von einer Mehrheit ausgesprochen werden, die auch imstande ist, eine neue Regierung zu bilden. Eine sogenannte „unechte Opposition", die aus zwei oder mehr untereinander keineswegs einigen Gruppen besteht, selbst also keine Regierung bilden könnte, soll daran gehindert werden, den Senat durch ein Mißtrauensvotum zu einem geschäftsführenden Senat gemäß Art. 37 zu machen.

Ein konstruktives Mißtrauensvotum ähnlicher Art kennen die Verf. von Baden-Württ. Art. 54, Bremen Art. 110, Nordrhein-Westf. Art. 61, Schleswig-Holstein Art. 30. In Berlin (Art. 42) wird ein Mißtrauensvotum unwirksam, wenn nicht binnen 3 Wochen eine Neuwahl erfolgt ist. In Hessen (Art. 114) gilt der Landtag als aufgelöst, wenn er nicht binnen 12 Tagen einer neuen Regierung das Vertrauen ausspricht. In Rheinland-Pfalz (Art. 99) gilt das gleiche, wenn der Landtag nicht binnen 4 Wochen einer neuen Regierung das Vertrauen ausspricht. In Niedersachsen (Art. 24) und im Saarland (Art. 90) gibt es ein einfaches Mißtrauensvotum, also ohne Zwang zu einer gleichzeitigen oder befristeten Nachwahl. Bayern (Art. 44 Abs. 3) kennt kein Mißtrauensvotum. Der Ministerpräsident muß aber zurücktreten, „wenn die politischen Verhältnisse ein vertrauensvolles Zusammenarbeiten zwischen ihm und dem Landtag unmöglich machen".

2. Art. 35 und 36 stärken die Stellung des Senats. Er ist **selbständiger Träger der vollziehenden Gewalt** und trotz seiner parlamentarischen Abhängigkeit **nicht** etwa nur **ein Ausschuß des Parlaments** — seit der Einfügung des Art. 38 a durch Ges. v. 18. 2. 1971 (GVBl. 21) schon deswegen nicht, weil die Senatoren nicht Mitgl. der Bgsch. sein können — oder dessen Organ. Die Bgsch. hat nicht das Recht, dem Senat Weisungen oder Richtlinien für die Ausübung seiner Regierungsgewalt zu erteilen (Wulff Anm. 3 zu Art. 36). Ein Ersuchen der Bgsch. an den Senat bindet ihn politisch — ihm droht bei Nichterfüllung das Mißtrauensvotum — aber nicht rechtlich (Achterberg 63). Erst recht darf die Bgsch. nicht selbst Befugnisse ausüben, die dem Senat zustehen (BVerfGE 9 28). Die Bgsch. „regiert und verwaltet nicht selbst, sondern kontrolliert die Regierung" (BVerfGE 1 394).

3. Bei **Verkleinerung des Senats** bedarf es nur **einfacher Mehrheit,** um eine entsprechende Zahl von Senatoren zu entlassen. Das kann möglicherweise zu einer Umgehung des „konstruktiven Mißtrauensvotums" führen. Eine unechte Opposition, die aus mehreren unter sich uneinigen Gruppen besteht, aber die Mehrheit in der Bgsch. hat, könnte die Zahl der Senatoren z. B. von 12 auf 6 herabsetzen, evtl. mit einfacher Mehrheit das Senatsgesetz ändern und 6 namentlich bezeichnete Senatoren mit einfacher Mehrheit entlassen. Die Bgsch. hat bei Verabschiedung der Verf. diese Umgehungsgefahr bewußt in Kauf genommen, weil sie glaubte, den Abs. 3 erhalten zu müssen. Ohne den Abs. 3 könnte eine Herabsetzung der Zahl der Senatoren, die die Bgsch. beschlossen hat, daran scheitern, daß keiner der Senatoren zurücktritt.

4. Die **Rücktrittserklärung von Senatoren** ist in der bisherigen Praxis in der Regel an den Präsidenten des Senats gerichtet worden, der seinerseits den erfolgten Rücktritt dem Präsidenten der Bgsch. mitgeteilt hat. Die richtige Adresse für den Rücktritt dürfte aber der Präsident der Bgsch. sein und daher der Rücktritt erst wirksam geworden sein, wenn die Erklärung dem Präsidenten der Bgsch. zugegangen ist. Wenn der Präsident des Senats zurücktrat, hat er in der Vergangenheit diese Erklärung an den Präsidenten der Bgsch. gerichtet.

Der **Rücktritt des „Senats"** setzt einen einstimmigen Beschluß im Senat voraus (Wulff Anm. 4 zu Art. 36 Verf. 1921). Wenn die Einstimmigkeit nicht erreicht wird, bleibt es denjenigen Senatoren, die für den Rücktritt gestimmt haben, überlassen, jeder für sich den Rücktritt zu erklären und damit möglicherweise die Minderheit politisch zum Rücktritt zu zwingen.

5. Bisher ist zweimal beantragt worden, dem Senat bzw. einigen Senatoren das **Mißtrauen auszusprechen:** am 2. 12. 1953 von der Hamburg-Block-Fraktion der neu gewählten Bgsch. mit Erfolg und am 26. 6. 1956 von der SPD-Fraktion gegen 7 Senatoren ohne Erfolg. In beiden Fällen hat der Antrag schon den Namensvorschlag für neu zu wählende Senatoren enthalten. Das dürfte für die **Gültigkeit des Antrages** nicht erforderlich sein, weil der Antrag sachlich nur den Inhalt hat, an Stelle eines vorhandenen Senators oder eines Senats einen anderen zu wählen. Wer gewählt wird, muß auch noch am Wahltag vorgeschlagen werden können.

Bei den beiden bisherigen Anträgen hat der Präsident der Bgsch. nicht für genügend gehalten, daß er den vorliegenden Antrag in einer Sitzung der Bgsch. mitgeteilt hat, sondern den Mißtrauensantrag allen Abgeordneten und dem Senat schriftlich mitgeteilt. Das dürfte auch dem Sinn von Abs. 2 Satz 2 entsprechen.

Artikel 36

(1) Findet ein Antrag des Senats, ihm das Vertrauen auszusprechen, nicht die Zustimmung der Mehrheit der gesetzlichen Mitgliederzahl der Bürgerschaft, so kann die Bürgerschaft binnen drei Monaten nach Eingang des Antrags

1. **mit der Mehrheit ihrer gesetzlichen Mitgliederzahl einen neuen Senat wählen oder**
2. **dem Senat nachträglich das Vertrauen aussprechen oder**
3. **sich selbst auflösen.**

Macht die Bürgerschaft von diesen Befugnissen keinen Gebrauch, so hat der Senat das Recht, die Bürgerschaft innerhalb weiterer zwei Wochen aufzulösen.

(2) Der Antrag des Senats, ihm das Vertrauen auszusprechen, muß mindestens eine Woche vor der Abstimmung eingebracht werden.

1. Art. 36 ist im Laufe der Beratungen im VerfA eingefügt worden, um dem Senat, der keine Mehrheit mehr hinter sich hat, dem wegen der Erschwernisse des Art. 35 aber auch nicht das Mißtrauen ausgesprochen werden kann, die **Möglichkeit zur eigenen Initiative** zu geben. Eine unechte Opposition könnte auch, ohne die Möglichkeit des Mißtrauensvotums zu haben, die Regierung praktisch dadurch lahm legen, daß sie alle Anträge des Senats einschließlich von Gesetzesvorlagen und Haushaltsanträgen ablehnt. Insbesondere in diesem Fall hat der Senat die Möglichkeit, seinerseits ein Vertrauensvotum zu verlangen und damit die Bgsch. unter den Druck einer kommenden Auflösung zu stellen.

2. Die **Drei-Monatsfrist des Abs. 1** ist auch dann abgelaufen, wenn die Bgsch. drei Monate nach Eingang des Antrages überhaupt noch nicht abgestimmt hat. Bleibt die Bgsch. untätig, so hätte der Senat drei Monate nach Eingang seines Antrages die Möglichkeit, die Bgsch. aufzulösen. Daran wäre er auch nicht gehindert, wenn ihm die Bgsch. nach Ablauf der drei Monate das Vertrauen ausspricht, wohl aber, wenn die Bgsch. nach Ablauf der drei Monate einen neuen Senat wählt. Tut das die Bgsch., bevor sie durch den Senat aufgelöst ist, so hat der bisherige Senat zu existieren aufgehört.

3. Macht der Senat von seinem Auflösungsrecht innerhalb der Frist von zwei Wochen keinen Gebrauch, so verliert er es. Er müßte also gegebenenfalls erneut den Antrag stellen, ihm das Vertrauen auszusprechen, um erneut die Fristen des Abs. 1 in Lauf zu setzen.

4. **Auflösung der Bgsch.** gemäß Abs. 1 Ziff. 3 bedarf eines Antrages von wenigstens einem Viertel der Abg. (z. Z. 30) und dieser Antrag muß mindestens zwei Wochen vor der Sitzung, in der die Auflösung beschlossen werden soll, allen Abg. und dem Senat mitgeteilt sein (Art. 11). Die Auflösung kann nur mit der Mehrheit aller Abg. (z. Z. mindestens 61) beschlossen werden.

5. Im Falle der Auflösung der Bgsch., gleichgültig, ob auf Beschluß der Bgsch. oder durch den Senat, muß die **Neuwahl innerhalb von 60 Tagen** stattfinden, obgleich Art. 11 Abs. 2 das ausdrücklich nur für den Fall bestimmt, daß die Bgsch. ihre Auflösung beschlossen hat.

6. Die **Auflösung durch den Senat** erfolgt durch Mitteilung des Senats an die Bgsch. und wird mit dem Eingang beim Präsidenten der Bgsch. wirksam.

Artikel 37

(1) Tritt der Senat zurück, so führt er bis zur Wahl eines neuen Senats die Geschäfte weiter.

(2) Beim Rücktritt einzelner Senatoren entscheidet der Senat, ob sie die Geschäfte bis zur Wahl ihrer Nachfolger weiterführen oder sofort aus dem Senat auszuscheiden haben.

1. Das ist der **einzige Fall eines geschäftsführenden Senats.** Der Senat hat während dieser Zeit alle verfassungsmäßigen Rechte und Pflichten bis zur Neubildung eines Senats.

2. Auch für den geschäftsführenden Senat gilt das Verbot der Nebenbeschäftigung (Art. 39).

3. Ein einzelner Senator, der zurücktritt, ist verpflichtet, seine Geschäfte weiterzuführen, wenn der Senat es beschließt.

Artikel 38

(1) Jeder Senator hat vor Antritt seines Amtes vor der Bürgerschaft folgenden Eid zu leisten:

Ich schwöre, daß ich Deutschland, dem Grundgesetz der Bundesrepublik Deutschland und der hamburgischen Verfassung die

Treue halten, die Gesetze beachten, die mir als Mitglied des Senats obliegenden Pflichten gewissenhaft erfüllen und das Wohl der Freien und Hansestadt Hamburg, soviel ich vermag, fördern will.

(2) Die Beifügung einer religiösen Beteuerung ist zulässig.

1. Der Wortlaut des Eides ist in den wesentlichen Teilen der gleiche wie in Verf. 1921 Art. 40. An die Stelle der Worte „daß ich der Reichsverfassung und der hamburgischen Verfassung ..." sind die Worte getreten „daß ich Deutschland, dem Grundgesetz der Bundesrepublik Deutschland und der hamburgischen Verfassung ...".

2. Der Eid wird **vom Präsidenten der Bgsch.** in einer Sitzung der Bgsch. abgenommen („vor der Bürgerschaft").

3. Die **Verweigerung des Eides** würde einer Ablehnung der Wahl gleichkommen. Vor der Eidesleistung dürfen die Rechte nicht ausgeübt werden (Wulff, Anm. 3 zu Art. 40).

Artikel 38 a

(1) Senatoren dürfen kein Bürgerschaftsmandat ausüben.

(2) Das Bürgerschaftsmandat eines Senators ruht während der Amtszeit als Senator.

(3) Das Gesetz bestimmt, wer das Mandat während dieser Zeit ausübt.

1. Der Art. ist durch Ges. v. 18. 2. 1971 (GVBl. 21) gefügt worden. Damit ist der **Grundsatz der Teilung der legislativen von der exekutiven Gewalt** wie in Bremen (Verf. Art. 108) im Gegensatz zu dem VerfR des Bundes und der übrigen Länder soweit durchgeführt, daß die Mitgliedschaft im Senat unvereinbar (inkompatibel) mit dem Mandat zur Bgsch. ist (vgl. dazu H.-U. Klose in „Gegenwartskunde" 1971 303).

Bis zum Ges. v. 18. 2. 1971 war die Trennung der Gewalten in Hamburg nicht so weit gegangen. Die Mitgliedschaft sowohl im Senat wie in der Bgsch. war zulässig, aber nicht notwendig.

Eine ähnliche wie die jetzige Regelung war 1924 von der Bgsch. abgelehnt worden (StenBer. 1924 13, 132, Mittelstein Bem. 2 zu Art. 10). In Bremen bestand die Regelung auch in der Weimarer Zeit.

Als die Einführung der „Bremer Regelung" 1956 erörtert wurde, hielt Ipsen (489) eine Änderung des BgschWG für genügend und eine Änderung der Verf. für nicht erforderlich.

2. Das BgschWG bestimmt in § 38 a, daß das **Mandat eines Senators** von dem nächstberufenen Bewerber auf dem Wahlvorschlag ausgeübt wird. Rückt er für einen ausscheidenden Abg. nach, so tritt an seine Stelle wieder der nächstberufene Bewerber.

Tritt der Senator zurück, so endet das Ruhen, und er nimmt das Mandat selbst wahr. Der bisher „Ausübende" tritt zurück auf die Liste der Bewerber.

3. Bei einem reinen Mehrheitswahlrecht oder einem anderen System ohne „Bewerberliste" dürfte die Regelung Schwierigkeiten machen.

Artikel 39

(1) Mit dem Amt der Senatoren ist die Ausübung jedes anderen besoldeten Amtes und jeder sonstigen Berufstätigkeit unvereinbar.

(2) Im Einvernehmen mit dem Bürgerausschuß kann der Senat genehmigen, daß Senatoren dem Verwaltungs- oder Aufsichtsrat eines den Gelderwerb bezweckenden Unternehmens angehören dürfen.

1. Damit ist **jede andere Berufstätigkeit für Senatoren verboten.** Anders Verf. 1921 Art. 39, wo eine „sonstige Berufstätigkeit" vom Senat gestattet werden konnte. Die Bestimmung ist bei den Beratungen im VerfA und in der Bgsch. sehr umstritten gewesen. Das Verbot jeglicher anderen Berufsausübung wurde mit zwei Gründen eingeführt:

a) die heutige Zeit beanspruche die volle Arbeitskraft eines Senators,

b) es gäbe kaum einen Beruf, bei dem einem Senator nicht ein Interessenkonflikt drohe.

Trotz dieser Gründe wird man angesichts des Wortlauts die Annahme eines unbesoldeten Amts für zulässig halten müssen, allerdings wohl nur dann, wenn es sich nicht um „eine sonstige Berufstätigkeit" handelt.

2. Unentgeltliche und gelegentliche Nebenbeschäftigung fallen **nicht unter das Verbot,** weil in beiden Fällen keine „Berufsausübung" vorliegt. Man wird grundsätzlich auch alles das für zulässig halten müssen, was einem Beamten ohne Genehmigung seiner vorgesetzten Behörde an Nebenbeschäftigungen erlaubt ist, also z. B. künstlerische, wissenschaftliche und schriftstellerische Betätigung.

3. Verf. 1921 und SenE sahen vor, daß auch die **Mitgliedschaft im Vorstand eines Unternehmens** zulässig sein sollte. Diese Bestimmung

ist von der Bgsch. gestrichen worden, weil sie glaubte, daß damit der Abs. 2 dem Verbot des Abs. 1 widerspräche. SenE hatte die Möglichkeit mit der Begründung offenhalten wollen, daß bei im Eigentum des Staates stehenden Gesellschaften die Mitgliedschaft eines Senators im Vorstand erforderlich sein könne.

4. Verf. 1921 gab dem Senat allein die Möglichkeit, die nach Abs. 2 erforderliche Genehmigung auszusprechen. Jetzt muß der Senat **vor Erteilung der Genehmigung Einvernehmen mit dem BürgA** herbeiführen.

5. Ein den Gelderwerb bezweckendes Unternehmen ist jede Gesellschaft des Handelsrechts, auch wenn sie tatsächlich den Gelderwerb nicht als Hauptaufgabe oder überhaupt nicht anstrebt, wie z. B. im alleinigen Staatsbesitz befindliche Versorgungsbetriebe.

6. Das GG trifft in Art. 66 für den Bundeskanzler und die Bundesminister eine gleiche Regelung, wobei die Ausnahmegenehmigung für die Mitgliedschaft in einem Aufsichtsrat der Zustimmung des Bundestages bedarf. Der Landtag muß in Baden-Württ. (Art. 53 Abs. 2) und in Schleswig-Holstein (Art. 29) einer Ausnahme zustimmen, die Landesregierung in Bremen (Art. 113), Niedersachsen (Art. 25) und Nordrhein-Westf. (Art. 64). In Bayern (Art. 57) ist eine Ausnahmegenehmigung nicht vorgesehen. Das Verbot gilt aber nicht gegenüber Gesellschaften, „bei denen der überwiegende Einfluß des Staates sichergestellt ist".

7. Verf. Nordrhein-Westf. verbietet den Landesministern in Art. 64 Abs. 4, gleichzeitig Mitglied des BTags oder der Bundesregierung zu sein. Bundesminister üben ein „besoldetes Amt" aus. Daher ist auch ohne eine ausdrückliche Bestimmung einem **Senator nicht** erlaubt, **gleichzeitig Bundesminister** zu sein. Verf. Niedersachsen bestimmt in Art. 19 Abs. 3, daß Mitglieder des BTags nicht der Landesregierung angehören können. Diese Formulierung trifft das Beabsichtigte besser als der Wortlaut der Verf. Nordrhein-Westf., da das Landesrecht zwar bestimmen kann, wer Landesminister sein kann, nicht aber, wer in den BTag wählbar ist.

In den anderen Ländern fehlt wie in Hmb. eine solche Bestimmung. Der RechtsA des BRats hat sich in der BR-Drucks. 457/64 dahin geäußert, daß für alle Landesminister die gleichzeitige **Mitgliedschaft im BTag** ausgeschlossen, eine zeitweise Überschneidung zulässig sei, um dem Betroffenen eine angemessene Zeit zur Entscheidung zu geben, welche Tätigkeit er aufgeben will. Der Senat hat diese Äußerung am 3. 11. 64 durch Beschluß gebilligt und sich vorbehalten, zu den aufgezeigten Möglichkeiten der Gesetzesänderungen Stellung zu nehmen.

Gegenwärtig befindet sich auch kein Mitglied einer Landesregierung mehr im BTag. Verfassungsrechtlich jedoch ist zu sagen: Das GG beruht auf der **„Polarität“** (Süsterhenn im Parlamentarischen Rat, StenBer. 23) **von BTag und BRat, gegenseitige Mitgliedschaft schließen sich daher aus** (ständige Staatspraxis und herrsch. Meinung, Maunz-Dürig Rdnr. 19 zu Art. 51, Schäfer a. a. O. 37, Zinn DÖV 1956 210, sowie Ziller DVBl. 1962 77, a. A. Nawiasky — Grundgedanken des GG 57 —, Wessel ArchöffR 77 285 Fußn. 3). Das gilt auch für StellvMitgl. des BRats, nicht aber (entgegen den zitierten Auffassungen von Maunz-Dürig, Schäfer, Zinn) für solche Mitgl. einer Landesregierung, die nicht Mitgl. oder StellvMitgl. des BRats sind. Es fehlt dann an der erwähnten Polarität, die sicherlich zwischen Landesregierung und BTag nicht besteht (Achterberg 33). Ob aber ein Mitgl. einer Landesregierung bei Instruktionserteilung für die Abgabe der Stimmen im BRat mitwirkt, kann nicht entscheidend sein. Die Instruktionserteilung ist nämlich ein Recht, aber keine Pflicht (Anschütz Bem. 7 zu Art. 63 WeimRVerf.). Erst der formale Akt des Beschlusses zur Bestellung zum Mitgl. oder Stellv.-Mitgl. des BRats und damit zum „Organ des Bundes“ schafft Pflichten. Zinn unterschätzt dieses Organverhältnis zum Bund, das bei den übrigen Mitgliedern einer Landesregierung eben nicht besteht. Es ist auch nicht angängig, von zwei Kategorien von Kabinettsmitgliedern zu sprechen, denn die Mitgliedschaft zum BRat ist nicht ein plus, sondern ein aliud gegenüber den Aufgaben anderer Minister oder Senatoren. Da der Senat neben drei Senatoren zu ordentlichen, üblicherweise die übrigen Senatsmitglieder zu StellvMitgl. des BRats bestellt — ebenfalls durch konstitutiven Beschluß (irrig Maunz-Dürig Rdnr. 19 zu Art. 51, die dessen Abs. 1 Satz 2 als automatische Bestellung aller übrigen Mitgl. einer Landesregierung auslegen), ist die Bedeutung des angeschnittenen Problems in der Praxis z. Z. gering. Der baden-württ. Landwirtschaftsminister Leibfried, nicht Mitgl. oder StellvMitgl. des BRats, übte aber zu Recht sein Mandat im Zweiten Deutschen BTag aus.

Die GeschO des BRats v. 1. 7. 1966 folgt in ihrem § 2 dieser Rechtsauffassung:

„Die Mitglieder des Bundesrates dürfen nicht gleichzeitig dem Bundestag angehören. Wird ein Mitglied des Bundesrats in den Bundestag gewählt, so muß es dem Präsidenten des Bundesrats in angemessener Frist mitteilen, welches der beiden Ämter es niederlegt."

Die BTagsAbg. Helmut Schmidt, Irma Keilhack (1961) und Dr. Ilse Elsner (1970) haben dementsprechend nach ihrer Wahl in den Senat ihr Mandat im BTag und Senator Helmut Schmidt nach seiner Wiederwahl in den BTag (1965) sein Amt als Senator niedergelegt (Mitt. des Bundesmin. f. Angel. d. BRates u. d. Länder in Bulletin Nr. 161 (1965) 1291).

RVerf. 1871 Art. 9 Satz 2 verbot gleichzeitige Mitgliedschaft in RTag und BRat, WeimRVerf. kannte die Inkompatibilität zwischen RTag und BRat nicht (Anschütz Fußn. 3 zu Art. 63). Der Senat legte daher in seiner Begründung der Verf. 1921 (Senatsdrucks. 473 v. 9. 10. 1919 ff.) Wert auf **„Verbindungssenatoren"** als RTagsAbg. Tatsächlich waren Bgm. Stolten und Senator Dr. Petersen zeitweise Mitgl. des RTags.

Artikel 40

Das Gesetz bestimmt das Nähere über die Wahl, die rechtliche Stellung und die Bezüge der Senatoren.

1. SenG v. 18. 2. 1971 (GVBl. 23, LS 1102-a) regelt die Wahl in den §§ 2 bis 4. Die **Wahl** ist **geheim** und erfolgt **mit Stimmzetteln** (§ 2). Wenn im ersten Wahlgang die **absolute Mehrheit** nicht erreicht wird, muß die Wahl wiederholt werden (§ 3), eventuell mehrmals. Mehrere Senatoren werden mit einem Stimmzettel gewählt (§ 4). Die mehrfache Wahl eines Kandidaten auf einem Stimmzettel (Kumulierung) ist nicht zulässig (§ 4). Wenn nicht die erforderliche Zahl von Kandidaten die absolute Mehrheit erreicht, werden die fehlenden Senatoren „im Wege der Einzelwahl gewählt".

2. Die **Senatoren** sind **nicht Beamte** im Sinne des Beamtenrechts. Das war in § 9 SenG v. 11. 1. 1951 (BL I 1102-a) ausdrücklich bestimmt. Die Rechtslage ist nicht dadurch verändert, daß dieser Satz in § 8 SenG v. 18. 2. 1971 fehlt, denn die Rechtsstellung der Senatoren wird wie im alten SenG dahin bestimmt: „Die Senatoren stehen in einem **öffentlich-rechtlichen Amtsverhältnis** zur Freien und Hansestadt Hamburg."

Senatoren sind daher nur Beamte im Sinne des § 359 StGB, im Sinne des Art. 34 GG (der allerdings nur von dem anvertrauten öffentlichen Amt und nicht vom Beamten spricht) und im Sinne des § 839 BGB.

3. Die Senatoren erhalten ein **Amtsgehalt** in Höhe von eineinviertel des Grundgehalts des BesGr. B 11 des HmbBesG und den Ortszuschlag und Kinderzuschlag nach den Vorschriften des BesGes. (§ 12 SenG). Daneben erhalten sie eine Aufwandsentschädigung von 600,— DM monatlich (der Erste Bgm. 1500,— DM, der Zweite Bgm. 800,— DM).

Beim Ausscheiden wird ein **Übergangsgeld** an den Senator gezahlt für die gleiche Zeit, während der er Senator gewesen ist, höchstens für zwei Jahre. Diese Zeit verlängert sich um die Zeit, die er nach Vollendung des fünfzigsten Lebensjahres im Amt war, höchstens jedoch um weitere zwei Jahre (§ 13 SenG). Als Übergangsgeld werden für die ersten drei Monate die vollen, von dann ab die halben Amtsbezüge gewährt.

Senatoren, die mindestens vier Jahre im Amt waren, erhalten ein **Ruhegehalt,** das mindestens 35 Prozent der Amtsbezüge beträgt und mit jedem Amtsjahr um drei Prozent auf höchstens 75 Prozent steigt. Das Ruhegehalt ruht bei einer Amtszeit von mindestens acht Jahren bis zur Vollendung des fünfzigsten Lebensjahres, bei kürzerer Amtszeit bis zur Vollendung des fünfundfünfzigsten Lebensjahres, wird aber auch früher gezahlt, wenn die Dienstunfähigkeit im Sinne des Beamtenrechts festgestellt wird.

4. Hamburger Senatoren haben niemals **Orden** angenommen. Das ist unter Verf. 1879 durch Senatsbeschluß vom Jahre 1885 (Senatsprotokoll v. 27. 12. 1886) zum Ausdruck gekommen. Dieser Grundsatz ist aufrecht erhalten worden durch Beschluß des Senats v. 18. 3. 1952, auf Grund dessen dem Herrn Bundespräsidenten mitgeteilt worden ist, daß der Senat bittet, Senatoren und Senatssyndici kein Bundesverdienstkreuz zu verleihen. Dieser Grundsatz hat früher auch hinsichtlich ausgeschiedener Senatoren gegolten. Neuerdings ist aber gelegentlich früheren Senatoren das Bundesverdienstkreuz verliehen worden (dazu Kleine Anfrage des Abg. Richter betr. Ordensverleihung und grundsätzliche Ausführungen des Ersten Bgm. Dr. Nevermann in der 9. Sitzung der Bgsch. v. 22. 5. 1963).

5. Folgende **hmb. Auszeichnungen** sind im Handbuch der Freien und Hansestadt Hamburg 1971 veröffentlicht:

Ehrenbürgerrecht

Erstmalig 1813 als höchste Auszeichnung verliehen. Es soll im Grundsatz nur an Nichthamburger vergeben werden. Für die Verleihung wird die Mitgenehmigung der Bürgerschaft herbeigeführt.

40 5

Hamburgische Ehrendenkmünze

Sie wurde 1853 gestiftet, um erhebliche Verdienste Fremder um die Stadt Hamburg sowie in außerordentlichen Fällen ganz besondere Verdienste Hamburger Bürger öffentlich anzuerkennen. Für die Verleihung an Mitbürger bedarf es der Zustimmung des Bürgerausschusses (dazu Bem. 8 c) zu Art. 31). Sie wird in Gold oder Silber verliehen.

Bürgermeister-Stolten-Medaille

Sie wurde 1925 gestiftet, um Persönlichkeiten zu ehren, die sich durch ihr öffentliches Wirken bleibende Verdienste um Hamburg erworben haben.

Medaille für treue Arbeit im Dienste des Volkes

Sie wurde 1926 in Bronze gestiftet, um Männer und Frauen auszuzeichnen, die sich in der hamburgischen Verwaltung mindestens 25 Jahre ehrenamtlich betätigt haben. Ihre Stiftung 1956 in Silber erfolgte, um Persönlichkeiten zu ehren, die sich durch besonders hervorragende Leistungen zum Besten des Gemeinwohls ausgezeichnet haben.

Johannes-Brahms-Medaille

Sie wurde 1928 gestiftet, um Persönlichkeiten auszuzeichnen, die sich durch hervorragende Leistungen auf dem Gebiet der Musik, insbesondere der Brahmspflege, verdient gemacht haben.

Medaille für Kunst und Wissenschaft

Sie wurde 1956 gestiftet, um Persönlichkeiten für besonders herausragende Leistungen von bleibendem Wert für Hamburg auf den Gebieten der Forschung, Wissenschaft oder Kunst auszuzeichnen.

Rettungsmedaille

Sie wurde 1903 gestiftet, um Personen auszuzeichnen, die unter erheblicher eigener Lebensgefahr Rettungstaten auf hamburgischem Staatsgebiet ausführten. Sie kann an einem Band auf der linken Brustseite getragen werden.

Sportmedaille

Sie wurde 1927 gestiftet als Auszeichnung für sportliche Leistungen oder als Preis für bedeutende Sportveranstaltungen in Hamburg. Sie kann in Silber und Bronze in zwei Größen für Spitzenleistungen im Amateursport bewilligt werden.

Staatspreis der Freien und Hansestadt Hamburg

Die Medaille wurde 1897 gestiftet. Sie dient als Preis für hervorragende Leistungen bei Ausstellungen und Wettbewerben aller Art mit Ausnahme von sportlichen Veranstaltungen. Sie kann in Silber und Bronze in zwei Größen bewilligt werden.

Ehejubiläumsmedaille

Sie wurde 1902 gestiftet. Mit dieser Medaille werden würdige Hamburger Ehepaare zum 50jährigen und 60jährigen Ehejubiläum bedacht. Sie wird zur goldenen Hochzeit in Bronze und zur diamantenen Hochzeit in Silber geschenkt.

6. In Hmb. werden vom Senat kraft des ihm zukommenden Hoheitsrechts verliehen die **Ehrentitel** Professor, Kammermusiker und Kammersänger, und zwar der Titel Professor gemäß Senatsbeschluß v. 3. 6. 1947, um ganz besondere Leistungen auf dem Gebiet der Wissenschaft und Kunst ehren zu können.

Bereits Ende des 19. Jahrh. waren sich Senat und Bgsch. einig, daß die Verleihung von Ehrentiteln nur in besonderen Ausnahmefällen erfolgen soll. Dementsprechend war die Praxis des Senats. Seit 1947 ist in 15 Fällen der Titel Professor verliehen worden.

Der Titel Kammermusiker, Verleihung erstmals 1929, kann gemäß Senatsbeschluß v. 30. 12. 1947 „in jährlich 2 bis 3 Fällen Mitgliedern des Philharmonischen Staatsorchesters nach einer mindestens fünfjährigen Tätigkeit" verliehen werden.

Der Titel Kammersänger(in) wird nach Senatsbeschluß v. 4. 4. 1961 an Mitglieder der Hamburgischen Staatsoper für besondere künstlerische Leistungen verliehen.

Artikel 41

(1) Der Senat wählt aus seiner Mitte in geheimer Abstimmung seinen Präsidenten (Ersten Bürgermeister) und seinen Stellvertreter (Zweiten Bürgermeister) auf die Dauer eines Kalenderjahres. Ihre Wiederwahl ist zulässig.

(2) Der Präsident des Senats hat die Aufgabe, die Senatsgeschäfte zu leiten, das innere und äußere Gedeihen des Staatswesens zu überwachen, für wichtige Staatsangelegenheiten persönlich einzutreten und grundlegende Arbeiten auf dem Gebiet der Gesetzgebung und Verwaltung zu fördern.

1. Auch die Wahl des Präsidenten durch den Senat selbst ist Ausdruck des **Kollegialprinzips.** Erwägungen, den Präsidenten des Senats durch die Bgsch. als solchen wählen zu lassen, waren schon bei der

Beratung der Verf. 1921 abgelehnt worden (anders Verf. von Berlin v. 1. 9. 1950 Art. 41 Abs. 1).

2. Die Amtsbezeichnungen **„Erster Bürgermeister"** und **„Zweiter Bürgermeister"** sind geschichtlich gewachsen und im täglichen Umgang üblich; im amtlichen Schriftverkehr wird hingegen fast ausschließlich die Bezeichnung „Präsident des Senats" verwandt.

3. Die **Stellung des Präsidenten** ist herausgehoben einmal durch die Tatsache, daß Wiederwahl unbeschränkt möglich ist, während Verf. 1879 Art. 17 nur Amtsdauer bis zu zwei Jahren erlaubte. Sie ist aber insbesondere durch die Bestimmung des Abs. 2 herausgehoben. Dadurch wird der Präsident in vieler Beziehung **mehr als ein Primus inter pares.** Seine Aufgabe, „die Senatsgeschäfte zu leiten, für wichtige Staatsangelegenheiten persönlich einzutreten und grundlegende Arbeiten zu fördern", wird in vielen Fällen dazu führen, daß er namens des Senats, allerdings vorbehaltlich dessen endgültiger Billigung, handelt. Der Senat hat bei seinem Präsidenten einen „Planungsstab" geschaffen, um ihm die Wahrnehmung dieses VerfAuftrags zu ermöglichen.

4. Wenn weder der Erste noch der Zweite Bürgermeister anwesend sind, werden sie durch den dienstältesten Senator vertreten.

Artikel 42

(1) Die Senatoren tragen nach einer vom Senat zu beschließenden Geschäftsverteilung die Verantwortung für die einzelnen Verwaltungsbehörden und Senatsämter. Sie haben dem Senat zur Beschlußfassung vorzulegen:

1. **alle an die Bürgerschaft zu richtenden Anträge;**
2. **Angelegenheiten, die mit Organen des Bundes oder anderer Länder verhandelt werden;**
3. **Angelegenheiten, für welche die Entscheidung des Senats durch die Verfassung oder ein Gesetz vorgeschrieben ist;**
4. **Angelegenheiten, die von grundsätzlicher oder allgemeiner Bedeutung sind oder die gesamte Verwaltung betreffen;**
5. **Meinungsverschiedenheiten über Fragen, die den Geschäftsbereich mehrerer Verwaltungsbehörden oder Senatsämter berühren.**

(2) Der Senat faßt seine Beschlüsse mit Stimmenmehrheit; jedem Senator steht es frei, seine abweichende Auffassung in die Niederschrift aufnehmen zu lassen. Bei Stimmengleichheit entscheidet die Stimme des Vorsitzenden.

1. Die Verwaltungsbehörden und Senatsämter werden von der Verf. als vorhanden vorausgesetzt. Sie überläßt die Gliederung der Verwaltung dem Ges. (Art. 57). Bei der Abgrenzung der Zuständigkeit gemäß Art. 57 Satz 2 und durch die Geschäftsverteilung hat der Senat Einfluß auf den Inhalt der einzelnen „Ressorts". Nicht die Bgsch. bestimmt bei der Wahl eines Senators, welches Ressort er leiten soll, sondern **der Senat**, der **bei der Verteilung der Geschäfte frei** ist und sie auch jederzeit ändern kann. Sie wurde bisher in ständiger Praxis, wie die Wahl des Bgm., bei der die Verf. es vorschreibt (Art. 41), **für ein Kalenderjahr** beschlossen (GeschO des Senats v. 11. 1. 1972 § 5 Abs. 1).

2. Die **Senatoren** sind einzeln **sowohl dem Senat** als Kollegium **wie der Bgsch.** für den ihnen durch die Geschäftsverteilung übertragenen Bereich **verantwortlich.** Dabei können einem Senator auch mehr als eine Verwaltungsbehörde oder Senatsämter übertragen werden und andererseits auch mehrere Senatoren für eine Behörde vorgesehen werden. Die Geschäftsverteilung braucht nicht jedem Senator eine Behörde zuzuweisen, es sind Senatoren ohne Geschäftsbereich denkbar. Der **Präsident** des **Senats** hat seit längerer Zeit immer nur ein oder mehrere Senatsämter verantwortlich geleitet, mindestens die Senatskanzlei. Der **Bevollmächtigte beim Bund** ist mit dem bei ihm tätigen Personal in die Senatskanzlei eingegliedert. In dieser Eigenschaft hat er also weder die Verantwortung für eine Verwaltungsbehörde, noch für ein Senatsamt. Er könnte aber daneben für eine Behörde zuständig sein.

Die Praxis hat sich dahin entwickelt, daß der Präsident des Senats nur für Senatskanzlei und Staatsarchiv, jeder Senator nur für eine Verwaltungsbehörde verantwortlich ist. Gelegentlich ist ein Senator neben einer Verwaltungsbehörde außerdem noch für ein Senatsamt verantwortlich. Der Bevollmächtigte hat z. Z. weder eine Verwaltungsbehörde noch ein Senatsamt. Keine Verwaltungsbehörde hat z. Z. mehr als einen verantwortlichen Senator, abgesehen von der durch die Geschäftsverteilung geregelten Stellvertretung.

3. Der einzelne **Senator** ist in der Leitung seines Fachbereichs **unabhängig und selbständig.** Er ist **aber an Beschlüsse des Senats gebunden** auch dann, wenn es sich nicht um einen Fall des Abs. 1 Ziff. 1 bis 5 handelt, da der Senat jede Entscheidung an sich ziehen kann — „Evokationsrecht" (§ 1 Abs. 4 VerwBehG i. d. F. v. 30. 7. 1952, BL I 2000-1, Vorbem. 2 zu Art. 55).

4. Gegenüber der Bgsch., dem **Bund** und den **anderen Ländern** kann **nur der Senat** auftreten, die einzelnen Senatoren nur in seinem

Auftrag als seine Vertreter. Deswegen müssen solche Angelegenheiten ihm vorgetragen werden. Das gilt nicht nur für Anträge an die Bgsch., sondern auch für Mitteilungen, die keine Anträge enthalten (GeschO Sen. § 10 Ziff. 1 bis 4). Bei Angelegenheiten, die mit dem Bund oder anderen Ländern verhandelt werden, beschließt der Senat tatsächlich nur, wenn es zu Vereinbarungen irgendwelcher Art führen soll und nicht bei „Angelegenheiten, die zum laufenden Gang der Verwaltung gehören" (GeschO Sen. § 10 Ziff. 5 und 6). Bei einer Neufassung der Verf. könnte die Ziff. 2 ersatzlos gestrichen werden, weil die übrigen Ziffern die gegenwärtige Praxis decken und gewährleisten würden.

5. Nach ständiger Hmb. Staatspraxis kann der Senat andererseits seine Angelegenheiten auch in Abteilungen, in Senatskommissionen oder durch einzelne Senatoren oder Sachbearbeiter erledigen lassen.

Es bedarf also nicht immer einer Plenarentscheidung des Senats, wenn eine Angelegenheit „vom Senat" zu entscheiden ist (Wulff, Anm. 5 zu Art. 38). Nach außen tritt auch in solchen Fällen der Senat auf.

a) Es gibt **Senatskommissionen,** zusammengesetzt aus Senatoren und Staatsräten, **die** als Kollegium **für den Senat entscheiden** gem. § 4 Abs. 3 der GeschO des Senats wie die für den Verwaltungsdienst, für Verwaltungsbeschwerden, für das Gnadenwesen, für die Benennung von Verkehrsflächen, „Kongreßgebäude" **und solche mit beratender Funktion** (zur Festlegung der Geschäftsverteilung und GeschO des Senats, für Raumplanung, Industrie und Gewerbe, für Katastrophenschutz und zivile Verteidigung, für die Internationale Gartenbauausstellung 1973, für allgemeine Fragen des innerstädtischen Verkehrs, zur Überprüfung des Verwaltungsaufbaus, für Energiewirtschaft, „Hafeninvestitionen", für Umweltschutz, „Schulbaugesellschaft"). Die vorhandenen Senatskommissionen ergeben sich, wie die Senatsämter, aus dem jährlichen Geschäftsverteilungsplan des Senats. Es gehört zur Praxis des Senats, auch für vorübergehende Aufgaben ad hoc Senatskommissionen einzusetzen.

b) **Senatsbeschlüsse im Verfügungswege** durch einzelne Mitgl. des Senats gemäß § 16 Abs. 1 GeschO Sen. gelten gemäß § 16 Abs. 3 als Beschlüsse des Senatskollegiums. HansOLG 1 U 33/63 Baul. v. 20. 3. 1964 hat mit Recht darauf hingewiesen, daß es sich hierbei nicht um eine Delegation von Zuständigkeiten, sondern um ein organisationsrechtliches Mandat handle

(a. a. O. 72) und folgende vom Ersten Bürgermeister unterzeichnete Verfügung für rechtsgültig erklärt:

„Der Senat beschließt, das von der Bürgerschaft ... verabschiedete Gesetz ... auszufertigen und im Hamburgischen Gesetz- und Verordnungsblatt zu verkünden."

BGH (III ZR 83/64) v. 16. 3. 1967 führt in der Revisionsentscheidung dazu aus, daß es unbedenklich sei und namentlich nicht mit einem höherrangigen Prinzip der Rechtsstaatlichkeit in Widerspruch stehe, wenn der Senat in seiner GeschO bestimme, daß unter den dort näher bezeichneten Voraussetzungen eines oder mehrere seiner Mitgl. für ihn handeln dürfen (40/41).

Auch Senatssyndici können in den durch die GeschOSen. (§ 16) vorgesehenen Fällen Senatsbeschlüsse im Verfügungswege erlassen (Art. 47 Bem. 5, Ipsen 294). HmbOVG (OVG Bs. I 13/71) v. 5. 5. 1971 hat daher zutreffenderweise den von dem Senatssyndicus des Senatsamts für den Verwaltungsdienst mit dem Zusatz „Für den Senat" unterschriebenen Senatsbeschluß im Verfügungswege, mit dem ein Beamter auf Widerruf entlassen wurde, unter Würdigung der gegenteiligen Auffassung des Gutachtens von Thieme (DÖV 71 145 f.) für rechtsgültig erklärt. Ebenso HmbOVG Bs. II 28/70 v. 3. 8. 1970 und Bs. I 39/71 v. 28. 7. 1971 sowie — entgegen dem eingereichten Gutachten von Ule (MDR 72 813 f.) — HmbDisziplinarhof F 1/72 (MDR 72 Heft 10, 813 Fußnote) bezügl. eines vom Senatssyndicus der Senatskanzlei erlassenen Beschlusses mit dem Wortlaut:

„Der Senat beschließt, gegen den Regierungsobersekretär ... wird nach den §§ 3,28 und 29 des HmbDisziplinarGes. das förmliche Disziplinarverfahren eingeleitet ...

Für den Senat".

c) **Abteilungen** sind in der GeschOSen. § 4 vorgesehen. Weder unter der Geltung der VorlVerf. noch seit Inkrafttreten Verf. 1952 hat der Senat Abteilungen gebildet.

d) Der Senat kann bestimmte **Befugnisse** auf eine Behörde oder ein Senatsamt **delegieren.**

6. Die **Verhandlungen und Protokolle** des Senats sind **vertraulich.** Ohne Zustimmung des Senats dürfen weder Einzelheiten der Beratung noch das Abstimmungsverhältnis in die Öffentlichkeit dringen. Ein Senator, der seine abweichende Stellungnahme in die Niederschrift hat aufnehmen lassen, muß jedoch das Recht haben, auch

Dritten gegenüber diese abweichende Stellungnahme bekanntzugeben, wenn er wegen dieses Beschlusses zurückgetreten ist oder nach seinem Rücktritt für den Beschluß verantwortlich gemacht wird.

7. Den **Stichentscheid** hat nicht nur der Erste Bürgermeister, wenn er selbst den Vorsitz führt, sondern gegebenenfalls auch der Zweite Bürgermeister oder der dienstälteste Senator. Der Stichentscheid erfolgt in der Weise, daß der Vorsitzende nach Feststellung der Stimmengleichheit erneut seine jetzt entscheidende Stimme abgibt. Er kann sich nach der Geschäftsordnung des Senats diese Stimmabgabe bis zur nächsten Sitzung vorbehalten. In Abteilungen des Senats oder in Senatskommissionen hat der Vorsitzende keinen Stichentscheid. Bei Stimmengleichheit muß eventuell das Plenum entscheiden.

8. GeschOSen. § 14 sieht für den **Präses der FinBeh.** ein **Widerspruchsrecht** gegen Beschlüsse vor, die gegen seine Stimme ergangen sind. Die Abstimmung wird dann in einer späteren Sitzung wiederholt. Zwischen beiden Abstimmungen sollen mindestens sechs Tage liegen. Gegen die Stimme des Präses der FinBeh. kann nur mit der „Mehrheit des gesamten Senats" beschlossen werden. Das Erfordernis der „absoluten Mehrheit" dürfte mit Art. 42 Abs. 2 nicht zu vereinbaren sein, der „Stimmenmehrheit", d. h. Mehrheit der Anwesenden vorsieht.

Artikel 43

Der Senat vertritt die Freie und Hansestadt Hamburg gegenüber der Bundesrepublik Deutschland, den deutschen Ländern und dem Ausland. Ihm obliegt die Ratifikation der Staatsverträge. Sie bedarf der Zustimmung der Bürgerschaft, sofern die Verträge Gegenstände der Gesetzgebung betreffen oder Aufwendungen erfordern, für die Haushaltsmittel nicht vorgesehen sind.

1. Die FHH hat wie die anderen Länder kein eigenes Staatsoberhaupt. Die **Funktionen des Staatsoberhauptes,** die im Bund durch den Bundespräsidenten wahrgenommen werden (Art. 59, 60, 82 GG) **stehen** in Hmb. **dem Senat,** dem Kollegium, nicht einem Einzelnen **zu.** Ebenso Bremen Art. 118 und Nordrhein-Westf. Art. 57 für die Vertretung nach außen. In Baden-Württ. (Art. 50), Bayern (Art. 47 Abs. 3), Berlin (Art. 43), Hessen (Art. 103), Niedersachsen (Art. 26), Rheinland-Pfalz (Art. 101) und Schleswig-Holstein (Art. 25 Abs. 1) vertritt der MinPräs. bzw. der Regierende Bgm. das Land nach außen, nimmt also eine wesentliche Funktion des Staatsoberhauptes

wahr. Der Senat kann sich sowohl beim Abschluß wie bei der Ratifikation durch einen oder mehrere Bevollmächtigte vertreten lassen. Sachlich zuständig zur Vertretung des Senats wird in der Regel der Präsident sein, zu dessen Aufgaben stillschweigend die Wahrnehmung der **„auswärtigen Beziehungen“** Hmbs. gehört.

2. Die **Verhandlungs- und möglichen Vertragspartner** führt der Abs. 1 Satz 1 auf: Die Bundesrepublik, die deutschen Länder und auswärtige Staaten. **Verträge mit dem Ausland** sind im Rahmen des Art. 32 Abs. 3 GG zulässig, d. h. „soweit die Länder für die Gesetzgebung zuständig sind“. Sie bedürfen der Zustimmung der Bundesregierung. BTag und BRat wirken dabei nicht mit (BVerfGE 2 370). **Konkordate** fallen nicht unter diese Regelung. Die Länder sind ausschließlich zuständig, auch soweit es sich um die Durchführung des Reichskonkordats handelt (BVerfGE 6 362).

3. GG Art. 59 Abs. 2 Satz 1 schreibt für die Zustimmung zu einem völkerrechtlichen Vertrag die Form eines Ges. vor. Das gilt auch dann, wenn der Vertrag zu seiner Durchführung keiner Umsetzung in innerdeutsches Recht bedürfte („politische Beziehungen des Bundes“). Die hmb. Verf. sieht das nicht vor. Die **Zustimmung zur Ratifikation** eines Vertrages, für dessen Durchführung „Haushaltsmittel nicht vorgesehen sind“ kann daher durch formlosen Beschluß erfolgen. Das gleiche gilt, wenn die „Transformation“ in hmb. Recht durch ein besonderes Gesetz geschieht, getrennt von der Zustimmung.

Es handelt sich bei der „Zustimmung“ oft um zwei selbständige Handlungen, die zuweilen durch einen Akt, ein Gesetz, vorgenommen werden, nämlich:

1. die **Zustimmung,** einen „Regierungsakt“ (BVerfGE 1 396). Sie ist schon nach gemeindeutschem Recht erforderlich bei Verträgen, die Gegenstände der Gesetzgebung betreffen (BVerfGE 4 276);
2. die **Umsetzung in hmb. Recht.**

Beide Akte können auch getrennt vorgenommen werden.

Die Bgsch. kann einem Staatsvertrag nur zustimmen oder ihn ablehnen. Sie kann einen Vertrag nicht ändern. Über die Verweigerung der Zustimmung könnte sie naturgemäß auch eine Änderung des Inhalts erzwingen.

4. Das GG unterscheidet in Art. 59 zwischen völkerrechtlichen Verträgen und Verwaltungsabkommen. Die **Verwaltungsabkommen** bedürfen nicht der Zustimmung von Gesetzgebungsorganen, weil sie keine neuen Rechtssätze für den Bürger schaffen. Die gleiche Rechtslage gilt auch für das hmb. Recht, obgleich die hmb. Verf. die Verwaltungsabkommen nicht erwähnt.

5. Die Zustimmung der Bgsch. zu einem Vertrag ist nicht die Ratifikation, wie im Sprachgebrauch oft gesagt wird. Die **Ratifikation** erfolgt durch den Senat. Die Zustimmung der Bgsch. ist in den Fällen, wo sie erforderlich ist, nur die Voraussetzung für die Ratifikation durch die Landesregierung.

Die Ratifikation erfolgt mit folgendem Wortlaut:

„Ratifikationsurkunde

Der Senat der Freien und Hansestadt Hamburg beurkundet hiermit die Ratifikation des am ... von
unterzeichneten Staatsvertrages über ...", der folgenden Wortlaut hat: ...

Zur Beglaubigung ist diese Ratifikationsurkunde von dem Präsidenten des Senats unterzeichnet und mit dem Staatssiegel versehen worden.

Hamburg, den ... Der Präsident des Senats"

Wenn der Vertrag mit einem Vertragspartner abgeschlossen ist, wird ihm die Ratifikationsurkunde übersandt. Sind mehrere Vertragspartner vorhanden, bestimmt der Vertrag in der Regel, daß die Ratifikationsurkunden bei einem von ihnen zu hinterlegen sind und ob der Vertrag erst in Kraft tritt, wenn alle Ratifikationen erfolgt sind oder schon für diejenigen, die ratifiziert haben, vorher.

6. Die Bestellung der **Vertreter Hmbs. für den BRat** ist kein Fall des Art. 43. Art. 51 GG regelt diese Frage abschließend. Danach bestellt der Senat drei Senatoren zu Mitgliedern des BRats und in der Regel alle anderen Senatoren zu StellvMitgl. Zu den Mitgl. des BRats gehört nach hmb. Staatspraxis der Senator, der als Bevollmächtigter der FHH bei der Bundesregierung tätig ist. Bei den deutschen Ländern bestehen keine Vertretungen mehr.

7. Die **Zulassung von Konsuln** durch die BR Deutschland ist nicht an die Zustimmung des Sitzlandes gebunden. Die Bundesregierung holt aber die Zustimmung vorher ein, erteilt das **„Exequatur"**, das in Hmb. durch den Senat in Schriftform ausgehändigt wird mit der Mitteilung, daß der Senat seine Zustimmung dazu erteilt hat.

Artikel 44

(1) Dem Senat steht das Begnadigungsrecht zu.

(2) Amnestien bedürfen eines Gesetzes. Strafverfahren darf der Senat nur auf Grund gesetzlicher Ermächtigung niederschlagen.

1. Das **Recht zur Begnadigung** steht in der Regel dem Staatsoberhaupt zu, z. B. im Bunde dem Bundespräsidenten (GG Art. 60 Abs. 2 — BVerfGE 2 219). In den meisten Ländern übt der MinPräs. das Recht aus (Bayern Art. 47 Abs. 4, Baden-Württ. Art. 52, Hessen Art. 109, Niedersachsen Art. 27, Nordrhein-Westf. Art. 59 Abs. 1 Satz 1, Rheinl.-Pfalz Art. 103, Schlesw.-Holstein (Art. 27). In Bremen (Art. 121) und in Berlin (Art. 68) steht das Recht zur Begnadigung wie in Hamburg dem Senat zu. In Berlin muß der Senat bei der Ausübung des Rechts einen vom „Abgeordnetenhaus gewählten Ausschuß für Gnadensachen" hören. In Nordrhein-Westf. hat der Landtag das Recht zur Begnadigung, wenn es sich um Mitglieder der Landesregierung handelt. Im Saarland (Art. 95 Abs. 2) wird „die Ausübung des Gnadenrechts durch Gesetz geregelt" (VO v. 2. 3. 1948 Bereinigtes saarländisches Landesrecht 313-1). **Gnadenentscheidungen** des Senats erfolgen in der Regel durch die Senatskommission für das Gnadenwesen (Bem. 5 a zu Art. 42) oder durch Senatsbeschluß im Verfügungswege (Bem. 5 b zu Art. 42). Über die Anordnung des Senats von 1962 zur Ausübung des Begnadigungsrechts vgl. AmtlAnz. 1962 1231.

2. Das Recht zur Begnadigung steht Hmb. zu für alle Strafen, die in einem Verfahren ausgesprochen werden, dessen erste Instanz ein hmb. Gericht, auch wenn die letzte Instanz ein Gericht des Bundes war. Es bezieht sich auch auf Dienststraf-, Ehrengerichts- und Ordnungsstrafen. Erlassen oder gemildert werden können auch Maßnahmen der Sicherung und Besserung, auch Strafen und Bußen, die andere Behörden ausgesprochen haben (z. B. Finanzämter, Bußgeldstellen usw.) und Strafen, die in Zivilprozessen verhängt werden.

3. Das Recht zur Gnade setzt eine rechtskräftige Entscheidung voraus. Solange noch ein Rechtsmittel möglich ist, kann kein Gnadenakt erfolgen; es würde sich um einen Eingriff in ein schwebendes Verfahren handeln.

4. Die Entscheidung über ein Gnadengesuch ist kein Verwaltungsakt, sondern ein Staatshoheitsakt, der nicht vor dem Verwaltungsgericht oder einem anderen Gericht angefochten werden kann. „Die Gnade ist ein Akt der Barmherzigkeit und des Wohlwollens, und ihr Wesen liegt gerade darin, daß sie vom Recht absieht" (OVG Hamburg JZ 1961 165 mit Literatur- und Rechtsprechungsangaben. Ebenso BVerwG NJW 1962 1410 und die herrschende Meinung, a. A. Dürig JZ 1961 166, Maunz-Dürig Art. 19 Rdnr. 27). Deswegen

bedürfen Gnadenentscheidungen keiner Begründung. Im BVerfGer. hat es im entscheidenden Senat Stimmengleichheit hinsichtlich der Frage gegeben, ob der Rechtsweg gegen einen ablehnenden Gnadenentscheid gegeben ist (BVerfGE 25 357). Deswegen ist ein Verstoß gegen Art. 19 Abs. 4 GG durch das OLG München, das den Rechtsweg für unzulässig erklärt hatte, nicht festgestellt worden. Die vier Richter, die den Rechtsweg für zulässig halten, würden eine Verletzung des Antragstellers aber nur dann annehmen, „wenn das Begnadigungsrecht durch willkürliche Handhabung mißbraucht wird". Diese Frage müsse aber von einem Gericht geprüft werden können.

Den **Widerruf eines Gnadenaktes** während einer Bewährungsfrist oder wegen Nichterfüllung von Auflagen oder die Nichtbewilligung einer Gnade nach Ablauf einer Bewährungsfrist hält das BVerfG für justitiabel (BVerfGE 30 108 ff.).

5. Die Bgsch. ist an der Ausübung des Gnadenrechts nicht beteiligt. Sie kann den Senat nur politisch beeinflussen z. B. durch ein Mißtrauensvotum oder die Drohung damit. Der Senat braucht auch ihr gegenüber seine Entscheidungen nicht zu begründen (Bem. 2 zu Art. 24).

Im Jahre 1931 hat die Bgsch. einen von Senator Dr. Nöldeke allein getroffenen Gnadenentscheid einmütig mißbilligt, und der Senator ist deswegen zurückgetreten (StenBer. 1931, 15. Sitzung 704, 705, 748 ff.). Es traten zwar gleichzeitig zwei weitere Senatoren zurück, aber aus den Umständen ergab sich, daß Nöldeke damit die Konsequenz aus der Mißbilligung seiner Entscheidung zog.

6. Hmb. Ges. auf Grund des Abs. 2, durch die Straffreiheit für bestimmte Straftaten oder für Straftaten in einer angegebenen Zeit oder für einen abstrakt bestimmten Personenkreis gewährt wurde **(Amnestien)** oder durch die Strafverfahren niedergeschlagen wurden **(Abolition)**, sind bisher nicht erlassen. Keine Amnestie liegt in der Praxis des Senats im Wege der Einzelbegnadigung, den Strafrest in allen Fällen zu erlassen, wo die Strafe in einer Zeit von kurz vor Weihnachten bis kurz nach Neujahr enden würde. Gesetze, die eine Amnestie oder eine Abolition gewähren, sind kein Ausfluß des Gnadenrechts, sondern eine Ausübung der Gesetzgebung über den Strafprozeß und den Strafvollzug (BVerfGE 2 221 und 10 238 ff.). Daher sind Bundesgesetze, die Straffreiheit oder Niederschlagung in solchen Verfahren gewähren, die in erster Instanz vor einem Gericht des Landes anhängig waren oder sind, rechtmäßig.

Artikel 45

(1) Der Senat ernennt, befördert und entläßt die Beamten. Er kann dieses Recht auf andere Stellen übertragen.

(2) Die Ernennung und Beförderung der Beamten erfolgt auf Vorschlag eines Ausschusses, der aus drei Beamten des höheren Dienstes und vier bürgerlichen Mitgliedern besteht. Die bürgerlichen Mitglieder werden durch die Bürgerschaft auf die Dauer von drei Jahren berufen.

1. Die Ernennung von Beamten steht traditionell dem Staatsoberhaupt zu. Der Senat nimmt auch hier diese Stellung ein. Die Beförderung ist in Abs. 1 ausdrücklich neben der Ernennung erwähnt, sie ist aber ein Unterfall der Ernennung (Urteil des HmbVerfG v. 23. 10. 1959 zu Art. 18, wo nur die Ernennung erwähnt ist, HVerfG 2/59). Die Formulierung in Art. 45 Abs. 1 ist ein Redaktionsversehen, das dadurch entstanden ist, daß ein selbständiger Abs., der die Beförderung grundsätzlich der Ernennung gleichstellte, gestrichen und durch die Einfügung des Wortes „befördert" in den ersten Satz ersetzt wurde.

2. Die in Abs. 2 vorgesehene sogenannte **Beamtenernennungskommission** kannte schon die VorlVerf. in Art. 15 Satz 2 und 3. Damals bestand der Ausschuß aus drei Oberbeamten und zwei bürgerlichen Mitgliedern, die sämtlich von der Bgsch. auf unbestimmte Zeit gewählt wurden. Die drei Beamten werden jetzt durch den Senat ernannt. Es sind bisher immer drei Senatssyndici (Staatsräte) gewesen. Nur die hmb. Verf. kennt einen derartigen der Ernennung durch die Landesregierung vorgeschalteten Ausschuß. Durch ihn soll die Ernennung von Beamten „objektiviert" werden. Ebenso wie bei den RiWahlA, die auch andere Verf. kennen, soll gewährleistet werden, daß die Personalentscheidungen nach sachgerechten Gründen erfolgen und kein Protektionismus möglich ist.

BVerfG (BVerfGE 9 283) erwähnt bei der Aufzählung der Verfassungsbestimmungen über die Beamtenernennung diesen Ausschuß und nennt ihn einen **„Sonderfall verstärkter parlamentarischer Kontrolle der Beamtenernennungen"**. Damit hat es stillschweigend diesen Ausschuß für verfassungskonform gehalten, anders als die in der gleichen Entscheidung behandelte „Einigungsstelle" des brem. Rechts.

3. Die Verwaltungsbehörden und Ämter legen die von ihnen gewünschten Ernennungen und Beförderungen über das Senatsamt für

den Verwaltungsdienst dem Ausschuß vor, der dann darüber entscheidet, ob er diese Anregungen als seine Vorschläge übernimmt. Es sind nur selten Fälle vorgekommen, in denen er die Vorschläge nicht als seine weitergegeben hat. Gelegentlich hat der Ausschuß weitere Aufklärungen von den Behörden verlangt und Grundsätze für Beförderungen besonderer Art aufgestellt. Der Ausschuß hat neben dem Senatsamt für den Verwaltungsdienst durch seine Tätigkeit dazu beigetragen, daß Personalangelegenheiten nach einheitlichen Grundsätzen in der gesamten Verwaltung behandelt werden.

Artikel 46

Der Senat nimmt die dem Staate zu leistenden Eide ab, soweit die Gesetze nichts anderes bestimmen. Er kann die Abnahme von Eiden anderen Stellen übertragen.

Der Senat nimmt den Diensteid von Beamten von der BesGr. A 15 und H 3 aufwärts selbst ab (AnO des Senats über die Vereidigung von Beamten vom 27. 4. 1971, MittVw. v. 3. 6. 71). Bei anderen Beamten ist die Vereidigung auf die einzelnen Senatoren, die Bezirksamtsleiter, Präsidenten usw. übertragen. Soweit der Senat vereidigt, geschieht das vor dem Plenum zu Beginn einer der üblichen Sitzungen. Richter werden nach § 2 des HmbRiG v. 15. 6. 1964 (GVBl. 109, LS 312-a) vor einem Senat des HansOLG vereidigt.

Andere Eide als die der Beamten und Richter kommen praktisch nicht vor. Die Senatoren (Art. 38) und die Richter des HmbVerfG (§ 7 des Ges. über das HmbVerfG v. 2. 10. 1953 (BL I 1103-a) leisten den Eid vor der Bgsch.

Artikel 47

(1) Der Senat kann zu seiner Beratung und zur Bearbeitung seiner Angelegenheiten beamtete Senatssyndici ernennen. Sie sollen in der Regel die Befähigung zum höheren Verwaltungsdienst besitzen. Artikel 45 Absatz 2 findet keine Anwendung.

(2) Die Senatssyndici nehmen, wenn der Senat im Einzelfall nichts anderes beschließt, an seinen Sitzungen mit beratender Stimme teil.

(3) Werden einem Senatssyndicus Aufgaben innerhalb einer Verwaltungsbehörde oder eines Senatsamtes übertragen, so ist er insoweit unbeschadet des Absatzes 2 an die Weisungen des zuständigen Senators gebunden.

1. Die Senatssyndici führen auf Grund des HmbBesG (GVBl. 1970 213, LS 2032-c) die Amtsbezeichnung **„Staatsrat“** wie unter Verf. 1921 (Art. 50) und in Bremen. Die Bezeichnung „Syndicus“ findet sich in Hmb. zuerst im Jahre 1436 (Ewald, Der hamburgische Senatssyndicus, 1954 2 ff.). Seit 1546 gab es ständig mindestens einen Syndicus. Die Bezeichnung wechselte: „Syndicus, Ratssyndicus, Senatssyndicus“. Bis 1920 waren sie keine Beamte im Sinne des hmb. Beamtenrechts, aber seit 1860 — vereinzelt auch schon früher — auf Lebenszeit angestellt.

2. Die **Stellung der Senatssyndici** (als Dienststellung bleibt diese Bezeichnung erhalten) gleicht weitgehend derjenigen der beamteten Staatssekretäre der anderen Länder. Die Entwicklung ist dahin gegangen, daß jeder Staatsrat in einer oder mehreren Behörden oder einem Senatsamt die Stellung des leitenden Beamten einnimmt. Die Stellung als Berater des Senats gibt ihnen aber das Recht und die Möglichkeit, bei den Beratungen des Senats auch eine andere Meinung geltend zu machen als der für das gleiche Fachgebiet zuständige Senator, der gemäß Abs. 3 innerhalb der Behörde oder des Amtes Weisungen erteilen könnte.

3. Senatssitzungen ohne Teilnahme der Staatsräte (in senatu) sind selten, kommen aber vor.

4. Die **Zahl** der Staatsräte wird durch den Stellenplan festgelegt (z. Z. neun).

5. Art. 47 Abs. 1 Satz 1 bildet die verfassungsrechtliche Grundlage, daß die Senatssyndici nach den Bestimmungen der GeschO des Senats in dafür geeigneten Angelegenheiten — ähnlich wie der „Vertreter im Amt“ eines monokratisch organisierten Organs — an Stelle des Senats tätig werden. (So richtig HmbOVG — OVG Bs. I 39/71 v. 28. 7. 1971, vgl. Bem. 5 b zu Art. 42).

IV.

Die Gesetzgebung

1. Die Gesetzgebung in Hmb. erfolgte seit dem 16. Jahrh. durch einmütigen Schluß von Rat und Erbgesessener Bgsch. (Studt u. Olsen 78, A. Bertram, Gesetz und Bürgerschaftsbeschluß in Hamburg, HansRZ 1926 Sp. 241 ff., Westphalen 13). Verf. 1879 noch schreibt für die Gesetzgebung übereinstimmenden Beschluß von Senat und Bgsch. vor. Erst Verf. 1921 gibt der Bgsch. die legislative

Gewalt, wobei jedoch durch das auch heute (Art. 50) bestehende Einspruchsrecht des Senats (suspensives Veto) diesem ein Mitwirkungsrecht gegeben ist.

2. Der IV. Abschnitt bezieht sich nur auf **Ges. im formellen Sinn** — Ges. im Sinne dieses Abschnittes ist also **„Akt der hamburgischen Legislative"** (s. Anschütz V. Abschnitt 359) — und behandelt in den Art. 53 und 54 auch RechtsVOen. Verf. 1879 hatte unter Gegenstände der Gesetzgebung auch der Bgsch. obliegende Verwaltungsakte aufgezählt. Auch diese Verwaltungsakte sind „Akte der Legislative". Insoweit hatte aber bereits Verf. 1921 die Gesetzesform durch „Beschluß der Bürgerschaft" ersetzt (Bertram a. a. O. Sp. 244, Studt u. Olsen 189). Der **Haushaltsplan** wird in Hamburg nicht wie im Bund durch Ges., sondern durch Beschluß der Bgsch. festgestellt (Art. 66 Abs. 2), wobei in Anbetracht seiner Bedeutung die Vorschriften des Art. 49 Abs. 2 (nicht aber Abs. 3, dessen Anwendung allerdings die GeschO vorschreiben könnte) kraft ausdrücklicher VerfBestimmung Anwendung finden. Grundsätzlich sind daher in Hmb. formelle Ges. auch materielle Ges., also Rechtssätze, jedoch gibt es eine Reihe von Ausnahmen in Gestalt von Ges. lediglich formeller Art. Der Senat bezeichnete die Aufbaupläne als Ges. im formellen Sinne (Verh. 1956 401 f. Nr. 2) und folgte damit der allgemeinen Staatspraxis (a. A. allerdings Bielenberg, DVBl. 1960 544 Anm. 23). An die Stelle des Aufbauplans tritt jetzt auf Grund § 2 des BBauG der Flächennutzungsplan, der durch Beschluß der Bgsch. festgestellt wird und kein Ges. ist (Ges. v. 3. 7. 1961, GVBl. 232, LS 230-f § 1). Der Aufbauplan 1960 (GVBl. 463) gilt als Flächennutzungsplan weiter (VO v. 24. 5. 1961, GVBl. 173, LS 230-e).

Bebauungspläne werden durch Rechtsverordnung des Senats festgestellt. Die Bgsch. hat sich vorbehalten, abweichend von dieser Regelung Bebauungspläne durch Ges. festzustellen (Ges. v. 3. 7. 1961, GVBl. 232, LS 230-f, auf Grund der Ermächtigung in § 188 Abs. 2 BBauG). Sie sind keine Verwaltungsakte, sondern „Normen", die nicht vor den Verwaltunsggerichten angefochten werden können. Früher war der Normencharakter von Bebauungsplänen strittig gewesen. Forsthoff (DVBl. 1957 113) hatte sie als Verwaltungsakte angesehen, aber schon BVerwG v. 3. 5. 1956 (NJW 1956 1849) und BGH v. 17. 10. 1956 (NJW 1956 1873) bezeichneten die Bebauungspläne als Normen und nicht als Verwaltungsakte.

Gesetze, die einen Einzelfall regeln, **„Maßnahmegesetze"**, sind zulässig und unterliegen keiner strengeren verfassungsrechtlichen Prüfung als andere Ges. (BVerfGE 10 108, 25 371 ff. bes. 398). Gegen sie ist die VerfBeschwerde an das BVerfG zulässig, wenn behauptet wird, daß sie ein Grundrecht verletzen (BVerfGE 4 7 ff.).

3. Für die zweite Art eines „Aktes der Legislative", für **Beschlüsse der Bgsch.**, ist grundsätzlich eine zweimalige Lesung nicht erforderlich. Das gilt insbesondere für die Zustimmung der Bgsch. zu einer Änderung von Verkehrstarifen (so Beschluß der Bgsch. v. 11. 7. 1923, StenBer. 855, Mittelstein Bem. 2 zu Art. 52).

Für die **Genehmigung der Tarife** der Hamburger Hochbahn AG sind gemäß § 10 der Verleihungsurkunde v. 3. 7. 1918 Senat und Bgsch. zuständig (Verh. 1918 77 613 617). Deswegen bedürfen die Verkehrstarife des Hamburger Verkehrsverbundes (HVV) auch jetzt noch der Genehmigung der Bgsch. (Verh. 1965 Nr. 190 517). Mit Vorlage v. 20. 2. 1951 (Verh. Nr. 38 44) hat der Senat der Bgsch. mitgeteilt, daß er ihr auch die Tarife der

Hamburgischen Electricitätswerke AG

Hamburger Gaswerke GmbH

Hamburger Wasserwerke GmbH

zur Zustimmung vorlegen werde. An dieser Praxis haben Senat und Bgsch. festgehalten. Die Tarife der übrigen öffentlichen Unternehmen werden wegen ihrer geringen wirtschaftlichen Bedeutung nicht von der Bgsch. genehmigt.

Zweimalige Lesung muß jedoch bei der Feststellung des Haushalts (Art. 66 Abs. 2) und gem. Art. 69 bei solchen Beschlüssen stattfinden, die

a) Anträgen aus der Mitte der Bgsch. stattgeben und Ausgaben erfordern, für die Mittel im Haushaltsplan nicht vorgesehen sind,

b) Anträge des Senats auf Nachbewilligungen ändern.

Auch Art. 69 verweist auf Art. 49 Abs. 2.

4. Die Gesetzgebung steht ausschließlich der Bgsch. und in den Fällen des Art. 31 ihrem Organ, dem BürgA, zu. Der **Volksentscheid** ist nicht wieder eingeführt worden (vgl. Art. 3 Bem. 2), hierzu heißt es im Bericht des VerfA:

„Volksbegehren und Volksentscheid, wie sie in den Art. 53, 58 u. a. der Verf. 1921 vorgesehen waren, sind vom VerfA in Übereinstimmung mit dem SenE nicht wieder übernommen worden. Solange die Verf. 1921 galt, hat weder ein hmb. Volksbegehren noch ein hmb. Volksentscheid stattgefunden. Wo Volksbegehren und Volksentscheid als Haupterscheinungsformen der unmittelbaren Demokratie noch lebendig sind, wie z. B. in der Schweiz und in einer Reihe von Gliedstaaten der USA, beruht dies auf besonderen, geschichtlich begründeten Gegebenheiten. Die Erfahrung in den großen europäischen Demokratien zeigt, daß in einem modernen Staat die notwendig komplizierte Gesetzgebung am besten durch ein gewähltes Parlament erfolgt."

5. Die allgemeine Befugnis zum **Erlaß von RechtsVOen** hat die Verf. dem Senat im Interesse der Trennung von Exekutive und Legislative nicht zugestanden (vgl. Art. 53 Satz 2 des SenE — Sten.-Ber. 52 641 und VerfBer. 655). Soweit Bundes- oder Landesgesetze den Senat nicht gem. Art. 53 zum Erlaß von RechtsVOen ermächtigen, müssen Rechtssätze, die die Allgemeinheit binden (materielle Gesetze), in der Form von Gesetzen ergehen.

Artikel 48

(1) Die Gesetzesvorlagen werden vom Senat oder aus der Mitte der Bürgerschaft eingebracht.

(2) Die Gesetze werden von der Bürgerschaft beschlossen.

Das Vorschlagsrecht für Gesetze, die **Gesetzesinitiative,** liegt beim Senat und bei den Mitgl. der Bgsch. Der einzelne Senator hat kein Initiativrecht, d. h. er kann nicht einen Entwurf für ein Ges. der Bgsch. zur Beschlußfassung vorlegen, sondern hat seinen Antrag dem Senat zu unterbreiten (Art. 42 Abs. 1 Ziff. 1), der seinerseits den Antrag als seinen an die Bgsch. leiten oder ihn ablehnen kann. Auch im weiteren Gesetzgebungsverfahren tritt der einzelne Senator als Beauftragter des Senats, nicht aus eigenem Recht, in der Bgsch. auf.

„Aus der Mitte der Bgsch." bedeutet, daß Abg. beantragen können, daß ein von ihnen vorgelegter Entwurf als Ges. beschlossen wird. Die GeschO kann bestimmen, daß nur mehrere Abg. gemeinsam einen GesAntrag einbringen können und nicht ein einzelner Abg. (BVerfGE 1 153). GeschOBgsch. bestimmt in § 26, daß die erforderliche Zahl durch Beschluß der Bgsch. festgelegt wird (vgl. Bem. 4 zu Art. 25: z. Z. fünf Abg.). Die GeschO dürfte nicht bestimmen, daß GesAnträge aus dem Hause einen bestimmten Inhalt haben müssen, z. B. einen Deckungsvorschlag enthalten müßten, wenn durch den Antrag Kosten verursacht werden, für die im Haushalt keine Mittel vorgesehen sind (BVerfGE 1 159 ff.).

Artikel 49

(1) Gesetzesvorlagen des Senats müssen einer zweimaligen Lesung (Beratung und Abstimmung) unterzogen werden, wenn sich nicht

bei der ersten Abstimmung mindestens zwei Drittel der anwesenden Abgeordneten für die Annahme erklärt haben.

(2) Gesetzesvorlagen, die aus der Mitte der Bürgerschaft eingebracht sind, und Anträge, welche die Änderung von Senatsvorlagen bezwecken, bedürfen in jedem Falle einer zweimaligen Lesung. Zwischen der ersten und der zweiten Abstimmung müssen mindestens sechs Tage liegen. Dem Senat ist das Ergebnis der ersten Lesung unverzüglich mitzuteilen. Mit seinem Einverständnis kann die zweite Lesung zu einem früheren Zeitpunkt stattfinden; auf seinen Antrag ist sie bis zu einem Monat auszusetzen.

(3) Die zweite Lesung darf nur dann am gleichen Tage stattfinden, wenn sich kein Widerspruch erhebt. Widerspruch kann nur von einem Viertel der anwesenden Abgeordneten erhoben werden.

1. Der **Begriff der Lesung** wird durch die Verf. als „Beratung und Abstimmung" definiert. Im Gegensatz zum Verfahren im BTag (§§ 78, 79 der GeschO des BTages) handelt es sich in Hmb. um eine Sachabstimmung, nicht um den Beschluß auf AusschÜberweisung. Die GeschO des BTages sieht drei „Lesungen" vor, wobei die erste Lesung im Einbringen der Vorlage nebst Beschluß auf Überweisung an einen Aussch. bestehen kann. Dieser Vorgang ist nach Terminologie der hmb. Verf. noch keine Lesung i. S. Art. 49; vielmehr beginnt die erste Lesung erst mit der Beratung des endgültigen AusschEntwurfs, bei einer Rückverweisung an den Aussch. also erst nach der erneuten Vorlage.

2. Zum Begriff des Ges. vgl. Vorbem. 2 zu Art. 48. Abs. 1 behandelt die GesVorlagen des Senats, Abs. 2 diejenigen, die aus der Mitte der Bgsch. stammen oder aber als Abänderungsanträge zu GesVorlagen des Senats gestellt sind.

3. Die Bestimmungen des Abs. 2 sollen übereilte Beschlüsse der Bgsch. verhindern. Dem Senat wird hierbei in beschränktem Umfange — insbesondere durch das suspensive Veto (Art. 50) — eine an eine zweite Kammer erinnernde Stellung eingeräumt.

4. Abs. 3 führt einen **Minderheitsschutz** in der Bgsch. ein. Das Widerspruchsrecht eines Viertels der anwesenden Abg. erscheint dem in Abs. 2 vorgesehenen Widerspruchsrecht des Senats nebengeordnet. Es bezieht sich nach der systematischen Stellung der Vorschrift sowohl auf GesVorlagen des Senats (Abs. 1), soweit hier überhaupt eine zweite Lesung erforderlich ist, als auch auf solche aus der Mitte der Bgsch. (Abs. 2).

Artikel 50

Der Senat hat das Recht, gegen ein von der Bürgerschaft beschlossenes Gesetz innerhalb eines Monats unter Darlegung der Gründe Einspruch zu erheben. Alsdann ist die Beschlußfassung der Bürgerschaft zu wiederholen. Das Gesetz tritt nur in Kraft, wenn ihm bei der erneuten Lesung die Mehrheit der gesetzlichen Mitgliederzahl zustimmt.

1. Dem Senat ist ein **suspensives Veto** gegeben. Die Vorschrift, die der des Art. 53 Verf. 1921 nachgebildet ist, erinnert an die frühere Stellung des Senats als zweite Kammer und dient ebenfalls der Verhinderung übereilter Beschlüsse des Parlaments.

Der Senat hat damit eine starke Stellung innerhalb der Gesetzgebung. Er kann zunächst die zweite Lesung eines Ges. gem. Art. 49 Abs. 2 ohne Begründung auf einen Monat aussetzen lassen. Ist trotzdem das Ges. von der Bgsch. beschlossen worden, so hat er vom Tage der Beschlußfassung an eine weitere Frist von einem Monat zur Erhebung eines Einspruchs, wobei auch die Begründung des Einspruchs innerhalb der Frist bei der Bgsch. eingegangen sein muß. Nach Eingang des Einspruchs hat die Bgsch. erneut Beschluß zu fassen, aber nur in einer Lesung. Folgerichtig spricht der Text daher von „der erneuten Lesung", bei der die Mehrheit der gesetzlichen Mitgliederzahl, also z. Z. mindestens 61 Abg., zustimmen müssen, um ein „endgültig beschlossenes Gesetz" i. S. des Art. 52 zu schaffen.

2. Die Bestimmung findet auch auf Ges. Anwendung, die auf Senatsvorlagen beruhen.

Artikel 51

Zu einem die Verfassung ändernden Gesetz sind zwei übereinstimmende Beschlüsse der Bürgerschaft erforderlich, zwischen denen ein Zeitraum von mindestens dreizehn Tagen liegen muß. Beide Beschlüsse müssen bei Anwesenheit von drei Vierteln der gesetzlichen Mitgliederzahl und mit einer Mehrheit von zwei Dritteln der anwesenden Abgeordneten gefaßt werden.

1. Auch die **Verf.** kann im Wege der Gesetzgebung geändert werden. Die Verf. steht daher nicht über der gesetzgebenden Gewalt, sondern **zur Disposition der hmb. Legislative** (s. Anschütz Bem. 1 zu Art. 76). Eine VerfÄnd. darf jedoch den Grundsätzen des republikanischen, demokratischen und sozialen Rechtsstaates, wie das GG

(Art. 28) sie als verfassungsmäßige Ordnung der Länder verlangt, nicht widersprechen. Anderenfalls wäre der Bund berechtigt, das BVerfG anzurufen (Art. 93) oder aber im Wege des Bundeszwanges (Art. 37) in Hmb. einzugreifen.

2. Die Regelung der VerfÄnd. entspricht Art. 55 Verf. 1921. Auch gegenüber verfassungsändernden Ges. hat der Senat das sich aus Art. 49 Abs. 2 ergebende Recht, die zweite Lesung auf einen Monat aussetzen zu lassen und alsdann gem. Art. 50 Einspruch zu erheben. Die besondere Regelung des Art. 51 erschwert eine VerfÄnd. gegenüber einem einfachen Ges. und verhindert, daß die gem. Art. 49 Abs. 2 eher mögliche zweite Lesung vor dem Ablauf von 13 Tagen stattfindet (ebenso Wulff, Bem. 13 zu Art. 55).

3. Die Frist von 13 Tagen ist gewählt, um die zweite Lesung an einem ordentlichen Sitzungstag — in der Regel der Mittwoch jeder zweiten Woche — vornehmen zu können.

4. Die hmb. Verf. schreibt nicht wie Art. 79 GG vor, daß bei einer VerfÄnd. der Wortlaut der Verf. geändert werden muß. Der vom Reichsgericht (JW 1927 2198) geprägte Satz:

> „Für die Wirksamkeit einer VerfÄnd. ist nicht erforderlich, daß sie vom Gesetzgeber ausdrücklich als solche bezeichnet oder gar in die Verfassung als solche aufgenommen wird."

ist daher für das hmb. VerfR nach wie vor gültig. Von dem Text der Verf. abweichende Ges. (**Verfassungsdurchbrechung**) bedürfen der Voraussetzungen des Art. 51.

5. Art. 79 GG verlangt für eine Änderung des GG die Zustimmung von zwei Dritteln aller BTagsAbg. und schreibt nicht vor, wie viele Abg. anwesend sein müssen. Die hmb. Regelung ermöglicht bei einer Bgsch., die aus 120 Abg. besteht, schon 31 Abg., eine VerfÄnd. zu verhindern, wenn sie den Sitzungssaal verlassen. Andererseits können schon 61 Abg. die Verf. ändern, wenn nur 30 Gegner der Änderung im Saal anwesend sind.

Einzelabstimmungen, die der Vorbereitung der Schlußabstimmung dienen, also z. B. Abstimmung über einzelne Sätze oder Absätze oder bei Änderung mehrerer Artikel über einzelne Artikel bedürfen nicht der qualifizierten Mehrheit des Art. 51. Aber beide Schlußabstimmungen, also „die VerfÄnd." bedürfen einer Anwesenheit von drei Vierteln und der Zustimmung von zwei Dritteln der anwesenden Abg.

Artikel 52

Der Senat hat die endgültig beschlossenen Gesetze innerhalb von vierzehn Tagen auszufertigen und im Hamburgischen Gesetz- und Verordnungsblatt zu verkünden.

1. „**Endgültig beschlossen**" ist ein Ges., gegen das von niemand mehr Einspruch eingelegt werden kann, insbesondere also nach Ablauf der einmonatigen Frist des Art. 50. Von diesem Zeitpunkt an läuft die Frist von vierzehn Tagen. Verkündet der Senat früher, so verzichtet er damit auf ein Einspruchsrecht. HansOLG (1 U 33/63 Baul.) läßt im Urteil v. 20. 3. 1964 die Frist schon mit dem Beschluß der Bgsch. beginnen und hält eine spätere Verkündung für unwirksam (S. 57). Wegen der Frist des Art. 50 kann der Senat jedoch nicht verpflichtet sein, das Ges. schon nach vierzehn Tagen zu verkünden. Auch eine verspätete Verkündung muß trotz des Wortlauts „hat zu verkünden" wirksam sein, weil sowohl Gesetzesbeschluß als auch Verkündung, die beiden wesentlichen Merkmale eines Gesetzes. vorliegen.

2. Der Senat erhält den **Text** eines beschlossenen Ges. von der Bgsch. und darf von dem Wortlaut nicht abweichen (Mittelstein Bem. 2 zu Art. 56), ausgenommen bei etwaigen Druck- oder Schreibfehlern. Die Mitteilung der Bgsch. mit dem beschlossenen GesText ist in den seit 1859 jahrgangsweise gedruckten „Verhandlungen zwischen Senat und Bürgerschaft" enthalten.

3. Für die **Ausfertigung**, also die formelle und authentische Erklärung des staatlichen Gesetzgebungswillens (so Wulff Bem. 5 zu Art. 56 mit Bezugnahme auf Laband), ist verfassungsmäßig eine bestimmte Formel nicht vorgeschrieben (vgl. Bertram a. a. O. Sp. 249). Üblicherweise lautet diese Formel in Hmb.: „Der Senat verkündet das nachstehende von der Bürgerschaft (vom Bürgerausschuß) beschlossene Gesetz: ... Ausgefertigt Hamburg, den ... Der Senat." Bei VerfÄnd. wird in die Verkündungsformel der Nebensatz aufgenommen: „nachdem festgestellt worden ist, daß die Erfordernisse des Art. 51 der Verf. erfüllt sind." Diese ständige Praxis der Ausfertigung und Verkündung ist durch HansOLG v. 28. 2. 1963 (6 U 79/62) und 20. 3. 1964 (1 U 33/63 Baul.) als gültig und im letztgenannten Urteil (78/79) als Gewohnheitsrecht bezeichnet worden.

4. Die **Verkündung** (Publikation) der früher durch einmütigen Beschluß von Rat und Erbgesessener Bgsch. zustande gekommenen Ges. (Vorbem. 1 zu Art. 48) war in Hmb. nicht üblich, die Ges.

waren sofort bindendes Recht (Prinzip der materiellen Publikation). Erst 1851 wurde das hmb. Amtsblatt als abgesonderter Teil des „Hamburgischer unpartheyischer Correspondent" geschaffen und erschien 1887 selbständig (vgl. Bertram a. a. O. Sp. 247, Wulff Bem. 6 zu Art. 56).

5. Das **Hamburgische Gesetz- und Verordnungsblatt** trat gem. Ges. v. 30. 12. 1920 (Amtsblatt 1559) ab 1. 1. 1921 an die Stelle des „Amtsblattes der Freien und Hansestadt Hamburg". Die „Bekanntmachung, betreffend das Hamburgische Gesetz- und Verordnungsblatt" v. 30. 12. 1920 (Amtsblatt 1559) brachte „zur öffentlichen Kenntnis", daß das HmbGVBl. aus einem Hauptblatt und einem Beiblatt besteht, das die Bezeichnung „Amtlicher Anzeiger — Beiblatt zum Hamburgischen Gesetz- und Verordnungsblatt" führt. Es heißt in der Bekanntmachung weiter:

> „Das Hauptblatt wird die Gesetze und Verordnungen der hamburgischen Staatsbehörden enthalten, während das Beiblatt alle übrigen Bekanntmachungen sowie die amtlichen Anzeigen enthalten wird."

Nachdem das HmbOVG — übrigens zu Unrecht — den **Amtlichen Anzeiger** nicht als ordnungsmäßiges Publikationsorgan für Rechtsverordnungen bezeichnete (Urteil v. 20. 6. 1949, MDR 1949 642 ff., vgl. demgegenüber die ständige hmb. Praxis seit 1921 Wulff Bd. 1 Bem. 2 151), gab der Senat durch die „Änderung der Bekanntmachung betr. das Gesetz- und Verordnungsblatt" v. 30. 12. 1949 (GVBl. 289) zur Behebung aller etwaigen Zweifel bekannt:

> „Die beiden Teile des Hamburgischen Gesetz- und Verordnungsblattes erhalten mit Wirkung v. 1. 1. 1950 die Bezeichnung „Hamburgisches Gesetz- und Verordnungsblatt, Teil I" und „Amtlicher Anzeiger, Teil II des Hamburgischen Gesetz- und Verordnungsblattes."
>
> Der Teil I wird wie bisher grundsätzlich alle Veröffentlichungen von dauerndem Wert, insbesondere Gesetze und Verordnungen enthalten, während im Teil II im wesentlichen alle Veröffentlichungen von vorübergehender Bedeutung und die amtlichen Anzeigen erscheinen werden.

Die Bekanntmachung ist nicht in das BL I aufgenommen worden. Das RSammlG § 1 Abs. 1 Ziff. 3 und 5 erklärt beide Teile des GVBl. zu „hmb. Verkündungsblättern".

6. Mit dem Ges. v. 22. 1. 60 (GVBl. 9) ist das hmb. Landesrecht bereinigt worden. Nur solche Ges. gelten weiter, die durch dieses Ges.

ausdrücklich als weitergeltend aufgenommen waren. Das aufrechterhaltene Landesrecht wird daher amtlich zitiert als „Bereinigtes Landesrecht“ (BL). Amtlich werden Ges. und VOen, die später erlassen worden sind, mit ihren Fundstellen im GVBl. zitiert. Da die GesSamml. durch eine Lose-Blatt-Ausgabe fortgesetzt und auf dem laufenden gehalten wird, können auch neuere Ges. in dieser Sammlung (LS) gefunden werden. Amtlich werden Ges. und VOen nicht nach dieser Lose-Blatt-Sammlung, sondern nur nach dem BL und dem GVBl. zitiert. Die Anführung der LS dient lediglich zur Bequemlichkeit. In diesem Kommentar werden beide Fundstellen angegeben.

Durch 2. RSammlG v. 23. 6. 1969 (GVBl. 129) wurde das als hmb. Landesrecht fortgeltende Reichs- und preußische Recht, das nicht vom Kontrollrat erlassene Besatzungsrecht, soweit es durch hmb. Rechtsvorschriften geändert werden konnte, sowie Änderungen dieser Vorschriften durch hmb. Landesrecht aufgehoben mit Ausnahme der in der Anlage zum 2. RSammlG aufgeführten Rechtsvorschriften. Dieser weitere Sonderband zum GVBl. wird zitiert als BL II.

7. Die moderne Gesetzgebung muß insbesondere in Planungsangelegenheiten zur Vermeiudng umfangreicher und möglicherweise mißverständlicher Beschreibungen auf Pläne, Karten, Zeichnungen zurückgreifen. Art. 52 sieht dies nicht vor; es mußte daher eine **Ersatzverkündung zeichnerischer Darstellung durch Niederlegung** im Staatsarchiv zur Einsicht durch jedermann geschaffen werden. Dies ist zunächst mit Ges. über den Aufbau der Hansestadt Hmb. i. d. F. v. 12. 4. 1957, alsdann mit § 2 Ges. über die Feststellung von Bauleitplänen und ihre Sicherung v. 3. 7. 1961 (GVBl. 232, LS 230-f) erfolgt. Beide Vorschriften, die grundsätzlich zulässig sind (HansOLG — 1 U 33/63 Baul. — v. 20. 3. 1964, BGH — III ZR 83/64 — v. 16. 3. 1967 28 ff.), bedurften als Verfassungsdurchbrechungen der verfassungsändernden Mehrheit (Art. 51 Bem. 4). Die Niederlegung der Karten, Pläne oder Zeichnungen muß spätestens gleichzeitig mit der Verkündung des auf sie hinweisenden Textes erfolgen (HansOLG 1 U 148/62 Baul.).

8. **RechtsVOen** werden nach Ges. v. 28. 3. 1955 (BL I 114-a) i. d. F. v. 9. 6. 1969 (GVBl. 103) ebenfalls im GVBl. verkündet, was Art. 54 stillschweigend voraussetzt. Pläne, Karten und Zeichnungen, die Inhalt oder Teil einer RechtsVO sind, können durch Niederlegung im Staatsarchiv mit Hinweis in der RechtsVO verkündet werden (Ersatzverkündung). Wenn „nach dem Ermessen des Senats“ ein be-

sonderer Eilfall oder sonstiger Notstand vorliegt, kann „durch geeignete Nachrichtenmittel, wie Presse, Rundfunk, Lautsprecherwagen oder Maueranschlag, verkündet werden. Die Veröffentlichung im GVBl. ist unverzüglich nachzuholen unter Angabe, wie und wann die „Notverkündung" erfolgt ist.

Artikel 53

(1) Der Senat kann durch Gesetz ermächtigt werden, Rechtsverordnungen zu erlassen. Dabei müssen Inhalt, Zweck und Ausmaß der erteilten Ermächtigung im Gesetz bestimmt werden.

(2) Die Rechtsgrundlage ist in der Verordnung anzugeben. Ist durch Gesetz vorgesehen, daß eine Ermächtigung weiter übertragen werden kann, so bedarf es zur Übertragung einer Rechtsverordnung.

1. Eine VO ist ein Akt der Exekutive. Eine RechtsVO stellt Rechtssätze für die Allgemeinheit auf im Gegensatz zur VerwVO. Der Grundsatz der Gesetzmäßigkeit der Verwaltung erfordert, daß RechtsVOen einer gesetzlichen Grundlage bedürfen. Nichts anderes sagt Art. 53.

2. VOen unterliegen der Prüfung, ob sie im Rahmen der Ermächtigung erlassen sind (Art. 64) und natürlich, ob sie mit der Verf. und Landesgesetzen zu vereinbaren sind (Art. 65 Abs. 2 Ziff. 4). Die Prüfung obliegt im ersten Fall allen Gerichten, im zweiten dem HmbVerfG (Art. 64 Bem. 2, 3).

3. Die Ermächtigung des Senats kann auch in außerhmb. Normen enthalten sein, z. B. in einem Bundesges.

Artikel 54

Gesetze und Verordnungen treten, soweit in ihnen nichts anderes bestimmt ist, mit dem auf die Ausgabe des Hamburgischen Gesetz- und Verordnungsblattes folgenden Tag in Kraft.

Bundesgesetze treten 14 Tage nach Ausgabe des BGBl. in Kraft (Art. 82 GG). Für hmb. Ges. galt früher der Tag der Verkündung (Ges. v. 8. 12. 1851), Verf. 1921 hatte bereits die jetzige Regelung (Art. 56).

V.
Die Verwaltung

1. Die Verwaltung (Exekutive) hatte seit dem 13. Jahrh. der Rat allein in der Hand. Seit dem 16. Jahrh. traten ihm die Deputationen und Kollegien zur Seite (Studt u. Olsen 32, 78, 120, 168, 176, 203).

2. **Der Senat als Oberste Verwaltungsbehörde** ist nicht nur oberste Beschwerdeinstanz in allen Verwaltungsangelegenheiten (VerwBehG § 3, BL I 2000-a), sondern kann mit dem Evokationsrecht (Art. 42 Bem. 3) allgemein und in Einzelfällen Weisungen erteilen und Verwaltungsangelegenheiten selbst erledigen (VerwBehG § 1 Abs. 4, Art. 42 Bem. 5).

3. Trotz der historischen „institutionellen Einheit" (Ipsen 359) zwischen **Senat und den aus seinen „Verwaltungs-Abtheilungen"** (Verf. 1879 Art. 79) entstandenen Verwaltungsbehörden entsprechen letztere als **Fachbehörden** zur selbständigen Erledigung von Verwaltungsaufgaben (VerwBehG § 1 Abs. 1 Satz 2) der **Mittelinstanz.** Die Abgrenzung von Zuständigkeiten der durch Gesetz begründeten Fachbehörden erfolgt durch Organisationsentscheid des Senats (Art. 57), für den eine bestimmte Form (wie noch in Verf. 1921 Art. 60 Abs. 2) nicht vorgeschrieben ist (VerfBer. 656). Die AnO des Senats werden im GVBl. oder im AmtlAnz. veröffentlicht, weil in einem Rechtsstaat (GG Art. 20 Abs. 1, HmbVerf. Art. 3 Abs. 1) der Bürger ein Recht darauf hat, kontrollieren zu können, ob eine Maßnahme, die ihn belastet, von der zuständigen Stelle getroffen worden ist.

Die Fachbehörden — und nur sie — besitzen die in den Hansestädten traditionelle **Deputationsverfassung.**

Schon das VerfR vor dem Hauptrezeß v. 1712 kannte die „Bürgerlichen Kollegien". Verf. 1879 bestimmte in Art. 80: „Die Gesetzgebung verfügt, für welche Zweige der Verwaltung Deputationen bestehen sollen. Die Letzteren werden aus dazu ernannten Senatsmitgliedern und einer Anzahl von Bürgern zusammengesetzt." Danach unterschied das Revidierte Ges. über die Organisation der Verw. v. 2. 11. 1896 zwischen den zwölf „aus Senatsmitgliedern bestehenden Behörden" (a. a. O. § 23) — u. a. Reichs- und auswärtige Angelegenheiten, Justizverwaltung, Polizeiverwaltung — und solchen, die aus Senatsmitgliedern und von der Bgsch. gewählten Mitgliedern bestehen, nämlich den „Deputationen". Zu ihnen, insgesamt dreiundzwanzig (a. a. O. § 24), später fünfundzwanzig, gehörten u. a. die Finanzdeputation, die Deputation für Handel, Schiffahrt und Gewerbe, die Behörde für das Versicherungswesen, die Baudeputation, die Oberschulbehörde, die Kommission für die Verwaltung der Kunsthalle, das Medizinalkollegium, das Krankenhauskollegium. Im VerfR v. 1879 waren also die Bezeichnungen Behörde, Deputation, Kollegium und Kommission gleichbedeutend mit der heutigen Fachbehörde.

4. Ges. über den Aufbau der Verw. v. 19. 11. 1926 (GVBl. 751) vereinfachte die Vielzahl der „Verwaltungszweige" und schuf vier Senatsämter (a. a. O. § 4, Staatsamt für ausw. Angelegenheiten, Staatliche Pressestelle, Staatsarchiv und Statistisches Landesamt) sowie dreizehn Behörden mit Deputationsverfassung (a. a. O. § 7), wobei auch die Wahl von Deputierten durch berufsständische und ähnliche Organisationen vorgesehen (dazu Blecke, Der Aufbau der hamburgischen Staatsverwaltung im allgemeinen, 1927, 72 ff.) und sogar als geborener Deputierter in der Hochschulbehörde der Rektor der Universität bestimmt war. Zwei Behörden behielten ihren traditionellen Namen: Die Finanzdeputation und die Deputation für Handel, Schiffahrt und Gewerbe.

Für Bremen vgl. Spitta zu Art. 105 und 129.

5. Deputationen sind die obersten entscheidenden Organe einer Fachbehörde, deren Beschlüsse auch den Präses binden. Die Deputationen bestehen aus vom Senat in die Behörde entsandten Senatoren (dem Präses und mindestens einem Vertreter) und fünfzehn von der Bgsch. gewählten bürgerlichen Mitgl., Deputierten. Sie nehmen insbesondere an grundsätzlichen Entscheidungen, Aufstellen und Durchführung des Etats, Beamtenernennungsvorschlägen teil (VerwBehG § 9). Der Präses der Behörde, der in dringenden Fällen allein entscheidet und dies dann der Deputation nur mitteilt (§ 12, Bem. 3 zu Art. 56), muß gegen einen den Gesetzen oder dem Staatswohl zuwiderlaufenden Beschluß der Deputation Einspruch an den Senat einlegen, der dann entscheidet. Dies kommt in der Praxis selten vor.

Das Monopol der **Deputiertenwahl** (Ipsen 180) und das Recht der Abberufung liegt bei der Bgsch. (VerwBehG § 7). VerwOrgG v. 1896 § 6 hatte bestimmt, daß unbeschadet der Wahlfreiheit die betroffene Deputation für jede erledigte Stelle einen Wahlaufsatz mit drei Kandidaten vorlegen konnte. Dies sieht VerwBehG ebensowenig vor wie eine Wahl von Deputierten durch andere Körperschaften wie im Ges. 1926. Die Kandidaten werden vielmehr von den Fraktionen der Bgsch. präsentiert, nachdem vorher eine Einigung über die auf jede Fraktion entfallende Anzahl der Deputierten entsprechend der Fraktionsstärke erreicht worden ist. Die Wahl der Deputierten erfolgt zu Beginn einer Legislaturperiode der Bgsch. für deren Dauer (§ 7). In manchen Deputationen waren offensichtlich zu viele BgschAbg. als Deputierte (dazu Ipsen 380 ff.). Das hat dazu geführt, die Trennung der exekutiven von der legislativen Gewalt nicht nur bezüglich der Senatoren (Art. 38 a) durchzuführen, sondern auch durch ÄndGes. 1971 das Amt eines Deputierten als inkompatibel mit dem Mandat eines BgschAbg. zu erklären (§ 7 Abs. 2 Satz 2).

Es besteht auch praktisch Inkompatibilität zwischen dem Abg.-Mandat und der Mitgliedschaft in Aufsichts- und Beiräten der im Staatsbesitz befindlichen oder beeinflußten Unternehmen, da die Bgsch. darauf verzichtete, in Zukunft Abg. als Mitgl. von Aufsichtsräten zu benennen oder zu wählen und den Senat ersucht hat, auch seinerseits keine Abg. für Aufsichtsräte zu benennen (Drucks. VII/1231 v. 18. 5. 1971, Beschluß der Bgsch. v. 1. 12. 1971, StenProt. 2514).

6. Die **Bezirksverwaltung** (Art. 4 Abs. 2 mit Bem. 2 und 3, Art. 55 Bem. 3 c) bildet die **untere Instanz** eines damit dreistufigen Verwaltungsaufbaus, wobei allerdings der Instanzenzug nicht gleichmäßig gestaltet ist (Ipsen 359/365).

7. Hmb. führt nicht nur die eigenen, sondern auch die **Bundesgesetze** aus, von denen eine große Anzahl gemäß Art. 84 GG organisatorische Bestimmungen oder Vorschriften über den Rechtsmtitelzug im Verwaltungsverfahren enthält. Für den Stadtstaat Hmb. bereitet die Anpassung solcher bundesrechtlichen Regelungen häufig erhebliche Schwierigkeiten und kann zweckmäßig nur durch Organe des Landes erfolgen. Eine Reihe von Bundesgesetzen (z. B. BGBl. 1953 I 1035, 1239) enthielt **„Stadtstaatklauseln"** für Berlin, Bremen und Hmb., die schließlich im Einvernehmen mit den drei Stadtstaaten durch Beschluß der Bundesregierung v. Febr. 1957 allgemein wie folgt lauten:

> „Die Senate der Länder Berlin, Bremen und Hamburg werden ermächtigt, die Vorschriften dieses Gesetzes über die Zuständigkeit von Behörden dem besonderen Verwaltungsaufbau ihrer Länder anzupassen."

oder

> „Die Senate der Länder Berlin, Bremen und Hamburg werden ermächtigt, die Vorschriften dieses Gesetzes über die Zuständig-

keit von Behörden (und den Rechtsmittelzug durch Rechtsverordnungen) dem besonderen Verwaltungsaufbau ihrer Länder anzupassen."

Aber auch unabhängig von einer Stadtstaatklausel in Bundesgesetzen regelt der Senat durch **Organisationsentscheid,** der grundsätzlich nicht durch RechtsVO, sondern durch Anordnung ergeht, die Zuständigkeit der hmb. Verwaltungszweige für die Durchführung der Bundesgesetze (dazu Ipsen 340 f. u. Anm. 11), wobei die bundesgesetzliche Ermächtigung — soweit vorhanden — ebenfalls publiziert wird (ZuständAnO des Senats, Bem. 2 zu Art. 57).

Artikel 55

Die Senatoren leiten die einzelnen Verwaltungszweige, für die sie die Verantwortung tragen (Artikel 42 Absatz 1 Satz 1).

1. Noch im SenE 1950 (StenBer. 1952 641) hatte der Artikel folgenden Wortlaut:

> „Die Verwaltungsbehörden und Senatsämter werden nach Weisungen der zuständigen Senatoren von fachlich geeigneten Beamten geleitet."

Diese Fassung war aus VorlVerf. übernommen. Sie sollte zum Ausdruck bringen, daß es nicht Aufgabe der Senatoren ist, sich auch mit der laufenden Verwaltungsarbeit zu befassen. Der VerfA (VerfBer. 668) hat schließlich der gegenwärtigen Fassung doch den Vorzug gegeben, weil bei stadtstaatlicher Verwaltung eine **Trennung zwischen Leitung und „politischer Oberleitung" praktisch nicht durchführbar** ist. Die tatsächliche Entwicklung ist auch dahin gegangen, daß die Senatoren ihre Verwaltungszweige selbst leiten und sich nicht auf die Erteilung von Weisungen beschränken. Art. 55 bezieht sich auf die fachlichen Verwaltungszweige, also auch auf die Ämter der Bezirksverwaltung, die den Weisungen der Fachbehörden unterstehen.

2. Die Vorschrift verwendet bewußt den Plural „Die Senatoren", um auch dadurch zum Ausdruck zu bringen, daß für einen Verwaltungszweig **mehrere Senatoren** verantwortlich sein können. Es muß dann allerdings in einer Behörde einer von ihnen zum Präses und die anderen zu stellvertretenden Präsides bestellt werden. Es hat in Hmb. Behörden gegeben, die zeitweilig von mehreren Senatoren geleitet wurden, z. B. die Finanzbehörde, die Baubehörde und die Wirtschaftsbehörde.

3. Im Gegensatz zum SenE, der von Verwaltungsbehörden und Senatsämtern sprach, hat der VerfA in Anlehnung an Art. 60 Abs. 2 Verf. 1921 den allgemeineren Ausdruck „Verwaltungszweige" verwendet. Soweit der Senat die Verwaltung nicht unmittelbar als Kollegium ausübt, was natürlich die Ausnahme ist (vgl. Art. 42 Bem. 2—5), kommen im wesentlichen drei Formen der „Verwaltungszweige" in Betracht:

a) **Senatsämter,** deren Bildung im AmtlAnz. bekannt gemacht wird. Sie sind monokratisch organisiert. Von den drei gegenwärtig bestehenden Senatsämtern unterstehen Senatskanzlei mit der hier eingegliederten Vertretung beim Bund und das Staatsarchiv dem Ersten Bürgermeister, das Senatsamt für den Verwaltungsdienst einem Senator, der gleichzeitig Präses der Behörde für Vermögen und öffentliche Unternehmen ist.

b) **Fachbehörden** z. Z. elf (Bekanntmachung im AmtlAnz. 1971 1 f.), die in § 4 VerwBehG aufgezählt sind (vgl. Bem. 1 zu Art. 57). Dies sind nach hmb. Sprachgebrauch nur solche Verwaltungszweige, bei denen eine Deputation mitwirkt.

c) **Bezirksämter** — z. Z. sieben, Bem. 3 zu Art. 4 — mit ihren Fachämtern.

Jeder Bezirk hat einen Bezirksamtsleiter und eine Bezirksversammlung, die aus 40 Bezirksabg. (in Wandsbek und Harburg bis zum Ablauf der Wahlperiode im Jahre 1974 je 50 Bezirksabg.) besteht (§ 8). Die Bezirksabg. werden nach den Grundsätzen der Verhältniswahl auf vier Jahre gewählt (Ges. über die Wahl der Bezirksabg. v. 24. 4. 1961 — GVBl. 145, LS 111-b — mit Änd. v. 30. 10. 1961 — GVBl. 335 —, 14. 2. 1966 — GVBl. 46 —, 17. 3. 1969 — GVBl. 33 —, 16. 9. 1969 — GVBl. 179 — und 1. 10. 1969 — GVBl. 238). Die Wahl findet gleichzeitig mit der Wahl zur Bgsch. statt.

Den Bezirksämtern werden ihre **Zuständigkeiten** übertragen. Es sollen ihnen alle Aufgaben übertragen werden, die ihrer Natur nach örtlich wahrgenommen werden können (§ 3 BezVerwG). Die Übertragung ist in der Ersten DVO zum BezVerwG v. 21. 2. 1950 (GVBl. 53) i. d. F. der AnO über Aufgaben und Zuständigkeiten der Bezirksämter v. 20. 3. 1956 (GVBl. 51) mit Änderungen (AmtlAnz. 1961 523, 1962 1223, 1963 1023, 1969 537) mit einer Anlage erfolgt. Der Katalog der Anlage ist durch viele spätere Anordnungen sachlich geändert (vgl. ZuständAnO des Senats, Bem. 2 zu Art. 57, 0-2011-a).

Den Bezirksämtern können Richtlinien, fachliche Weisungen und in Fällen von grundsätzlicher oder sonst erheblicher Bedeutung auch Einzelweisungen erteilt werden (BezVerwG § 5). Die Haushaltsmittel für die Bezirke werden im Haushaltsplan der FHH in einer besonderen Spalte veranschlagt und vom Senat auf die einzelnen Bezirksämter verteilt. Die zugeteilten Mittel bewirtschaftet das Bezirksamt selbständig (§ 6 Bez.-VerwG).

Die Bezirke haben kein eigenes Vermögen und sind keine juristischen Personen, sie sind unselbständige Teile der FHH.

Während der **fachliche Instanzenzug** von den Ämtern der Bezirksverwaltung **zu den weisungsberechtigten Fachbehörden** als Mittelanstanz führt (oben Bem. 1), ist verantwortlich für **Organisation** und **Personal** der Bezirke die **Behörde für Inneres** im Rahmen der ihr obliegenden Aufsicht (§ 5 Abs. 1 BezVG).

d) **Senatskommissionen** (Bem. 5 zu Art. 42) als Verwaltungszweige mit Unterbau, wie früher die Senatskommission für die Justizverwaltung (1. Aufl., Bem. 3 zu Art. 55) bestehen z. Z. nicht.

Artikel 56

Das Volk ist zur Mitwirkung an der Verwaltung berufen. Die Mitwirkung geschieht insbesondere durch die ehrenamtlich tätigen Mitglieder der Verwaltungsbehörden.

1. Verf. 1921 führt ausdrücklich nur einen Fall der ehrenamtlichen Mitwirkung die Mitglieder der Verwaltungsbehörden auf, also die jetzigen Deputierten. Im VerfA war erwogen worden, in der Verf. sowohl die Deputierten wie die Bezirksverordneten zu erwähnen. Da es aber auch noch andere Fälle der ehrenamtlichen Mitwirkung an der Verwaltung gibt (z. B. Verwaltungsausschüsse), wurden die Deputierten beispielhaft durch die Einfügung des Wortes „insbesondere“ aufgeführt. Die Verf. will also die angeschnittene Frage nicht abschließend regeln, sondern lediglich den Grundsatz herausstellen.

2. Die Mitwirkung des Volkes an der Verwaltung, insbesondere in der Form der Deputierten, ist eine **typisch hansestädtische Form** der Verwaltungsausübung. Sie war 1921 mit einer ausführlichen Begründung des VerfA (Wulff Anm. 10 zu Art. 59) übernommen worden.

Auch nach 1945 wurde die Wiederherstellung dieser Form der Verwaltungsausübung für eine der dringendsten Aufgaben gehalten, und das VerwBehG v. 3. 6. 1947 ist einer der ersten grundsätzlichen GesE nach Erlaß der VorlVerf.

3. Die Mitwirkung erfolgt sowohl in beschließender (**Deputierte**, §§ 11—13 des VerwBehG) wie in beratender Form (z. B. die **Fachausschüsse** nach § 20 des BezVerwG v. 16. 9. 1969 — GVBl. 179 — mit Änd. v. 27. 10. 1969 — GVBl. 206, LS 2001-a).

Die Deputation hat ein Recht, daß die Entscheidungen, die ihr vorbehalten sind, auch durch sie erfolgen. In dringenden Fällen kann der Präses der Behörde allein entscheiden und gem. § 12 VerwBehG diese Entscheidung der Deputation mitteilen.

§ 12 ist aber nicht anwendbar, wenn die Möglichkeit besteht, ohne Nachteile für eine sachgemäße Regelung die **Mitwirkung der Deputation** herbeizuführen (vgl. HmbVerfGer. im Verfahren 1/62). Im selben Verfahren entschied HmbVerfG am 9. 1. 1963 (GVBl. 27), daß der Präses vorläufige Maßnahmen, die der Entscheidung der Deputation nicht vorgreifen, auch in den im § 9 Abs. 1 genannten Fällen ohne vorherige Beteiligung der Deputation treffen kann.

Die Einrichtung eines Sportamtes als Senatsamt (AmtlAnz. 1954 537) war Anlaß einer Debatte der Bgsch. über die Befugnisse des Senats, bisherige Aufgaben einer Behörde dieser und damit auch ihrer Deputation zu entziehen (StenBer. 1954 697—707, Ipsen 369). Das Sportamt ist jetzt in die Behörde für Inneres eingegliedert.

Die Mitwirkung der Deputation darf die Handlungsfreiheit des Senats nicht beeinträchtigen. Unter diesem Gesichtspunkt sind die Rechte des Senats gem. §§ 1 Abs. 4, 9 Abs. 3 und des Präses der Behörde gem. § 12, 13 VerwBehG zu beurteilen.

Artikel 57

Das Gesetz regelt Gliederung und Aufbau der Verwaltung. Der Senat grenzt die einzelnen Verwaltungszweige gegeneinander ab.

1. Gliederung und Aufbau der Verwaltung sind durch das Verw.-BehG v. 3. 6. 1947 i. d. F. v. 30. 7. 1952 (BL 2000-a) mit Änd. v. 13. 4. 1962 GVBl. 107, 10. 9. 1962 GVBl. 166, 16. 5. 1966 GVBl. 147, 9. 12. 1966 GVBl. 265, 7. 12. 1970 GVBl. 303 und 18. 2. 1971 GVBl. 26, geregelt. Als Fachbehörden sind im § 4 dieses Ges. aufgezählt:

1. die Justizbehörde
2. die Behörde für Schule, Jugend und Berufsbildung

3. die Behörde für Wissenschaft und Kunst
4. die Arbeits- und Sozialbehörde
5. die Gesundheitsbehörde
6. die Baubehörde
7. die Behörde für Wirtschaft und Verkehr
8. die Behörde für Ernährung und Landwirtschaft
9. die Behörde für Inneres
10. die Behörde für Vermögen und öffentliche Unternehmen
11. die Finanzbehörde

Während das Ges. über den Aufbau der Verwaltung v. 19. 11. 1926 (GVBl. 751) auch die Ämter, die dem Senat zur Verfügung standen, festlegte (Vorbem. 4 zu Art. 55), überläßt das Verw.-BehG die Bildung von Senatskommissionen und die Einrichtung von Senatsämtern dem Senat (§ 1 Abs. 1).

2. Die **Abgrenzung** der einzelnen Verwaltungszweige gegeneinander kann durch Verordnung oder durch eine nicht verkündete (aber im GVBl. oder AmtlAnz. veröffentlichte, s. Vorbem. 3 zu Art. 55) Anordnung sowohl allgemein wie auch für den Einzelfall durch den Senat erfolgen. Verf. 1921 Art. 60 Abs. 2 verlangte Abgrenzung durch eine Verordnung. Die ZuständAnO des Senats sind in einer Lose-Blatt-Ausgabe v. 28. 2. 1970 gesammelt und werden vierteljährlich ergänzt.

Artikel 58

Wer im Dienste der Freien und Hansestadt Hamburg steht, dient der Gesamtheit. Er hat seine Aufgabe unparteiisch und ohne Rücksicht auf die Person nur nach sachlichen Gesichtspunkten wahrzunehmen.

1. Der Art. stellt den **Grundsatz der Unparteilichkeit** für den gesamten öffentlichen Dienst auf. Er verbietet nicht eine politische Betätigung der öffentlich Bediensteten, wie es noch Art. 21 Abs. 2 VorlVerf. tat. Er verbietet aber, daß die politische Auffassung des Bediensteten oder andere nicht aus der Sache entstandene Gesichtspunkte die Entscheidung des Bediensteten beeinflussen.

2. Der SenE hatte von „Verwaltungsangehörigen“ gesprochen, VerfA hatte statt dessen den Ausdruck „Bedienstete“ verwendet und erst im Plenum ist die jetzige Fassung „wer im Dienste der Freien und Hansestadt Hamburg steht“ gewählt worden. Ein sachlicher Unterschied war mit der Textänderung nicht beabsichtigt. Bei allen drei Fassungen war die Verpflichtung zur unparteilichen Wahrnehmung der Aufgaben sowohl an Beamte wie an Angestellte wie an Arbeiter wie aber auch an jeden anderen gerichtet, der die Aufgaben der FHH wahrnimmt.

Artikel 59

(1) Jeder Deutsche hat nach seiner Eignung, Befähigung und fachlichen Leistung gleichen Zugang zu jedem öffentlichen Amte.

(2) Die Beamten werden auf Lebenszeit ernannt, soweit nicht durch Gesetz etwas anderes bestimmt ist. Das Gesetz regelt die rechtlichen Grundlagen des Beamtenverhältnisses, insbesondere die Dienst- und Versorgungsbezüge. Für die vermögensrechtlichen Ansprüche der Beamten steht der Rechtsweg offen.

(3) Die Beamten können vorläufig oder endgültig nur unter den gesetzlich bestimmten Voraussetzungen und in dem gesetzlich geregelten Verfahren ihres Amtes enthoben, in den Ruhe- oder Wartestand oder in ein anderes Amt mit geringerem Gehalt versetzt werden.

1. Abs. 1 ist ein alter Grundsatz des deutschen VerfR. WeimRVerf. (Art. 128) hatte ihn aus preuß. Verf. v. 1850 Art. 4 unverändert übernommen, er galt also auch in Hamburg kraft Reichsrechts. Er ist wörtlich gleichlautend mit Art. 33 Abs. 2 GG. Er ist bewußt in die hmbVerf. aufgenommen worden, obgleich Wiederholungen der Bestimmungen des GG möglichst vermieden worden sind. Er ist eine **besondere Ausprägung des Grundsatzes der Gleichheit vor dem Ges.**, ein grundrechtähnliches Recht, gegen dessen Verletzung die Verf.-Beschw. an das BVerfG führt, § 90 BVerfGG führt Art. 33 GG auf. Das Postulat findet sich auch im BRRG § 7, der gem. § 71 DRiG auch für Richter gilt.

Abs. 1 wendet sich an die hmb. Anstellungsorgane des Staates — damit auch an den RiWahlA (Art. 63) und die Beamtenernennungskommission (Art. 45 Abs. 2) — wie der öffentlichen Körperschaften und Einrichtungen, die also nicht nach sachfremden Gesichtspunkten wie Geschlecht, Geburt, Herkunft, Religion, parteipolitischer Einstellung, Landesangehörigkeit entscheiden dürfen, deren Ermessen in der Auswahl nach Eignung, Befähigung und fachlicher Leistung im übrigen aber nicht beeinträchtigt ist. Es gibt **kein subjektives Recht auf ein öffentliches Amt** — auch Ehrenamt —, sondern nur das **„Recht der Bewerbung und gleicher Bewertung“**. Insbesondere das Postulat der Eignung für ein konkretes Amt gibt den Anstellungsorganen aber einen im Rechtsweg kaum nachprüfbaren Ermessensspielraum. Dem Grundsatz des Abs. 1 kommt daher sowohl früher wie auch jetzt keine große praktische Bedeutung zu (Anschütz Bem. 1 und 2 zu Art. 128 WeimRVerf., heute die herrschende Meinung in Literatur und Rechtsprechung, zit. bei Maunz-Dürig RdNr. 16 Anm. 3 zu Art. 33 GG, a. M. Maunz-Dürig selbst, die insbesondere auf die von Eschenburg, Ämterpatronage — 1961 —, aufgezeichnete Praxis hinweisen; vgl. auch Ipsen 390 Anm. 151).

2. Die Abs. 2 und 3 sind eine genauere Ausführung des Grundsatzes, der in Art. 33 Abs. 5 GG aufgestellt ist. Die dort geforderte Regelung „nach den hergebrachten **Grundsätzen des Berufsbeamtentums**" findet hier ihre Einzelregelung darin, daß

a) Beamte grundsätzlich auf Lebenszeit angestellt werden,

b) ihre Rechtsverhältnisse durch Gesetz geregelt werden,

c) für die vermögensrechtlichen Ansprüche der Rechtsweg offensteht.

Die Begründung zum SenE hatte dazu folgendes ausgeführt:

„Für die staatliche Tätigkeit wird ein Kreis von Bediensteten für erforderlich gehalten, der über die arbeitsrechtlichen Bindungen hinaus eine besondere Treupflicht zum Staat hat. Hoheitliche Tätigkeit setzt öffentlich Bedienstete voraus, die ohne persönliche Interessen nur nach sachlichen Gesichtspunkten ihre Aufgaben wahrnehmen. Sie setzt also voraus, daß der Bedienstete um sein persönliches Wohlergehen nicht besorgt zu sein braucht und nicht die Stellung um eines besseren Angebots willen wechselt. Die Tätigkeit für den Staat soll der öffentlich Bedienstete als seine Lebensaufgabe ansehen, die er um der Sache willen und nicht um des Verdienstes willen ausübt. Deswegen wird die Einrichtung des Beamtentums, die mit einer besonderen Treueverpflichtung, dafür auf der anderen Seite aber mit der lebenslänglichen Sicherung vor Arbeitslosigkeit verbunden ist, für erforderlich gehalten. Die Entwicklung wird vermutlich dazu führen müssen, daß dies enge öffentlich-rechtliche Treueverhältnis zwischen Staat und Beamten auf den kleinen Kreis derjenigen öffentlich Bediensteten beschränkt wird, die wirklich hoheitliche Tätigkeit wahrnehmen. Möglicherweise wird also die Zahl der Beamten zugunsten der Zahl der Angestellten und Arbeiter eingeschränkt werden. Die Einrichtung des Beamtenverhältnisses an sich muß aber erhalten bleiben."

Abs. 2 und 3 sind jetzt infolge des BeamtenrechtsrahmenG des Bundes i. d. F. v. 17. 7. 1971 (BGBl. I 1026) außer Kraft getreten, dessen Kapitel I Rahmenvorschriften für das Beamtenrecht der Länder enthält und die Länder verpflichtet, ihre Ges. „nach diesen Vorschriften unter Berücksichtigung der hergebrachten Grundsätze des Berufsbeamtentums und der gemeinsamen Interessen von Bund und Ländern zu regeln". Es bezeichnet das Beamtenverhältnis ähnlich wie die obige Senatsbegründung als öffentlich-rechtliches Dienst- und Treueverhältnis. **Berufung in das Beamtenverhältnis** kann nur zur Wahrnehmung hoheitlicher Aufgaben oder solcher Aufgaben, die aus Gründen der Sicherheit des Staates oder des öffentlichen Lebens nicht ausschließlich Personen im privatrechtlichen Arbeitsverhältnis übertragen werden können, erfolgen. Es fordert aber auch, daß die Ausübung hoheitsrechtlicher Befugnisse als ständige Aufgabe in der Regel nur Beamten zu übertragen ist.

Für alle Rechtsstreitigkeiten aus dem Beamtenverhältnis ist der Rechtsweg vor den VerwGerichten vorgeschrieben (§ 126).

3. Dementsprechend schließt sich das hmb. Beamtenges. i. d. F. v. 6. 1. 1970 (GVBl. 9, LS 2030-a) auch im Wortlaut eng an die Beamtengesetze des Bundes und der übrigen Länder an. Der Begriff des Wartestandes, der dem Reichsbeamtengesetz noch zugrunde lag, ist im heutigen Beamtenrecht durch den „einstweiligen Ruhestand" ersetzt. Während im Bund (§ 36) und den Ländern Berlin (§ 71), Hessen (§ 57), Niedersachsen (§ 47), Nordrhein-Westfalen (§ 38), Rheinland-Pfalz (§ 50), Saarland (§ 56), Schleswig-Holstein (§ 48) die höchsten Beamten und solche an politisch wichtigen Stellen als **„politische Beamte"** jederzeit in den einstw. Ruhestand versetzt werden können, ist dies in Hmb. nur unter der Voraussetzung des § 27 — Auflösung oder durch Landesrecht erfolgte Verschmelzung oder wesentliche Änderung des Aufbaus einer Behörde — möglich (§ 38).

Durch Art. 74 a GG hat der Bund die konkurrierende Gesetzgebung über die **Besoldung und Versorgung** auch derjenigen „Angehörigen des öffentlichen Dienstes" und der Richter erhalten, die nicht in seinem Dienst stehen.

4. Die Bedeutung des Art. 59 Abs. 2 und 3 ist somit auf die rechtshistorische Aussage des hmb. Verfgebers vor Einführung der umfassenden Bundesgesetzgebung beschränkt.

Artikel 60

Bezüge, die jemand von einem wirtschaftlichen Unternehmen als Vertreter der Freien und Hansestadt Hamburg erhält, stehen dieser zu.

1. Die gleiche Bestimmung enthielt Verf. 1921 in Art. 62. Im VerfA war darauf hingewiesen worden, daß Aufsichtsratsvergütungen z. B. auch eine Abgeltung für das vom Aufsichtsratsmitglied zu übernehmende Haftungsrisiko darstellen. Es wurde erwogen, eine Übernahme der Haftung auf die FHH in der Verf. auszusprechen. diese Regelung dann aber der Gesetzgebung überlassen. Das Ges. ist noch nicht ergangen.

2. Wesentliche, wenn auch nicht alleinige Eigenschaften eines wirtschaftlichen Unternehmens i. S. Art. 60 ist der Zweck des Gelderwerbs, wobei Rechtsform — juristische Person des öffentlichen oder privaten Rechts — gleichgültig ist. Schon unter Verf. 1921 (Wulff I 46 Anm. 2) fielen unter diesen Begriff insbesondere die **Versorgungs-** und **Verkehrsunternehmen,** die **Betriebe im Freihafen** und die **Theater,** in denen der Staat in Aufsichtsrat, Verwaltungsrat oder ähnlichen Organen vertreten ist. Aber auch solche Unternehmen fallen unter Art. 60, die aus rechtlichen Gründen verpflichtet sind, Staatsvertreter in ihre Organe zu berufen oder dies freiwillig tun.

3. Der Begriff **Bezüge** ist allumfassend und schließt auch Sitzungsvergütungen ein. Diese Bezüge werden an die Staatskasse überwiesen, jedoch zulässigerweise vom Staat im Rahmen der mit seinen Vertretern geschlossenen Geschäftsbesorgungsaufträge im allgemeinen in gleicher Höhe an diese bezahlt (§ 8 der VO über die Nebentätigkeit der hmb. Beamten — HmbNVO — v. 15. 3. 1966 — GVBl. 85, 128, LS 2030-a-8 —, Änd. v. 5. 12. 1967 — GVBl. 330 — und 19. 11. 1968 — GVBl. 262). Höchstbetrag dieser Pauschalaufwandsentschädigung ist bei Beamten die Vergütung für beamtenrechtlich zulässige Nebentätigkeit (zwischen 1500,— und 3000,— DM im Jahr, je nach der Zahl der Unternehmen, in denen der Beamte tätig ist und ob er Vorsitzender eines oder mehrerer Organe ist — § 8 Abs. 2); für Senatoren gilt die gleiche Regelung nach einem Senatsbeschluß v. 8. 12. 1964, der auch für den übrigen Kreis von Vertretern des Staates Höchstbeträge festsetzt.

4. **Vertreter** Hamburgs sind solche Mitglieder eines Aufsichtsrats etc., die auf Veranlassung oder Vorschlag des Senats oder der Bgsch. in die Gremien entsandt oder gewählt werden.

Artikel 61

Wird jemand durch die öffentliche Gewalt in seinen Rechten verletzt, so steht ihm der Verwaltungsrechtsweg offen, soweit ein anderer Rechtsweg nicht gegeben ist.

1. Der im ersten Halbsatz gleichlautende Art. 19 Abs. 4 GG eröffnet grundsätzlich den ordentlichen Rechtsweg, „soweit eine andere Zuständigkeit nicht begründet ist". In Hmb. war zulässigerweise (so auch BGHZ 14 222, 21 214) durch Art. 61 eine andere Zuständigkeit, nämlich der Verwaltungsrechtsweg begründet.

2. Durch § 40 Abs. 1 VerwGO v. 21. 1. 1960 (BGBl. III 340-1) ist nunmehr grundsätzlich in allen öffentlich-rechtlichen Streitigkeiten nicht verfassungsrechtlicher Art die Verwaltungsgerichtsbarkeit zuständig, soweit nicht ein Bundesgesetz etwas anderes bestimmt. Streitigkeiten auf dem Gebiet des Landesrechts können durch Landesgesetz einem anderen Gericht zugewiesen werden. Diese bundesrechtliche Regelung umfaßt auch die des Art. 61, so daß dieser als den gleichen Gegenstand regelndes Landesrecht gem. § 195 VerwGO außer Kraft getreten ist (ebenso VerwG Hmb. v. 19. 10. 1961 — VI VG 770/61).

§ 5 hmb. AGVerwGO v. 29. 3. 1960 (GVBl. 291, LS 303-a) bestimmt daher, daß bei öffentlich-rechtlichen Streitigkeiten auf dem Gebiet des Landesrechts der Verwaltungsrechtsweg dann ausgeschlossen ist, wenn auf Grund Landesrechts ein anderes Gericht zuständig ist.

VI.

Die Rechtsprechung

1. Die richterliche Gewalt in Hmb., die zur Zeit des Erzbistums in den Händen des Erzbischofs, später bei den Grafen von Schauenburg bzw. deren Vögten lag, ging im 13. Jahrh. auf den Rat der Stadt über. Die Rechtsprechung wurde von zwei Ratsherren, den Prätoren oder Vögten, ausgeübt (Studt-Olsen 31 ff.). In den verschiedenen Rezessen seit 1410, insbesondere im Hauptrezeß von 1712 wurde die Ratsgerichtsbarkeit nicht angetastet; sie wurde im wesentlichen ausgeübt durch das **Niedergericht** mit den beiden Prätoren als Präsidium nebst ehrenamtlich tätigen Bürgern (Steinhagen, Über die hmb. Präturen, 1832) und durch den Rat selbst als **Obergericht** (Bertram, Entwicklung von Hmbs Zivilrechtspflege im 19. Jahrh., Festschrift zum 50jähr. Bestehen der Deutschen Justizgesetze, 1929

27 ff.). Dritte Instanz war das **Reichskammergericht** in Wetzlar oder der **Reichshofrat** in Wien, wobei Hmb. jedoch für bestimmte Handelssachen ein privilegium de non appellando hatte.

Die Eingliederung der Stadt in das französische Kaiserreich am 1. 1. 1810 brachte die vorübergehende **Trennung der Gewalten** (Wohlwill, zur Geschichte des Justizwesens in Hmb. während der Franzosenzeit . . ., ZHG 14 333 ff.), die am 16. 2. 1815 verabschiedete Gerichtsorganisation trennte auch das Niedergericht von der Exekutive und errichtete ein unabhängiges Handelsgericht. Das Obergericht aber blieb bis 1860 mit elf Senatoren (fünf Juristen, fünf Kaufleute und ein rechtsgelehrter Bgm. als Präsident) besetzt. Dritte Instanz wurde 1820 das **„Oberappellationsgericht der vier freien Städte Deutschlands"** in Lübeck und nach dem Ausscheiden Frankfurts 1867 das **„Oberappellationsgericht der drei Hansestädte"**, der Vorläufer des Hanseatischen Oberlandesgerichts. 1860 wurde das Obergericht vom Senat getrennt und mit einem rechtsgelehrten Präsidenten, sechs ständigen juristischen und sechs gewählten kaufmännischen Beisitzern besetzt (Bertram a. a. O. 38).

Verf. 1860 — VII Abschn. Art. 95 — bestimmte, daß die richterliche Gewalt nur von gesetzlich angeordneten Gerichten ausgeübt werden kann.

Verf. 1879 erwähnte zwar die richterliche Gewalt (Art. 6), enthielt sich aber wie später Verf. 1921 infolge der ergangenen Reichsjustizgesetzgebung jeglicher Regelung.

2. Unmittelbar nach dem 1877 verkündeten GVG wurde auf lübische Initiative über ein gemeinsames OLG verhandelt, dem schließlich auch Bremen zustimmte. Das mit Bekanntmachung v. 23. 10. 1878 errichtete — letzte Übereinkunft v. 16. 4. 1929 (GVBl. 375) — **Hanseatische Oberlandesgericht** war ein gemeinsames Gericht der drei Hansestädte unter gemeinschaftlicher Aufsicht der drei Senate. Mit dem Übergang der Hoheitsrechte der Länder auf das Reich durch Ges. über den Neuaufbau des Reiches v. 30. 1. 1934 und Ersten Überleitungsges. v. 16. 2. 1934 (RGBl. I 91) verlor Hmb. die eigenen Gerichte. Nach dem Zweiten Weltkrieg (Ipsen 141 ff., 166 Fußnote 36) wurden die Gerichte als hmb. wiederaufgebaut. Hmb. hat versucht, mit Bremen zusammen — Lübeck war seit dem Groß-Hmb.-Ges. 1937 mediatisiert — wiederum ein gemeinsames OLG zu schaffen. Dies scheiterte. Bremen hat das „Hanseatische Oberlandesgericht Bremen" für seinen Landgerichtsbezirk errichtet, lediglich die Binnenschiffahrtsangelegenheiten zweiter Instanz und die Staatsschutzsachen beider Stadtstaaten unterliegen der Zuständigkeit des HansOLG in Hmb. (Art. 2 Bem. 3), das nunmehr ein ausschließlich hmb. Gericht ist.

3. Die **Verwaltungsgerichtsbarkeit** besteht in Hmb. erst seit 1922. Die Nachprüfung der Gesetzmäßigkeit der Verwaltung war vorher stets Justizangelegenheit (§§ 24 ff. Ges. betr. Verhältnis der Verw. zur Rechtspflege v. 23. 4. 1879 GesS 110). Aus dieser Rechtstradition heraus ist es zu erklären, daß Personalunion zwischen Präsident und Vizepräsident des HansOLG einerseits und des OVG Hmb. andererseits besteht, und daß die Richter am OVG Hmb. — mit Ausnahme der nach § 17 VerwGO bestellten Hilfsrichter — zugleich Richter am HansOLG sind (§ 2 hmb. AGVerwGO).

4. Dem Verfgeber erschien es 1952 politisch und rechtlich erforderlich, neben Legislative und Exekutive die richterliche Gewalt als **dritte Staatsgewalt** i. S. der Montesquieu'schen Gewaltentrennung hervorzuheben. Der Begriff der Rechtsprechung umfaßt neben der Verfassungsgerichtsbarkeit (Art. 65) die ordentliche Gerichtsbarkeit der Zivil- und Strafgerichte, die Tätigkeit der Verwaltungsgerichte nebst Finanz- und Sozialgerichten und der Arbeitsgerichte. Es bestehen folgende hmb. Gerichte:

Ordentliche Gerichte (hmb. AGGVG v. 31. 5. 1965, GVBl. 99, 107, LS 311-b):

Hanseatisches Oberlandesgericht, zugleich Schiffahrtsobergericht (Art. 2 Bem. 3) und Flurbereinigungsgericht (Ges. v. 17. 9. 1954 — BL I 301-a)

Landgericht Hamburg, Amtsgerichte Hamburg, zugleich Binnenschiffahrtsgericht (Art. 2 Bem. 3), Hmb.-Altona, Hmb.-Bergedorf, Hmb.-Blankenese, Hmb.-Harburg, Hmb.-Wandsbek

Verwaltungsgerichte (hmb. AGVerwGO v. 29. 3. 1960, GVBl. 291, LS 303-a):

Oberverwaltungsgericht Hamburg, Verwaltungsgericht Hamburg

Finanzgerichte (hmb. AGFinGO v. 17. 12. 1965, GVBl. 225, LS 305-a):

Finanzgericht Hamburg mit Gemeinsamem Senat für Zoll- und Verbrauchssteuersachen für die Länder Hmb., Niedersachsen, Schleswig-Holstein (Art. 2 Bem. 3)

Arbeitsgerichte (hmb. AGArbGG v. 2. 10. 1953 — BL I 302-a):
Landesarbeitsgericht Hmb., Arbeitsgericht Hmb.

Sozialgerichte (hmb. AGSozGG v. 16. 10. 1953 — BL I 304-a):
Landessozialgericht Hmb., Sozialgericht Hmb.

5. Die **Aufsicht** über die ordentlichen Gerichte, die Verwaltungsgerichte und die Finanzgerichte führt die Justizbehörde — Anordnung über Zuständigkeit der Justizbehörde v. 17. 9. 1968, AmtlAnz. 1175, ZuständAnO 0-2000-a (1), über die Arbeitsgerichte und Sozialgerichte kraft Bundesrechts (ArbGG § 34, SozGG § 30 Abs. 2) die oberste Arbeits- bzw. Sozialbehörde, in Hmb. gem. AnO zur Durchf. des ArbGG v. 7. 9. 1965 und des SozGG v. 7. 9. 1965, AmtlAnz. 1015, 1017, ZuständAnO 0-320-1 und 0-330-1 (1), die Arbeits- und Sozialbehörde bez. der Arbeitsgerichte im Einvernehmen mit der Justizbehörde.

6. Weitere hmb. Gerichte, insbesondere Berufs-, Disziplinar- und Ehrengerichte siehe Handbuch der FHH 1971 108 ff. Abschn. „Rechtspflege".

Artikel 62

Die Gerichtsbarkeit wird in allen ihren Zweigen durch unabhängige, nur dem Gesetz unterworfene Gerichte ausgeübt. An der Rechtsprechung sind Männer und Frauen aus dem Volke nach Maßgabe der Gesetze beteiligt.

1. Art. 97 Abs. 1 GG regelt die sachliche Unabhängigkeit der Richter in althergebrachter Form gleichlautend wie Art. 102 WeimR-Verf., ebenso GVG § 1 für die ordentliche Gerichtsbarkeit und nun auch VerwGO § 1 für die Verwaltungsgerichtsbarkeit. Die hmb. Verf. ist an diese bundesrechtliche Regelung gebunden, sie kann und will auch nicht mehr sagen. Die richterliche Unabhängigkeit ist die Freiheit von jeder Weisung und die Garantie, daß der Richter für seinen innerhalb der Gesetze erfolgten Urteilsspruch keinen Nachteil erleidet. Die hmb. Bestimmung stellt daher nur fest, was bereits ist. Politisch gesehen ist es aber mehr: Ein **Bekenntnis Hmbs zur Unabhängigkeit der Gerichte.**

2. Die **Beteiligung von Laien** an der Rechtsprechung ist abschließend durch Bundesrecht geregelt; Schöffen GVG §§ 29 ff., 76 f., 81, 84 ff., ehrenamtliche Richter bei den Kammern für Handelssachen (GVG §§ 105, 107 f.), bei den Gerichten der Verwaltungs-, Finanz-, Arbeits- und Sozialgerichtsbarkeit (VerwGO § 19, FinGO §§ 16 ff., ArbGG § 6, SozGG §§ 13 f., 25). Die Vorschrift ist daher ohne rechtliche Bedeutung, sie gehört aber der Vollständigkeit halber in die Verf. eines Stadtstaates, der von jeher die Beteiligung seiner Bürger in allen Zweigen staatlicher Tätigkeit (vgl. Art. 56) kannte.

Artikel 63

(1) Die Berufsrichter werden vom Senat auf Vorschlag eines Richterwahlausschusses ernannt. Artikel 45 Abs. 1 findet Anwendung. Der Richterwahlausschuß besteht aus drei Senatoren oder Senatssyndici, sechs bürgerlichen Mitgliedern, drei Richtern und zwei Rechtsanwälten. Das Nähere bestimmt das Gesetz. Es kann vorsehen, daß für eine bestimmte Gerichtsbarkeit die Rechtsanwälte durch Personen ersetzt werden, die mit dieser Gerichtsbarkeit in besonderem Maße vertraut sind.

(2) Die Berufsrichter werden auf Lebenszeit ernannt. Sie müssen nach ihrer Persönlichkeit und nach ihren Fähigkeiten die Gewähr dafür bieten, daß sie den Aufgaben ihres Amtes gewachsen sind und insbesondere im Amte und außerhalb des Amtes nicht gegen die Grundsätze des Grundgesetzes für die Bundesrepublik Deutschland und dieser Verfassung verstoßen werden. Sie können vor ihrer Ernennung zur Überprüfung der Persönlichkeit und der fachlichen Eignung vom Senat auf Zeit oder Widerruf bestellt werden, es sei denn, daß der Richterwahlausschuß sie als Bewerber für ein Richteramt ablehnt.

(3) Wenn ein Richter im Amt oder außerhalb des Amtes gegen die Grundsätze des Grundgesetzes für die Bundesrepublik Deutschland oder dieser Verfassung verstößt, so kann die Bürgerschaft gegen ihn mit der Mehrheit ihrer gesetzlichen Mitgliederzahl nach Stellungnahme des Richterwahlausschusses beim Bundesverfassungsgericht eine Entscheidung gemäß Artikel 98 Absatz 2 des Grundgesetzes für die Bundesrepublik Deutschland beantragen. Das gilt auch für ehrenamtlich angestellte Richter.

(4) Absatz 3 findet auch auf die bereits ernannten Richter Anwendung.

1. Während Art. 62 die Tätigkeit des Richters, mithin des Gerichts, betrifft, befaßt sich Art. 63 mit der **Person des Richters.** GG hat in Art. 98 die Richter aus dem allgemeinen Beamtenrecht herausgenommen und ihnen damit als Träger der dritten Staatsgewalt eine besondere Stellung eingeräumt. Auch die hmb. Verf. behandelt demgemäß die Richter als eine besondere Gruppe der hmb. Bediensteten.

2. Bereits Verf. 1860 (Art. 101) hatte eine **Richterwahl** durch „Berufsgenossen" vorgesehen. Verf. 1921 regelte die Ernennung von Richtern nicht besonders. Sie bestimmte allgemein (Art. 48), daß die Ernennung der Beamten (damit auch der Richter) durch den Senat erfolgt, „soweit nicht das Gesetz etwas anderes bestimmt". Dieser Hinweis auf ein Ges. war im Hinblick auf eine etwaige Richterwahl durch einen besonderen Aussch. entsprechend § 69 der Bremer Verf. v. 18. 5. 1920 aufgenommen worden. Ein Richterwahlges. ist jedoch damals in Hmb. nicht ergangen.

Das GG führt für die oberen Bundesgerichte Richterwahlausschüsse ein (Art. 95 Abs. 2 GG), die bei Einschluß von Berlin aus 22 Mitgliedern bestehen.

Bremen (Verf. 1947, Art. 136) hat seinen seit über 100 Jahren bewährten Richterwahlausschuß beibehalten, jedoch die ursprüngliche traditionell paritätische Besetzung durch die drei Gewalten (1/3 Senat, 1/3 Bgsch., 1/3 Richter) durch einen Vorrang der Bgsch. aufgegeben, wobei die von der Bgsch. gewählten Mitgl. Abg. sein müssen.

Hessen (Verf. 1947, Art. 127) und Schleswig-Holstein (Schl.-HolstRiG i. d. F. v. 21. 5. 1971 § 11 — GuVBl. 300) und Berlin (RiG i. d. F. v. 27. 4. 1970 — GVBl. 642) sehen gleichfalls einen RiWahlA vor, wobei die beiden letzteren, dem hmb. Beispiel folgend, die Anwaltschaft am RiWahlA beteiligen.

3. Hmb. führt mit der Verf. einen **Richterwahlausschuß** (RiWahlA) ein für Anstellung und Beförderung aller hmb. Berufsrichter. Verf. macht damit von Art. 98 Abs. 4 GG Gebrauch, wobei der VerfA davon ausging, daß unter „Anstellung" sinngemäß auch „Beförderung" zu verstehen sei. Auf eine Auslegung des Art. 98 Abs. 4 GG kam es jedoch nicht an, da dort nur das bestehende Gesetzgebungsrecht der Länder bestätigt wird.

Ernennung bedeutet Anstellung auf Lebenszeit eines Richters. Beförderung, ein Unterfall der Ernennung, ist die Übertragung einer im Gehalt höheren Richterstelle. Der RiWahlA wird auch zu prüfen haben, ob eine Persönlichkeit für ein bestimmtes Richteramt geeignet ist. Das ergibt sich bereits daraus, daß für die Arbeits- und Sozialgerichtsbarkeit sogar eine andere Besetzung des RiWahlA vorgesehen ist. Es sind daher auch Versetzungen an ein anderes Gericht mit anderer Zuständigkeit dem RiWahlA vorzulegen, nicht aber Versetzungen etwa zwischen den einzelnen Amtsgerichten, die im wesentlichen die gleiche Zuständigkeit besitzen. Versetzungen von Richtern am Landgericht an ein Amtsgericht und umgekehrt hat der RiWahlA im Vorwege zugestimmt. Sie werden ihm nur angezeigt.

4. Für die **Zusammensetzung** des hmb. RiWahlA sind drei Senatoren (oder Syndici) vorgeschrieben, die der Senat in seiner Geschäfts-

verteilung benennt. Da gemäß § 16 Abs. 1 HmbRiG ein Senator den Vorsitz im RiWahlA führt, muß der Senat für den Vorsitzenden und dessen Stellvertreter Senatoren bestimmen. Die Bgsch. ist völlig frei, ob sie die von ihr gewählten Mitgl. (bürgerliche Mitglieder = von der Bgsch. gewählte Mitgl.) aus ihrer Mitte oder von außerhalb des Parlaments nimmt. Die Abberufung ist im qualifizierten Verfahren möglich. Das HmbRiG v. 15. 6. 1964 (GVBl. 109 — LS 312 a) hat durch §§ 7—21 das Richterwahlges. v. 8. 7. 1952 abgelöst. Es bestimmt kraft der Verfassungs-Ermächtigung in Abs. 10 Abs. 1, daß von den drei richterlichen Mitgl. eines der Arbeits- und Sozialgerichtsbarkeit angehören muß. Die Wahl der drei Richter erfolgt indirekt, nämlich durch ein von allen planmäßig angestellten Berufsrichtern gewähltes Wahlkollegium. Die beiden Anwälte werden von dem Vorstand der Hanseatischen Rechtsanwaltskammer ernannt (§ 11). Der RiWahlA beschließt in nichtöffentlicher Sitzung — wobei die Stellvertreter teilnehmen können — und geheimer Abstimmung, er ist bei Anwesenheit von zehn Mitgliedern beschlußfähig (§ 17 Abs. 1 und 2). Dieser Beschluß ist eine „echte Wahl" und kann daher nicht begründet werden, auch nicht, wenn es sich um die Ablehnung eines Vorschlags handelt (BVerfGE 24 268 ff. bes. 275 ff.). Trotzdem kann ein Gericht prüfen, ob eine Entscheidung des RiWahlA auf rechtswidrigen Gründen beruht, ist dabei aber auf andere „Indizien und Anhaltspunkte" angewiesen (a. a. O. 277).

5. Für die Anstellung und Beförderung von Richtern ist daher notwendig **Vorschlag des RiWahlA und Ernennung durch den Senat.**

Der Senat braucht einem Vorschlag des RiWahlA nicht nachzukommen; er kann aber nur jemanden ernennen, der vom RiWahlA vorgeschlagen worden ist. In Verfolg. des Gedankens, tagespolitische Einflüsse auszuschalten und eine gewisse Stetigkeit zu erreichen, ist die Dauer der Amtszeit des RiWahlA abweichend von der Legislaturperiode der Bgsch. auf drei Jahre festgelegt worden (§ 7 HmbRiG).

6. Abs. 1 Satz 3 ist erst im Plenum eingefügt worden. Das HmbRiG macht im § 11 Abs. 2 von dieser Ermächtigung Gebrauch. Bei Wahl von Richtern der Arbeits- und Sozialgerichtsbarkeit wirken anstelle der beiden Anwälte je ein auf diesem Gebiet erfahrener Vertreter der Arbeitnehmer und der Arbeitgeber mit, die der Senat beruft und abberuft.

7. Der 3. Bericht des VerfA bemerkt mit Recht, daß der RiWahlA auch **Vorschläge aus eigener Initiative** behandeln kann, obwohl in der Regel der Senat Anträge stellen wird. Der RiWahlA hat sich eine GeschO gegeben.

8. **DRiG** v. 8. 9. 1961 idF v. 19. 4. 1972 (BGBl. I 714, BGBl. III 301-1) tritt nunmehr weitgehend an die Stelle der Bestimmungen der Verf. der Länder über die Rechtspflege. Es gilt für alle Berufsrichter des Bundes und der Länder mit seinem Ersten Teil unmittelbar; es verpflichtet den Landesgesetzgeber (§ 71), die im Dritten Teil geregelten Rechtsverhältnisse der Richter (§§ 72—84) und die Grundlagen der §§ 1—120 BRRG landesgesetzlich zu übernehmen und dabei die gemeinsamen Interessen von Bund und Ländern zu berücksichtigen. Das ist mit HmbRiGes. v. 15. 6. 1964 (GVBl. 109 — LS 312-a) geschehen.

DRiG stellt nun von Bundes wegen den Grundsatz der **lebenslänglichen Ernennung** der Richter auf (§ 10). **Richter auf Zeit** (§ 11) können nur noch unter den durch Bundesgesetz bestimmten Voraussetzungen ernannt werden; gegenwärtig nur die nicht den oberen Bundesgerichten angehörenden Bundesverfassungsrichter (§ 4 Abs. 2 BVerfGG). **Richter auf Probe** (§ 12) sind nur Gerichtsassessoren, die nach spätestens sechs Jahren zum Richter auf Lebenszeit oder zum Staatsanwalt ernannt werden müssen, bei Nichteignung entlassen werden können. Den **Richter auf Widerruf** gibt es nicht mehr (vgl. § 107). **Richter kraft Auftrags** kann ein Beamter auf Lebenszeit sein, der später als Richter auf Lebenszeit verwendet werden soll (§ 14), er ist spätestens nach zwei Jahren dem RiWahlA als Richter vorzuschlagen (§ 16).

9. Zwischen der Wahrnehmung der rechtsprechenden Gewalt und der gesetzgebenden oder vollziehenden Gewalt besteht **Inkompatibilität** (§ 4 Abs. 1). Stimmt ein Richter seiner Aufstellung als Kandidat für die Bgsch. zu, so ist er gem. § 36 Abs. 1 von diesem Tage an, jedoch frühestens zwei Monate vor dem Wahltag bis zwei Wochen danach mit vollen Dienstbezügen zu beurlauben. Vgl. im übrigen § 13 BgschWG und Bem. 2 zu Art. 8, HmbRiG § 5.

10. Nach § 9 DRiG darf nur **in das Richterverhältnis berufen** werden, wer Deutscher i. S. Art. 116 GG ist, die Befähigung zum Richteramt (§§ 5—7) besitzt und die Gewähr dafür bietet, daß er jederzeit für die freiheitliche demokratische Grundordnung i. S. des GG eintritt. Art. 63 Abs. 2 Satz 2 konkretisiert dazu weiter, „daß sie den Aufgaben ihres Amtes gewachsen sind“ und fordert damit eine umfassende Prüfung aller auch praktischen Fähigkeiten, so daß nur solche Richter in ihr verantwortliches Amt kommen, die für die

Rechtsprechung einen Gewinn darstellen. Art. 59 und § 71 DRiG i. Verb. mit § 7 BRRG (Bem. 1 zu Art. 59) gelten auch für die Auswahl der Richter und wenden sich sowohl an den Senat wie an den RiWahlA.

11. Entsprechend der vom GG in Art. 98 Abs. 2 getroffenen Regelung sieht auch die Verf. eine Richteranklage vor, die das Gegenstück zu der verfassungsmäßig garantierten richterlichen Unabhängigkeit darstellt. Der VerfA glich in Abs. 3 die Vorschrift über die Richteranklage der einschlägigen Bestimmung des GG Art. 98, insbesondere Abs. 2 an und stellte durch einen zweiten Satz klar, daß die Anklage auch gegen ehrenamtliche Richter erhoben werden kann.

Artikel 64

(1) Bei der Rechtsanwendung durch die Gerichte sind Landesgesetze und im Rahmen gesetzlicher Ermächtigung ergangene Rechtsverordnungen des Landes, die ordnungsgemäß verkündet sind, als verbindlich anzusehen.

(2) Ist ein Gericht der Auffassung, daß ein hamburgisches Gesetz oder eine im Rahmen eines solchen Gesetzes ergangene Rechtsverordnung gegen diese Verfassung verstößt, so ist das Verfahren auszusetzen und die Entscheidung des Hamburgischen Verfassungsgerichts einzuholen, sofern es auf die Gültigkeit der Vorschrift bei der Entscheidung ankommt. Artikel 100 des Grundgesetzes für die Bundesrepublik Deutschland bleibt unberührt.

1. Das sog. **richterliche Prüfungsrecht** wird beschränkt auf die Prüfung der ordnungsgemäßen Verkündung. Der Richter hat nicht zu prüfen, ob der zum Zustandekommen des Ges. erforderliche Beschluß der Bgsch. entsprechend der GeschO oder auch der Verf. ergangen ist (so Wulff schon für Verf. 1921, die diesen Satz nicht enthielt, Anm. 2 zu § 1 der GeschO der Bgsch.; vgl. oben Bem. 5 zu Art. 18). Die PreußVerf. v. 30. 11. 1920 erklärte in Art. 61 ein Ges. für verbindlich, „wenn es verfassungsmäßig zustande gekommen und . . . in der vorgeschriebenen Form verkündet worden ist". Daraus schließt Waldecker, Die Verfassung des Freistaates Preußen, 1921 in Anm. 1 zu Art. 61, daß die Gerichte auch berechtigt seien, das **verfassungsmäßige Zustandekommen des Gesetzbeschlusses** nachzuprüfen, Hatschek, Das PreußVerfRecht, 1924 283, will aber selbst bei diesem abweichenden Wortlaut der damaligen PreußVerf. die Prüfung darauf beschränken, ob ordnungsgemäß ausgefertigt und

verkündet worden ist (so auch HansOLG 1 U 33/63 Baul. v. 20. 3. 1964 44 ff. und BGH III ZR 83/64 v. 16. 3. 1967 in der gleichen Sache. HansOLG 1 U 148/62 Baul. v. 10. 9. 1965 hat ein Ges. für nichtig erklärt, weil es nicht ordnungsgemäß verkündet sei — siehe Bem. 7 zu Art. 52).

2. Bei **Verordnungen** müssen die Gerichte prüfen, ob sie „im Rahmen gesetzlicher Ermächtigung" ergangen sind. Kommt ein Gericht zum Ergebnis, daß der Rahmen der Ermächtigung überschritten ist, dann hat es die Verordnung als ungültig zu behandeln und sie nicht anzuwenden. Kommt das Gericht zum Ergebnis, daß sie im Rahmen der Ermächtigung ergangen ist, aber gegen die Verf. verstößt, hat es die Frage zur Entscheidung dem HmbVerfG vorzulegen.

3. Die **Verfassungsmäßigkeit** von ordnungsgemäß verkündeten Rechtsvorschriften (einschl. von Verordnungen s. Bem. 2) hat lediglich das HmbVerfG schon auf Grund Art. 100 Abs. 1 Satz 1 GG zu prüfen und zu entscheiden. Ein Gericht, das Zweifel an der Verfassungsmäßigkeit einer hmb. Rechtsvorschrift hat, muß die Entscheidung des VerfG einholen und darf nicht selbst die Verfassungswidrigkeit feststellen. Schmidt-Räntsch, Kommentar zum Deutschen Richtergesetz, RdNr. 18 zu § 25, nennen es das **„negative Entscheidungsmonopol" des VerfG.** Ein Gericht darf hingegen die Verfassungsmäßigkeit eines Ges. oder einer Verordnung feststellen. Das tut jedes Gericht implicite bei jeder Entscheidung hinsichtlich der von ihm anzuwendenden Rechtsvorschriften.

4. Hat ein Gericht Zweifel, ob eine hmb. Rechtsvorschrift mit dem GG oder mit Bundesrecht zu vereinbaren ist, so ist die Entscheidung des BVerfG einzuholen. Das soll der Satz „Art. 100 des GG . . . bleibt unberührt" zum Inhalt haben. Nötig wäre er nicht gewesen.

Artikel 65

(1) Das Hamburgische Verfassungsgericht besteht aus dem Präsidenten des Hanseatischen Oberlandesgerichts in Hamburg als Vorsitzendem, zwei weiteren hamburgischen Richtern, die vom Senat auf fünf Jahre ernannt werden, und sechs Beisitzern, die von der Bürgerschaft auf fünf Jahre gewählt werden. Für jeden Richter und Beisitzer ist auf die gleiche Weise ein ständiger Vertreter zu bestellen; der Vorsitzende wird durch den Vizepräsidenten des Hanseatischen Oberlandesgerichts in Hamburg vertreten. Die Mitglieder des Hamburgischen Verfassungsgerichts dürfen nicht Mitglieder der

Bürgerschaft, des Senats, des Bundestages, des Bundesrates, der Bundesregierung oder entsprechender Organe eines anderen Landes sein.

(2) Das Verfassungsgericht entscheidet

1. auf Antrag des Senats oder eines Viertels der Abgeordneten der Bürgerschaft über Streitigkeiten, die sich aus der Auslegung der Verfassung ergeben;
2. auf Antrag des Senats oder eines Viertels der Abgeordneten der Bürgerschaft über Meinungsverschiedenheiten oder Zweifel, welche die Vereinbarkeit von Landesrecht mit der Verfassung oder von abgeleitetem Landesrecht mit den Landesgesetzen betreffen;
3. auf Antrag des Senats oder eines Viertels der Abgeordneten der Bürgerschaft, wenn Meinungsverschiedenheiten oder Zweifel über die Auslegung oder Anwendung des Landesrechts herrschen;
4. auf Antrag eines Gerichts über die Verfassungsmäßigkeit eines Gesetzes oder einer Rechtsverordnung (Artikel 64 Absatz 2);
5. über Beschwerden gegen Entscheidungen der Bürgerschaft, welche die Gültigkeit der Wahl oder den Verlust der Mitgliedschaft eines Abgeordneten betreffen (Artikel 9 Absatz 2);
6. auf Antrag der Bürgerschaft über die Frage, ob ein Mitglied des Rechnungshofs innerhalb oder außerhalb des Amtes gegen die Grundsätze des Grundgesetzes für die Bundesrepublik Deutschland oder gegen die Grundsätze dieser Verfassung verstoßen hat, und über die Folgen, die sich hieraus bei sinngemäßer Anwendung des Artikels 98 Absatz 2 des Grundgesetzes für die Bundesrepublik Deutschland ergeben (Artikel 71 Absatz 3 Satz 2).

(3) Durch Gesetz können dem Verfassungsgericht weitere Aufgaben übertragen werden.

(4) Die Entscheidungen des Verfassungsgerichts sind für Gerichte und Verwaltung bindend. Entscheidungen nach Absatz 2 Ziffer 1, 2, 3 und 4 haben Gesetzeskraft.

(5) Die in Absatz 4 Satz 2 genannten Entscheidungen sind im Hamburgischen Gesetz- und Verordnungsblatt zu veröffentlichen. Bei anderen Entscheidungen kann das Verfassungsgericht die Veröffentlichung beschließen.

(6) Das Gesetz bestimmt das Nähere über die Wahl, die Zuständigkeit und das Verfahren.

1. Verf. 1921 kannte kein VerfG, sondern einen Staatsgerichtshof (Art. 49), dessen ausschließliche Zuständigkeit die Verhandlung der sog. Ministeranklage war. Es ist während der Geltung der Verf. 1921 nicht tätig geworden. Eine Verfassungsgerichtsbarkeit stand ihm nicht zu. Eine Ministeranklage kennt die gegenwärtige Verf. nicht mehr. GG Art. 61 sieht ebenfalls nur Anklage des Bundespräsidenten, nicht des Bundeskanzlers oder eines Bundesministers vor.

2. Verf. 1921 sah für den Staatsgerichtshof ebenfalls neun Mitgl. vor, wobei jedoch fünf von der Bgsch. und drei richterliche von den Richtern des HansOLG gewählt wurden. Der Präsident des HansOLG war schon in Verf. 1921 geborener Vorsitzender.

3. Am 2. 10. 1953 (BL I 1103-a) ist das in Abs. 6 vorgesehene Ges. ergangen, das am 29. 3. 1963 (GVBl. 31) und am 18. 2. 1971 durch das SenG (GVBl. 23) geändert worden ist (GVBl. 25). Das HmbVerfG hat auf Grund § 11 dieses Ges. die GeschO v. 28. 3. 1956 beschlossen (BL I 1103-a-1). Das Ges. bestimmt, daß alle Richter das vierzigste Lebensjahr vollendet haben, sich durch besondere Kenntnisse im öffentlichen Recht auszeichnen und im öffentlichen Leben erfahren sein müssen (§§ 3 und 4). Die von der Bgsch. zu wählenden Richter („Beisitzer") müssen außerdem zur Bgsch. wählbar sein und dürfen keine „Beamte und sonstige Verwaltungsangehörige" sein. Wählbar sind Richter, Hochschullehrer des Rechts und Ruhestandsbeamte. Drei von den Beisitzern müssen die Befähigung zum Richteramt haben (§ 4).

Die Richter haben vor der Bgsch. einen Eid zu leisten (§ 7). Den Eid haben in der Vergangenheit auch alle Berufsrichter geleistet, die nach HmbRiG v. 15. 6. 1964 (GVBl. 109, LS 312-a) bereits einen Eid als Richter mit ähnlichem Wortlaut (§ 2) vor einem Senat des HansOLG geleistet hatten.

4. Die **Ernennung bzw. Wahl der Mitgl.** auf fünf Jahre ist bewußt gewählt worden, um die Amtsdauer von der Legislaturperiode der Bgsch. abweichen zu lassen. Verhältniswahlsystem bei der Wahl ist nicht vorgeschrieben (anders Verf. 1921 Art. 49). Die Verf. überläßt es der Bgsch., wie sie die sechs Sitze nach der Zusammensetzung der Bgsch. verteilen will. Von diesem Grundsatz weicht die Verf. nur beim BürgA ab (Art. 27).

Die Präsidenten und die vom Senat ernannten Richter scheiden aus, wenn sie aus dem Hauptamt ausscheiden, die Beisitzer, wenn sie nicht mehr zur Bgsch. wählbar sind (z. B. ihren Wohnsitz außerhalb Hmb. haben) oder nachträglich Mitgl. eines der in Abs. 1 Satz 3 erwähnten Organe werden (§ 8). Das Ausscheiden stellt das VerfGer. fest.

Auf Antrag können die Beisitzer jederzeit ausscheiden.

Bgsch. oder Senat können beantragen, daß ein Beisitzer wegen grober Pflichtverletzung entlassen oder entbunden wird, wenn er dauernd körperlich oder geistig behindert ist. Entlassung oder Entbindung erfolgen durch Beschluß des VerfGer. (§ 9).

5. Die **Inkompatibilität** (Unvereinbarkeit mit einem anderen Amt) ist genau so wie in GG Art. 94 Abs. 1 Satz 3 für die Mitgl. des BVerfG geregelt.

6. Der Gesetzgeber hat sich bemüht, die Zuständigkeit des VerfG vollständig an dieser Stelle aufzuführen, soweit sie sich aus der Verf. ergibt. Durch Ges. kann die Zuständigkeit jedoch erweitert werden (Abs. 3). Das ist bisher geschehen durch § 17 SenGes. (Aberkennung von Ruhegehalt und anderen Bezügen ehemaliger Senatoren), § 15 Abs. 2 BgschWG und § 16 Abs. 2 Ges. über die Wahl der Bezirksverordneten (Entscheidung über hoheitliche Tätigkeit eines Bewerbers im öffentlichen Dienst).

7. Die **Normenkontrolle** ist im Grundsatz ebenso gestaltet wie im GG. Das materielle richterliche Prüfungsrecht ist gemäß Art. 64 Abs. 2 ebenso wie in Art. 100 GG ausschl. dem VerfG zugewiesen.

Die Zuständigkeit gemäß Abs. 2 Ziff. 1 „Auslegung der Verf." entspricht der Regelung in Art. 93 Abs. 1 Ziff. 1 GG mit der Einschränkung, daß die Zuständigkeit dort enger auf „Organstreitigkeiten" beschränkt ist.

Die Prüfung der **Verfassungsmäßigkeit** von **Landesrecht** oder der **Gesetzmäßigkeit von abgeleitetem Landesrecht** entspricht etwa der Zuständigkeit des BVerfG nach Art. 93 Abs. 1 Ziff. 2.

Darüber hinaus sieht Ziff. 3 des Abs. 2 auch noch die Entscheidung des VerfG über die **Auslegung** oder **Anwendung einfachen Landesrechts** vor. Eine entsprechende Bestimmung kennt das GG nicht.

8. Die Zuständigkeit als **Beschwerdeinstanz in Wahlprüfungsangelegenheiten** entspricht der Regelung des Art. 41 GG.

9. Da die **Mitgl. des Rechnungshofs** wie Richter behandelt werden, trotzdem aber keine Richter sind und deswegen Art. 98 Abs. 5 Satz 3 für sie nicht gilt, mußte insoweit das HmbVerfG an die Stelle

des BVerfG treten (Abs. 2 Ziff. 6). Das Verfahren ist in §§ 46—59 HmbVerfGG geregelt.

10. Anders als GG Art. 94 Abs. 2, das die Regelung dem Ges. überläßt, bestimmt die Verf. selbst, daß alle im Wege der **„Normenkontrolle“** ergehenden Entscheidungen Gesetzeskraft haben und im GVBl. zu veröffentlichen sind.

11. Einen **Antrag** nach den Ziff. 1—3 des Abs. 2 können entweder der Senat oder „ein Viertel der Abg. der Bgsch.“ stellen, nicht die Bgsch. Bei solchen Verfahren ist die Bgsch. jedoch Beteiligte (§§ 33, 35, 38). Der Teil der Abg., der nicht den Antrag gestellt hat, ist nicht Beteiligter in dem Verfahren. Wenn er die erforderliche Mehrheit in der Bgsch. darstellt, kann er „die Bgsch.“ veranlassen, von ihren Rechten als Beteiligte Gebrauch zu machen. Ein Antrag nach den Ziff. 1—3 kann aber auch von der Mehrheit der Abg. unterschrieben (§ 34 Abs. 1 S. 1) sein, dann ist die Bgsch. daneben Beteiligte, die Minderheit jedoch nicht, sie kann aber, wenn sie die erforderlichen Unterschriften aufbringt, den gleichen **„Vereinbarkeitszweifel“** (Ipsen 479) zur Entscheidung stellen. Der Senat ist immer Beteiligter an den Normenkontrollverfahren (§§ 33, 35, 38). Die Ziff. 1—3 des Abs. 2 „machen jeden denkbaren Vereinbarungszweifel der Normenkontrollentscheidung des VerfG zugänglich“ (Ipsen 479).

12. Die Ziff. 2, 3 und 4 des Abs. 2 beziehen sich auch auf solches Landesrecht, das vor Inkrafttreten der Verf. ergangen ist.

13. In der mündlichen Verhandlung herrscht Anwaltszwang. Die Bgsch. und ihre Abg. können sich auch durch Abg., der Senat durch Senatoren, Senatssyndici (Staatsräte) oder durch Beamte mit Befähigung zum Richteramt vertreten lassen (§ 20).

14. Durch einstimmigen Beschluß kann das VerfGer. offensichtlich unzulässige Anträge ohne mündliche Verhandlung verwerfen (§ 22).

15. Das hmb. Recht kennt kein der VerfBeschwerde des Bundesrechts (GG Art. 93 Abs. 1 Ziff. 4 a und 4 b) entsprechendes Verfahren. Die VerfBeschwerden betreffen die bei weitem meisten Verfahren vor dem BVerfG.

Das HmbVerfG hat **seit 1953 sieben Urteile** erlassen. Ein Verfahren nach Abs. 2 Ziff. 3 betraf die Auslegung des BgschWG (HVerfG 1/53), ein Verfahren nach Abs. 2 Ziff. 1 und 3 die Auslegung des VerwBehG und Art. 56 (HVerfG 1/62). Zwei Wahlprüfungsbeschwerden nach Abs. 2 Ziff. 5 wurden miteinander verbunden und durch ein Urteil entschieden (HVerfG 1 und 2/58). Eine „Wahlprüfungsbeschwerde“ wurde als unzulässig verworfen, weil sie sich auf die Wahl zur BezVers. bezog, über die die Bgsch. endgültig entscheidet (HVerfG 3/58). Drei Verfahren beruhten auf Anträgen von Gerichten, die Verfassungsmäßigkeit von Ges. oder Verordnungen zu prüfen (Ziff. 4). Sie betrafen das hmbPersonalvertretungsges., den Erlaß von Bauleitplänen durch Verordnung (HVerfG 1/69, JustizVerwBl. 1970 17 ff.) und die gesetzliche Ermächtigung zum Erlaß der VO über die Sicherheit im Hmb. Hafen (HVerfG 2/69, JustizVerwBl. 1970 62 ff.).

Fünf Anträge an das HmbVerfG wurden von den Antragstellern zurückgenommen, vier als unzulässig durch Beschluß verworfen, ein Verfahren durch Beschluß eingestellt (die angegriffene VO war inzwischen aufgehoben und durch eine andere ersetzt worden), ein Verfahren wurde an das VerwG, eins an das BVerfG abgegeben.

Das BVerfG hat das HmbVerfG gemäß § 82 Abs. 4 Satz 2 BVerfGG gebeten, in einem vom HmbVerwG vorgelegten Verfahren sich dazu zu äußern, ob der numerus clausus des HmbUniG (§ 17) gegen die HmbVerf. verstoße. Die Frage ist verneint worden (HVerfG 1—4 a/3/ v. 16. 3. 1971, vgl. BVerfG 1 BvL 32/70 v. 18. 7. 1972).

Über z. Z. anhängige Verfahren siehe Bem. 3 zu Art. 32.

VII.
Haushalts- und Finanzwesen

1. Verf. 1921 (Art. 63 bis 65) hatte das Haushalts- und Finanzwesen noch unter dem Abschnitt „Verwaltung“ geregelt. Im VerfA ist der jetzige Abschnitt VII in enger Zusammenarbeit mit Sachverständigen gestaltet worden (VerfBer. 658).

Aufbau, Abwicklung und Abschluß des Haushaltsplans regelte die hmb. Staatshaushaltsordnung v. 22. 12. 1922 (GVBl. 737). Durch Reichsges. v. 17. 6. 1936 (RGBl. II 209) wurde bestimmt, daß die Reichshaushaltsordnung die Haushalts- und Wirtschaftsführung der Länder regele. Das Reichsges. v. 9. 12. 1937 (RGBl. I 1327) bestimmte im § 7, daß „für die Hansestadt Hamburg die Deutsche Gemeindeordnung gilt“. VO Nr. 59 der brit. Militärregierung (Amtsblatt 348) setzte als Landesrecht das Ges. v. 17. 6. 1936 wieder in Kraft.

Art. 109 GG lautete lapidar: „Bund und Länder sind in ihrer Haushaltswirtschaft selbständig und voneinander unabhängig." Auf dieser Basis wurde Abschnitt VII der Verf. beschlossen, der im wesentlichen noch auf den Grundsätzen der früheren Reichshaushaltsordnung beruht. Die inzwischen erreichte Höhe der öffentlichen Haushalte, die die gesamtwirtschaftliche Entwicklung entscheidend beeinflussen, erforderte zum Zwecke der Vergleichbarkeit der einzelnen Etats — eine Voraussetzung für eine gemeinsame Finanz- und Wirtschaftspolitik des Bundes und der Länder — zumindest in den Grundzügen ein übereinstimmendes Haushaltsrecht. Zu diesem Zweck konstituierte sich im Sommer 1964 auf Grund eines Beschlusses der Finanzminister ein Arbeitskreis der Haushaltsabteilungsleiter von Bund und Ländern, in dem zusätzlich die Rechnungshöfe vertreten waren. Die in diesem Arbeitskreis erarbeiteten Gesetzentwürfe zur Haushaltsreform wurden am 22. Mai 1968 von der Bundesregierung beschlossen und nach eingehender Beratung von Bundestag und Bundesrat im Laufe des Jahres 1969 einstimmig verabschiedet." (Mitt. des Senats an die Bgsch. v. 23. 2. 1971, Drucks. VII/982 1.)

Es war dies die **Finanzreform 1969** (Zwanzigstes Ges. z. Änd. des GG v. 12. 5. 1969 (BGBl. I 357), die dem Bund die Kompetenz zur Aufstellung von gemeinsam in Bund und Ländern geltenden Grundsätzen für das Haushaltsrecht, für eine konjunkturgerechte Haushaltswirtschaft und für eine mehrjährige Finanzplanung zuweist. Dementsprechend wurde Art. 109 GG geändert. Auf dieser Grundlage erließ der Bund das **Haushaltsgrundsätzeges.** — HGrG — (Ges. über die Grundsätze des Haushaltsrechts des Bundes und der Länder v. 19. 8. 1969 (BGBl. I 1273), dessen Teil II u. a. Vorschriften über Finanzplanung, gegenseitige Auskunftspflicht, Rechte gegenüber privatrechtlichen Unternehmen enthält, die gemäß § 49 „einheitlich für den Bund und die Länder" gelten und damit **Bestandteil** des **hmb. Haushaltsrechts** sind.

HGrG verpflichtete Bund und Länder außerdem, bis 1. 1. 1972 ihr Haushaltsrecht nach diesem Gesetz zu regeln. Der Bund erließ dementsprechend die Bundeshaushaltsordnung — BHO — v. 19. 8. 1969 (BGBl. I 1284), Hmb. seine **Landeshaushaltsordnung** — LHO — v. 23. 12. 1971 (GVBl. 261 und Berichtigung 1972 10). BHO und LHO stimmen daher z. T. wörtlich überein. Damit ist auf dem Gebiet des Haushaltsrecht kaum noch eine wesentliche Landeskompetenz verblieben.

2. a) Die **Gesetzgebungskompetenz des Bundes** umfaßt (Art. 105 Abs. 2 GG) die konkurrierende Gesetzgebung über die Steuern, deren Aufkommen ganz oder teilweise ihm selbst zusteht oder bei denen die Voraussetzungen der Bedarfskompetenz des Art. 72 Abs. 2 — Wahrung der Rechts- oder Wirtschaftseinheit, Wahrung der Einheitlichkeit der Lebensverhältnisse über das Gebiet eines Landes hinaus — vorliegen. Seit 1. 1. 1970 gehören hierzu auch Grunderwerbssteuer (hmb. Ges. v. 26. 4. 1966, GVBl. 129, LS 61-e) und die Feuerschutzsteuer (hmb. Ges. v. 1. 2. 1939, BL II 61-p).

b) Der vollen **Gesetzgebungskompetenz und Ertragshoheit des Landes Hmb.** unterliegen gemäß Art. 105 Abs. 2 a die „örtlichen Verbrauch- und Aufwandsteuern, solange und soweit sie nicht bundesgesetzlich geregelten Steuern gleichartig sind".

Da **Getränkesteuer** (Aufhebungsges. v. 5. 4. 1955, GVBl. 150) und **Vergnügungssteuer** (Aufhebungsges. v. 11. 12. 1970, GVBl. 314) nicht mehr erhoben werden, ist dies z. Z. nur noch die **Hundesteuer** (Ges. v. 9. 11. 1950, BL I 61-k, letzte Änd. v. 20. 12. 1971, GVBl. 231).

c) Der Gesetzgebungskompetenz des Landes Hmb. unterliegt auch die **Kirchensteuer.** Da gemäß Art. 140 GG der Art. 137 WeimRVerf. Bestandteil des GG ist, behalten die Kirchen, die bereits Träger des Besteuerungsrechts waren, diese Rechte weiterhin. Ihre Regelung obliegt gemäß dessen Abs. 6 der Landesgesetzgebung. BVerfGE 19 253, die sich eingehend mit der Kirchensteuer für die Ev.-luth. Kirche im Hmb. Staate befaßt, führte aus (a. a. O. 258), **der Landesgesetzgeber** könne sich „auf die allgemeine Ermächtigung zur Erhebung von Kirchensteuern — unter bestimmten Genehmigungsvorbehalten — beschränken und die Einzelregelung des formellen und materiellen Kirchensteuerrechts den steuerberechtigten Religionsgesellschaften innerhalb der Schranke des für alle geltenden Gesetzes überlassen. Er kann die Kirchensteuererhebung aber auch selbst in allen Einzelheiten gesetzlich regeln. Die Kirchensteuer kann sich hinsichtlich des Steuersatzes an die Staatssteuern in Form von Zuschlägen anschließen oder auf einem anderen System, wie z. B. der Festsetzung nach Einheitssätzen oder der Einschätzung, beruhen (vgl. PrOVG 84, 232; 87, 238)".

Die Ermächtigung der **Ev.-luth. Kirche im Hmb. Staat** ergibt sich aus der Rechtsentwicklung; bis zur Verf. 1860 waren sogar ihre verfassungsmäßigen Organe identisch mit denen des Staates (vgl. Meincke, Die rechtliche Stellung der Ev.-luth. Kirche im Hmb.

Staate, 1925; Bergemann, Staat und Kirche in Hmb. während des 19. Jahrh., 1958 3). BVerfGE (19 266) stellt daher zusammenfassend fest, daß sie kraft staatlicher Ermächtigung das Besteuerungsrecht bei Inkrafttreten der WeimRVerf. besessen hat.

Ges., betr. die Veranlagung und Erhebung von kirchlichen Steuern v. 18. 2. 1914 (BL I 61-b) und die hierauf fußende Bekanntmachung des Senats v. 3. 9. 1915 (BL I 61-b-1) überläßt die Festsetzung der Höhe der Kirchensteuer den Kirchen selbst. „Es behält dem Senat das Recht vor, das Tätigwerden der staatlichen Organe zu untersagen. Dadurch wird auch heute noch sichergestellt, daß die Kirchen sich bei Steuern in unangemessener Höhe der staatlichen Hilfe nicht bedienen können" (BVerfGE 19 266).

Für die **römisch-katholischen Gemeinden in Hmb.** gilt das Ges. v. 22. 1. 1904 (BL I 61-a), für die Gemeinde Bergedorf das Ges. v. 19. 3. 1928 (BL I 61-e); die Finanzämter werden auf Grund des Erlasses des Reichsministers d. Finanzen v. 29. 7. 1921 — III R 22 514 — tätig.

In den ehemals preußischen Teilen des hmb. Staatsgebietes wird das preußische Recht (Preuß. GesS 1905 281, 1906 41, 1924 221, 1929 35 und 43) als Rechtsverhältnis über die Verleihung des Steuererhebungsrechts weiter angewandt und entsprechend Verfügung des OFPräsHmb. v. 16. 3. 1946 — L 6600-91- St. 14 — gehandhabt.

Das Steuererhebungsrecht der **ev.-reformierten Gemeinden** in Hmb. beruht auf Ges. v. 23. 6. 1926 (BL 61-c), in Altona auf dem preußGes. v. 22. 3. 1906 (GesS 41); es wird von der Gemeinde selbst ausgeübt.

Ges. über den **Kirchensteuerabzug** vom Arbeitslohn v. 18. 1. 1965 (GVBl. 3, LS 61-g) bezieht sich gegenwärtig nur auf ev.-luth. und römisch-katholische Kirchenangehörige.

3. a) Gemäß Art. 106 Abs. 2 GG **stehen Hmb. die Erträge** aus folgenden Steuern zu: Vermögenssteuer, Erbschaftssteuer, Kraftfahrzeugsteuer, Biersteuer. Die Verkehrssteuern erhält Hmb., soweit sie nicht nach Art. 106 Abs. 1 GG dem Bund oder nach Art. 106 Abs. 3 dem Bund und den Ländern gemeinsam zustehen. Bei gemeinsamen Steuern, wie Einkommensteuer, Körperschaftssteuer, Umsatzsteuer, erhält Hmb. gemäß Art. 106 Abs. 3 GG den bundesrechtlich festgelegten Anteil.

b) Die **Ertragshoheit Hmbs** besteht auch bei Realsteuern, also der Gewerbesteuer (Gewerbeertrags-, Gewerbekapital- und Lohnsummensteuer) und Grundsteuer, die gemäß Art. 106 Abs. 6 **Gemeindesteuern** sind; jedoch bestimmt Satz 3 dieser Vorschrift ausdrücklich, daß das Aufkommen der Realsteuer und der örtlichen Verbrauchs- und Aufwandsteuern dem Land zusteht, wenn in einem Land keine Gemeinden bestehen.

Nach §§ 16 ff. des Gewerbesteuerges. i. d. F. v. 20. 10. 1969 (BGBl. I 2021) und § 21 des Grundsteuerges. v. 10. 8. 1951 (BGBl. I 519) setzt die Bgsch. jährlich die **Hebesätze** für Gewerbesteuern und Grundsteuer durch Ges. fest (für 1972 Ges. v. 20. 12. 1971, GVBl. 232), dies geschieht in der Regel mit Verabschiedung des Haushalts.

4. Die wesentlichen Entscheidungen über das Steueraufkommen und die Besteuerungsgrundsätze, nunmehr auch über das Haushaltsrecht selbst, sind daher dem hmb. Gesetzgeber entzogen. Den Ländern verbleibt praktisch auf diesem Gebiet nur ihre Mitwirkung im Finanzplanungsrat — HGrG § 51 — und im Bundesrat. Ipsen (460) spricht nicht zu Unrecht von der „niedrigen Rangstufe" der Regeln und Entscheidungen des hmb. VerfRechts über das Haushalts- und Finanzwesen der Stadt.

Artikel 66

(1) Alle Einnahmen und Ausgaben der Freien und Hansestadt Hamburg müssen für jedes Rechnungsjahr veranschlagt und in den Haushaltsplan eingestellt werden.

(2) Der Haushaltsplan wird vom Senat für je ein Rechnungsjahr der Bürgerschaft vorgelegt und durch Beschluß der Bürgerschaft festgestellt. Artikel 49 Absatz 2 findet entsprechende Anwendung.

1. Abs. 1 entspricht Art. 85 Abs. 1 WeimRVerf. und Art. 110 GG in seiner ursprünglichen Fassung. Der Haushaltsplan (Etat) muß nach der Verf. alle voraussehbaren Einnahmen und Ausgaben enthalten (**Grundsatz der Vollständigkeit und der Einheit**, LHO § 11); er wird für jedes Rechnungsjahr aufgestellt (**Grundsatz der Einjährigkeit**), kann aber mit Einwilligung der Bgsch. auch für zwei Rechnungsjahre, jedoch nach Rechnungsjahren getrennt, festgestellt werden (LHO § 12). Das Rechnungsjahr ist nun einheitlich in Bund und Ländern das Kalenderjahr (LHO § 4).

Während WeimRVerf. und GG ausdrücklich bestimmen, daß der Etat vor Beginn des Rechnungsjahres festgestellt wird (**Grundsatz der Vorherigkeit**), hat die Verf. von einer verfassungsmäßigen Verpflichtung abgesehen, geht jedoch als selbstverständlich davon aus, daß der Senat den Haushalt rechtzeitig vor Ablauf des Rechnungsjahres vorlegt. Das ergibt sich aus der Fassung des Art. 67 Abs. 1. Die Bgsch. hat infolgedessen auch eine verfassungsmäßige Ermächtigung des Senats zur Weiterführung der Ausgaben über das laufende Rechnungsjahr hinaus abgelehnt; der Senat muß also, wenn er den Haushaltsplan nicht rechtzeitig vorlegt, eine Ermächtigung gemäß Art. 67 Abs. 1 bei der Bgsch. beantragen. LHO §§ 1, 30 haben den Grundsatz der Vorherigkeit gesetzlich festgelegt.

Infolge außergewöhnlicher Umstände sind die Haushaltspläne von 1946 bis 1951 erst im Laufe des bereits begonnenen Rechnungsjahres verabschiedet worden. Der Haushalt 1952 wurde erstmals rechtzeitig, nämlich am 31. 3. 1952, einen Tag vor dem damals am 1. 4. beginnenden Haushaltsjahr, festgestellt. Auch die Haushaltspläne 1954, 1957, 1958, 1967 und 1972 wurden erst im laufenden Haushaltsjahr verabschiedet.

Der Haushaltsplan unterliegt auch den **Grundsätzen der Notwendigkeit der Ausgaben und Verpflichtungsermächtigungen** (LHO § 6), der **Wirtschaftlichkeit** und **Sparsamkeit** (LHO § 7), der **Gesamtdeckung** (LHO § 8) und der **Bruttoveranschlagung** (LHO § 15). Ausnahmen von der zeitlichen und sachlichen Bindung sind Übertragbarkeit (§§ 19, 45 LHO) und Deckungsfähigkeit (§§ 20, 46 LHO). Der Haushaltsplan enthält die Einzelpläne mit den Einnahmen, Ausgaben und Verpflichtungsermächtigungen eines einzelnen Verwaltungszweiges, den Gesamtplan mit der Haushaltsübersicht, der Finanzierungsübersicht und dem Kreditfinanzierungsplan (LHO § 13).

Gemäß § 50 des Haushaltsgrundsätzeges. und § 31 LHO hat der Senat entsprechend § 9 Abs. 2 Ges. zur Förderung der Stabilität und des Wachstums der Wirtschaft einen jährlich fortzuschreibenden **Finanzplan für fünf Jahre** zu beschließen und die Bgsch. im Zusammenhang mit einem Bericht über den Stand und die voraussichtliche Entwicklung der Finanzwirtschaft zu unterrichten. Die **Unterrichtung der Bgsch.** bezieht sich auch auf erhebliche Änderungen der Haushaltsentwicklung und deren Auswirkungen auf den Finanzplan sowie auf die Anmeldungen zur Rahmenplanung über Gemeinschaftsaufgaben gemäß Art. 91 a GG (LHO § 10). Ebenso bedürfen Beschlüsse gemäß § 6 Abs. 2 und § 7 Abs. 2 des Stabilitätsges., also konjunkturbedingte Leistung von Mehrausgaben, der Mitteilung an die Bgsch., die diesen zustimmen muß, LHO § 42. Über einschränkende Maßnahmen, z. B. Sperrungen und Streichungen, die der Senat nach § 6 Abs. 1 des Stabilitätsges. vornimmt, ist die Bgsch. zu unterrichten, wenn sich daraus eine wesentliche Änderung von Prioritäten ergibt. Gemäß § 52 Haushaltsgrundsätzeges. sind Bund und Länder dem bei der BReg. gebildeten **Finanzplanungsrat** zur Erteilung von Auskünften und Vorlage der Finanzplanungen verpflichtet.

2. Die **Feststellung des Haushaltsplans** ist ein **Verwaltungsakt des Parlaments** (Vorbem. 2 und 3 zu Art. 48), dessen Inhalt aus Schätzungen über Einnahmen und einer **Ermächtigung an die Exekutive** für Ausgaben und Eingehen von Verpflichtungen besteht, LHO § 3 Abs. 1. Ob die Exekutive von dieser Ermächtigung Gebrauch macht, ist ihre Angelegenheit. Der Haushaltsplan begründet daher keinerlei Ansprüche auf Ausgaben (LHO § 3 Abs. 2), er bindet Senat und Verwaltung jedoch in Art und Höhe der Ausgaben, soweit nicht eine Deckungsfähigkeit (§§ 20, 46 LHO) vorliegt. Während die Feststellung des Haushaltsplanes infolge der Bedeutung dieses Vorganges im Bund und in den anderen Ländern in der Form eines Ges. erfolgt (GG Art. 110), geschieht dies in Hmb. durch Beschluß der Bgsch., wobei jedoch das für Ges. vorgeschriebene Verfahren des Art. 49 Abs. 2 (zweimalige Lesung) Anwendung findet. Es war nicht die Absicht des VerfA, die Anwendung des Art. 49 Abs. 3 auf die Beschlußfassung über den Haushaltsplan auszuschließen. Art. 49 Abs. 3 ist durch einen Redaktionsfehler hier nicht genannt, weil er erst in der zweiten Lesung des VerfE seine jetzige Fassung erhielt. Die GeschO der Bgsch. hat das dadurch korrigiert, daß im § 43 Abs. 3, wo von der zweiten Lesung die Rede ist, kein Unterschied zwischen Gesetzesvorlagen und dem Haushaltsplan gemacht wird. Das Einspruchsrecht des Senats gemäß Art. 50 besteht bei Feststellung des Haushaltsplanes nicht.

3. Während die Gesetzesinitiative sowohl dem Senat wie der Bgsch. zusteht (Art. 48), hat die **Budget-Initiative** (Anschütz Bem. 5 zu Art. 85) nur der Senat. Der Entwurf des Haushaltsplans kann daher nur vom Senat vorgelegt werden und nicht aus der Mitte der Bgsch. kommen.

4. Das **Budget-Recht** ist stets ein **wichtiges Recht der Parlamente** gewesen. Die Einbringung des Haushalts durch den Senat bei der Bgsch. ist daher ein besonderes politisches Ereignis. Indiskretionen über den kommenden Etat haben in Großbritannien zum Rücktritt eines Schatzsekretärs geführt. Eine „Pressekonferenz“ der Finanzbehörde über den „Etat 1952“ vor dessen Einbringung hat daher mit Recht die Mißbilligung der Bgsch. hervorgerufen (StenBer. 290).

5. Die Befugnisse des BürgA werden durch die Art. 66 ff. nicht berührt.

6. Der VerfA hat angeregt, in der Staatshaushaltsordnung die Offenlegung der festgestellten Pläne und deren Abgabe gegen Ersatz der Kosten zu regeln (VerfBer. 659), wie es die Praxis in Hmb. war. In § 1 Abs. 2 LHO ist nunmehr festgelegt, daß jedermann kostenfrei die Haushaltspläne einsehen kann. Gegen Ersatz der Kosten kann ein Haushaltsplan im Buchhandel erworben werden.

Artikel 67

(1) Ist bis zum Schluß eines Rechnungsjahres der Haushaltsplan für das folgende Jahr nicht festgestellt worden, so kann die Bürgerschaft den Senat ermächtigen, bis zum Inkrafttreten des Haushaltsplans

1. alle Ausgaben zu leisten, die nötig sind, um

a) bestehende Einrichtungen zu erhalten und beschlossene Maßnahmen durchzuführen,

b) die rechtlich begründeten Verpflichtungen der Freien und Hansestadt Hamburg zu erfüllen,

c) Bauten, Beschaffungen und sonstige Leistungen fortzusetzen oder Beihilfen für diese Zwecke weiterzugewähren, sofern durch den Haushaltsplan eines Vorjahres bereits Mittel bewilligt waren;

2. die feststehenden Einnahmen und die Einnahmen aus den für ein Rechnungsjahr festzusetzenden Steuern und anderen Abgaben fortzuerheben, soweit gesetzlich nichts anderes bestimmt ist;

3. für die nach Ziffer 1 zulässigen Ausgaben Kassenkredite aufzunehmen, soweit nicht der Geldbedarf durch Steuern und andere Abgaben, die auf Gesetz beruhen, oder aus sonstigen Einnahmen gedeckt werden kann.

(2) Wird im Falle des Artikels 36 die Vertrauensfrage mit einer Vorlage nach Absatz 1 verbunden, und macht die Bürgerschaft von keiner der in Artikel 36 Absatz 1 Satz 1 genannten Befugnisse Gebrauch, so ist der Senat nach Ablauf der Dreimonatsfrist, spätestens aber mit Beginn des neuen Rechnungsjahres im Umfange des Absatzes 1 zur Fortführung des Haushaltsplanes ermächtigt.

1. Die Vorschrift ist und soll Ausnahme sein. Der SenE noch hatte eine verfassungsmäßige Ermächtigung des Senats, bis zum Inkraft-

treten des kommenden Haushalts alle Ausgaben für die aufgeführten Aufgaben zu leisten, enthalten (SenE Art. 66, StenBer. 642, ähnlich GG Art. 111 und die meisten Landesverf.). Der VerfA hat dies jedoch dahin abgeändert, daß die **Ermächtigung nur durch besonderen Beschluß der Bgsch.** erfolgen kann. In dieser Form war die Bestimmung nicht erforderlich, denn die Bgsch. hätte den Senat auch ohne die Vorschrift des Art. 67 zu Haushaltsmaßnahmen ermächtigen können.

2. Lehnt die Bgsch. dem Senat die zur Erfüllung der Aufgaben unter Ziff. 1 bis 3 erforderliche **Ermächtigung ab,** so kommt dies einem verweigerten Vertrauensvotum gleich. Die Verf. gibt dem Senat das Recht, wie mit jeder Vorlage, so auch mit einer Vorlage gemäß Art. 67 Abs. 1 die Vertrauensfrage zu stellen. Alsdann hat die Bgsch. binnen drei Monaten die Möglichkeit, einen neuen Senat zu wählen, dem Senat mit der Annahme der Vorlage das Vertrauen auszusprechen, oder sich selbst aufzulösen (Art. 36). Macht die Bgsch. hiervon keinen Gebrauch, so ist der Senat nach Ablauf dieser drei Monate oder mit Beginn des neuen Rechnungsjahres zu den Ausgaben gemäß Ziff. 1 bis 3 ermächtigt. Das gilt auch, wenn die Bgsch. sich auflöst, obgleich dieser Fall nicht ausdrücklich erwähnt ist. Unabhängig hiervon steht dem Senat das Recht zur Auflösung der Bgsch. gemäß Art. 36 Abs. 1 Satz 2 zu.

3. Andere Ermächtigungen, die sich nicht an den Rahmen der Bestimmungen der Verf. über den Haushalt halten — z. B. eine Ermächtigung für mehrere Haushaltsjahre —, würde eine Änd. oder Durchbrechung der Verf. bedingen, wie sie anläßlich der Inflation 1923 mit nachstehendem Wortlaut erfolgt ist (vgl. Mittelstein Art. 63 Bem. 6):

> „Die Finanzdeputation wird für den Rest des Rechnungsjahres 1922 und für das Rechnungsjahr 1923 ermächtigt, die Ausgaben für unabweisbar laufende Bedürfnisse der Staatsverwaltung in dem von der Finanzdeputation anerkannten Umfange auch über die durch den Staatshaushaltsplan bewilligten Beträge hinaus zu bestreiten, mit der Maßgabe, daß die nachträgliche Genehmigung der Bgsch. zu derartigen Haushaltsüberschreitungen am Schluß des Rechnungsjahres 1922 bzw. 1923 zu beantragen ist."

Artikel 68

Nachbewilligungen von Haushaltsmitteln bedürfen eines Beschlusses der Bürgerschaft.

1. Die Vorschrift ist nach Abschluß der Beratungen im VerfA auf Grund der Senatsvorlage Nr. 311 vom 27. 5. 1952 eingefügt worden, da wegen des Grundsatzes der Vorherigkeit und der Vollständigkeit des Haushaltsplans die Zulässigkeit von Nachbewilligungen sonst zweifelhaft erscheinen könnte.

2. Es ist nur eine Lesung erforderlich, wenn nicht der Fall des Art. 69 vorliegt.

3. Der Fall der **Haushaltsüberschreitung** (GG Art. 112) ist in hmb. Verf. nicht geregelt. Erfolgt aus zwingenden Gründen eine solche Haushaltsüberschreitung, ohne daß vorher die Beschlußfassung der Bgsch. oder gegebenenfalls des BürgA eingeholt werden kann, so trägt der Senat hierfür die Verantwortung. § 37 LHO gibt dem Senat ein Haushaltsüberschreitungsrecht bis zur Bewilligung durch die Bgsch. oder den BürgA (die unverzüglich zu beantragen ist), wenn „die Ausgaben zur Abwendung einer unmittelbar bevorstehenden Gefahr oder erheblicher Schäden" erforderlich sind.

Artikel 69

Auf Beschlüsse der Bürgerschaft, die auf Anträgen aus der Mitte der Bürgerschaft beruhen und die Ausgaben in sich schließen oder für die Zukunft mit sich bringen, für die Mittel im Haushaltsplan nicht vorgesehen sind, sowie auf Beschlüsse der Bürgerschaft, die vom Senat eingebrachte Anträge auf Nachbewilligungen ändern, finden Artikel 49 Absatz 2 und Artikel 50 entsprechende Anwendung.

Die Vorschrift findet keine Anwendung auf den Haushaltsplan und dessen etwaige Abänderung durch die Bgsch., wohl aber auf Nachbewilligung von Haushaltsmitteln bei Änd. eingebrachter Senatsanträge. Um einer etwa bestehenden Gefahr der zu großen Ausgabefreudigkeit zu begegnen, ist für solche Beschlüsse, sowie für alle Beschlüsse, die auf Anträgen aus der Mitte der Bgsch. beruhen und Ausgaben mit sich bringen, die Anwendung der Art. 49 Abs. 2 und Art. 50 vorgesehen, wobei für Art. 49 Abs. 3 dasselbe gilt, wie zu Art. 66 unter 2 bemerkt.

Artikel 70

Der Senat hat der Bürgerschaft über alle Einnahmen und Ausgaben im Laufe des nächsten Rechnungsjahres zur Erteilung der Entlastung Rechnung zu legen. Der Haushaltsrechnung ist eine

Übersicht über das Vermögen und die Schulden der Freien und Hansestadt Hamburg beizufügen.

1. Das Gegenstück zum Haushaltsplan ist die **Haushaltsrechnung.** Den jetzigen Wortlaut hat der Artikel durch das Dritte Ges. z. Änd. der Verf. v. 24. 1. 1972 (GVBl. 15) bekommen. Nach dem früheren Wortlaut „sollten" Rechnungslegung und Vermögensübersicht „mit den Bemerkungen des Rechnungshofs" im nächsten Haushaltsjahr vorgelegt werden.

2. Der VerfA (StenBer. 1952 663—671) hatte den SenE dahin ergänzt, daß auch jährlich **Vermögen** und **Schulden** auszuweisen sind; außerdem wurde klargestellt, daß der Senat einer **Entlastung** bedarf. Diese Entlastung, d. h. die Feststellung, daß der Senat von seiner verfassungsmäßigen Verantwortung für das Finanzgebaren des betreffenden Rechnungsjahres befreit wird, erfolgt durch einfachen Beschluß der Bgsch. Das Verfahren regelt jetzt LHO § 114. Erfolgt eine Entlastung nicht, so wird die Bgsch. darüber zu beschließen haben, in welcher Weise sie den Senat zur Verantwortung zieht, äußerstenfalls durch die Entziehung des Vertrauens gemäß Art. 35.

Artikel 71

(1) Die gesamte Haushalts- und Wirtschaftsführung wird durch einen unabhängigen, nur dem Gesetz unterworfenen Rechnungshof überwacht. Der Rechnungshof hat zur Erteilung der Entlastung des Senats der Bürgerschaft über das Ergebnis seiner Prüfungen jährlich zu berichten; gleichzeitig unterrichtet er den Senat.

(2) Der Senat ernennt mit Zustimmung des Bürgerausschusses den Präsidenten und die sonstigen Mitglieder des Rechnungshofes.

(3) Auf seine Mitglieder finden die für Berufsrichter geltenden Bestimmungen dieser Verfassung entsprechende Anwendung. Für das der Richteranklage entsprechende Verfahren ist das Hamburgische Verfassungsgericht zuständig. Die in den Artikel 45 Absatz 2 und 63 Absatz 1 vorgesehenen Ausschüsse haben kein Vorschlagsrecht.

(4) Das Gesetz bestimmt das Nähere.

1. Die Prüfung der Wirtschafts- und Haushaltsführung durch eine von der Verwaltung **unabhängige Kontroll- und Revisionsinstanz** gehört zu den anerkannten Notwendigkeiten einer geordneten Finanzwirtschaft. Der zweite Satz des Abs. 1 ist durch das Dritte Ges. z. Änd. der Verf. der FHH v. 14. 1. 1972 (GVBl. 15) eingefügt

worden und damit ist klargestellt, daß der Rechnungshof direkt mit der Bgsch. verkehrt und den Senat gleichzeitig unterrichtet (§ 97 LHO).

In Hamburg erfolgte die Rechnungsprüfung durch ehrenamtliche Bürger, bis 1896 eine durch Berufsbeamte besetzte Zentralinstanz für die Kontrolle und Revision der gesamten Staatsverwaltung in dem der Finanzdeputation unterstellten Revisions- und Kontroll-Büro geschaffen wurde (vgl. Behr, Die Stellung des Rechnungsamtes in der hmb. Verwaltung, HansRZ 1926 Sp. 729 ff.). Durch die Staatshaushaltsordnung v. 22. 12. 1922 trat an die Stelle dieses unselbständigen Büros der Finanzdeputation, das nach dem Vorbild der preuß. Oberrechnungskammer geschaffene Rechnungsamt des Hamburgischen Staates, das der Finanzdeputation angegliedert war. Der leitende Direktor allerdings unterstand nur der unmittelbaren Dienstaufsicht des Senats.

2. Durch das Ges. über die Errichtung eines Rechnungshofs der Hansestadt Hmb. v. 16. 12. 1948 (GVBl. 147, BL I 63-a, wo die Wörter „Hansestadt Hamburg" durch „Freie und Hansestadt Hamburg" ersetzt sind) ist der jetzige **„Rechnungshof der Freien und Hansestadt Hamburg"** errichtet worden. Jetzt gilt das Ges. v. 10. 5. 1968 (GVBl. 117, LS 63-a) mit den Änd., die durch die LHO v. 23. 12. 1971 (GVBl. 261) erfolgt sind. Der Rechnungshof ist die oberste Rechnungsprüfungsbehörde der FHH. Er ist unabhängig, dem Senat gegenüber selbständig und nur dem Ges. unterworfen (§ 1). Er besteht aus dem Präsidenten, dem Vizepräsidenten und mindestens vier weiteren Mitgl. (§ 2). Alle Mitgl. müssen auf Lebenszeit berufene Beamte (§ 3) sein und das fünfunddreißigste Lebensjahr vollendet haben (§ 4). Die Hälfte der Mitgl. muß die Befähigung zum Richteramt, die andere Hälfte entweder die Befähigung zum Richteramt oder höheren Verwaltungsdienst haben.

Der Rechnungshof ist eine **kollegiale Behörde,** die ihre Entscheidungen mit Mehrheit trifft (§ 12 Abs. 1). Bei Stimmengleichheit gibt die Stimme des Präsidenten den Ausschlag (§ 12 Abs. 1 Satz 3). Der Präsident kann den Mitgl. Weisungen erteilen, die aber nicht die Erfüllung der Aufgaben des Rechnungshofs beschränken und nicht den sachlichen Inhalt der Entscheidungen des Kollegiums betreffen dürfen (§ 11).

Der Rechnungshof hat die Haushalts- und Wirtschaftsführung der FHH (§ 88 LHO) und der juristischen Personen des öffentlichen Rechts zu überwachen (§ 111 LHO) und auf die finanzielle Ordnungsmäßigkeit und wirtschaftliche Zweckmäßigkeit zu prüfen (§ 90 LHO). Außerdem kann der Rechnungshof jederzeit Wahrnehmungen über Mängel mitteilen (§ 96 LHO).

Die Ergebnisse der Prüfung sind jährlich in einem **Bericht** festzulegen, der gleichzeitig der Bgsch. und dem Senat vorgelegt wird.

Auf Ersuchen des Senats, der Bgsch. oder des Präses der FinBeh. hat der Rechnungshof Gutachten zu erstatten (§ 88 Abs. 3 LHO).

3. **Unabhängig und nur dem Ges. unterworfen,** bedeutet, daß niemand ihm Weisungen erteilen kann, was er und wie er prüfen soll. Seine Mitgl. sind unabhängige Beamte, für die die Vorschriften für Berufsrichter über Dienstaufsicht, Versetzung in ein anderes Amt oder in den Ruhestand und über disziplinäre Maßnahmen Anwendung finden (§ 6).

Artikel 72

(1) Nur bei außerordentlichem Bedarf und in der Regel nur für Ausgaben zu werbenden Zwecken dürfen Geldmittel im Wege des Kredits beschafft werden; hierzu bedarf es eines Beschlusses der Bürgerschaft.

(2) Die Übernahme von Sicherheitsleistungen zu Lasten der Freien und Hansestadt Hamburg, deren Wirkung über ein Rechnungsjahr hinausgeht oder die nicht zum regelmäßigen Gang der Verwaltung gehört, bedarf eines Beschlusses der Bürgerschaft.

(3) Ebenso ist die Veräußerung von Staatsgut, die nicht zum regelmäßigen Gang der Verwaltung gehört, nur auf Beschluß der Bürgerschaft zulässig.

(4) Artikel 49 Absatz 2 und Artikel 50 finden entsprechende Anwendung.

1. Ebenso WeimRVerf. Art. 87. GG Art. 115 Abs. 1 spricht von sogenannten **„Finanzschulden"** (Giese Bem. II 1 zu Art. 115), also Anleihen, Bankkredit, Bürgschaften, nicht aber „Verwaltungsschulden", die im Rahmen der ordnungsmäßigen Verwaltung entstehen (vgl. Wagenhöfer, DÖV 1949 185 ff.).

2. Die Vorschrift ist sowohl **Anweisung an den Senat** wie **verfassungsmäßige Schranke für die Bgsch.** (vgl. Süsterhenn-Schäfer, Komm. z. Verf. Rheinland-Pfalz, Bem. 2 zu Art. 117). Es muß außerordentlicher Bedarf vorliegen, der aus laufenden Einnahmen nicht bestritten werden kann, der es aber volkswirtschaftlich rechtfertigt, spätere Jahre finanziell mit Beträgen zu belasten, die für die

Gegenwartsausgaben ausgegeben werden. Die Worte „in der Regel für werbende Zwecke" bedeuten, daß es dem Ermessen von Senat und Bgsch. anheimgestellt ist, auch für andere als gewinnbringende Zwecke, so beschaffte Beträge auszugeben.

Entsprechend § 13 des Haushaltsgrundsätzeges., der als § 18 in die LHO aufgenommen ist, wird die Kreditermächtigung in den Haushaltsbeschluß aufgenommen. **Kredite** dürfen nur bis zur Höhe der Summe der Ausgaben für Investitionen in den Haushalt eingestellt werden, können aber allgemein zur Deckung von Ausgaben und zur Aufrechterhaltung einer ordnungsgemäßen Kassenwirtschaft verwandt werden.

Verfassungsrechtlich kann es sich hier um „außerordentlichen Bedarf" handeln, auch wenn dieser Begriff, wie auch der Begriff „werbende Zwecke", nach der jetzigen Reform im deutschen Haushaltsrecht nicht mehr verwandt wird.

3. Eine Regelung über **Veräußerung von Staatsgut** entsprechend Art. 72 Abs. 3 findet sich zuerst in Art. 62 der Verf. 1860 und 1879.

BGHZ 47 31 hat Art. 81 BayerVerf. „Das Grundstockvermögen des Staates darf in seinem Wertbestand nur auf Grund eines Gesetzes verringert werden" für eine Regelung der Vertretungsmacht gehalten und eine Veräußerung von Grundstücken unter dem Verkehrswert für nichtig erklärt, weil kein Gesetz vorlag. In der gleichen Entscheidung wird hingegen § 47 Abs. 1 Satz 1 der RHO „Gegenstände, die im Eigentum des Reichs stehen, dürfen nur gegen einen dem vollen Wert entsprechenden Preis veräußert werden" als haushaltsrechtliche Bestimmung, nicht als Regelung der Vertretungsmacht angesehen (vgl. § 63 Abs. 3 hmb. LHO).

Die für BayerVerf. vertretene Ansicht trifft jedenfalls auf die hmb. Bestimmung des Art. 72 Abs. 3 nicht zu. Hier handelt es sich um eine **haushaltsrechtliche Vorschrift, die dem Budget-Recht der Bgsch. angehört** und die nicht die Vertretungsmacht regeln will oder regelt. Ihre Verletzung hat daher keine Bedeutung für den Käufer, sondern ist eine Angelegenheit zwischen Bgsch. und Senat.

„Veräußerung" im Abs. 3 ist nicht im Sinne des BGB auszulegen. Für diesen Begriff war 1860 das in Hmb. geltende gemeine Recht maßgeblich, er umfaßt auch die Bestellung dinglicher Rechte wie Erbbaurecht, er bezieht sich auch auf die Veräußerung von Rechten.

Was zum regelmäßigen Gang der Verwaltung gehört, ist Tatfrage und kann bei den einzelnen Behörden sehr unterschiedlich entschieden werden. In der Regel wird es sich dabei um die üblichen Geschäfte des Alltags handeln, die auch der Staat vornehmen muß, z. B. Veräußerungen von nicht mehr verwendeten Möbeln, aber auch der Produktionsergebnisse, z. B. der Staatsgüter oder der Gefangenenanstalten.

Unter Verf. 1921 galt noch der Grundsatz, daß bei **Grundstücken** die Voraussetzung des regelmäßigen Verwaltungsganges nur ausnahmsweise anzunehmen sei (Wulff Bem. 6 zu Art. 63). Das hat sich geändert. Durch Wiederaufbau, Sanierung, Neuplanung ganzer Stadtteile sind Grundstückskäufe und -verkäufe in einem früher nie geahnten Umfang angewachsen. In der Legislaturperiode 1953/57 erledigte allein der BürgA über 2000 Senatsanträge, meist Grundstücksangelegenheiten (Bolland, Hmb. Bgsch. in alter und neuer Zeit 143). So kam es zur Errichtung der **Kommission für Bodenordnung** (Ges. v. 22. 12. 1960, GVBl. 473; 1961 9, 335; 1962 70; 1971 45, 210, LS 230-d). Der Vorsitzende, seine Vertreter, acht ehrenamtliche Beisitzer und deren Vertreter werden von der Bgsch. gewählt. Drei Beisitzer und deren Vertreter müssen der Bgsch., je ein Beisitzer und sein Vertreter den Deputationen der Baubehörde, der Finanzbehörde und der Behörde für Wirtschaft und Verkehr angehören. Von jeder Bezirksversammlung werden zwei ehrenamtliche Beisitzer und Vertreter gewählt, die bei Grundstücksgeschäften in ihrem Bezirk mitwirken. Der Bodenordnungskommission gehören außerdem zwei Angehörige der Verwaltung an, die vom Senat bestellt werden. Die Kommission, die der Dienstaufsicht des Senats untersteht, entscheidet anstelle aller sonst in der Verwaltung mitwirkenden Ausschüsse insbesondere über Erwerb und Veräußerung von Grundvermögen zur Verwirklichung von Planungsmaßnahmen. Ihre **Kompetenz ist da begrenzt,** wo auch heute eine Grundstücksveräußerung wegen ihres Umfanges oder ihrer Bedeutung nicht zum regelmäßigen Gang der Verwaltung gehört und mithin der **Zuständigkeit der Bgsch.** unterliegt.

4. Zu Abs. 4 vgl. Bem. 2 zu Art. 66.

VIII.
Schluß- und Übergangsbestimmungen

Artikel 73

Die Wahrnehmung staatsbürgerlicher Rechte und Pflichten in öffentlichen Ehrenämtern darf nicht behindert werden, insbesondere

nicht durch ein Arbeits- oder Dienstverhältnis. Dem Arbeitnehmer ist die dafür nötige freie Zeit zu gewähren. Wieweit der Anspruch auf Vergütung erhalten bleibt, bestimmt das Gesetz.

1. Die Vorschrift stand in den Entwürfen zuletzt im SenE 1950 (StenBer. 1952 643) als Art. 76 und hat durch den Antrag Dr. Weber u. Gen. im Plenum (StenBer. 1952 734) den jetzigen Wortlaut erhalten. Sie ist als einzige aus diesem Abschnitt Bestandteil der Verf. geworden, nachdem der wesentliche Teil in die Präambel übernommen war (Vorwort zur 1. Aufl.).

2. Die Wahrnehmung öffentlicher Ehrenämter spielt in Hamburg eine noch größere Rolle als in den meisten anderen Ländern infolge des stadtstaatlichen Aufbaues und der hansestädtischen Tradition. Der Schutz dieser Tätigkeit erschien daher nötig, um so mehr, als Art. 48 Abs. 1 und 2 GG nur den BTAbg. und den Kandidaten zum BT die erforderliche Freizeit sichert, eine Ausdehnung auf Landtagsabg., wie sie Art. 39 WeimRVerf. für Beamte und Angehörige der Wehrmacht vorsah, gibt es nicht mehr.

Art. 73 bezieht sich **nur auf Personen und Rechtsverhältnisse** in Hmb. und gilt nicht allgemein für Landtage und Gemeindevertretungen anderer Länder. Für hmb. Richter in Landtagen anderer Länder vgl. HmbRiG § 5, für hmb. Beamte und Richter in der Bgsch. vgl. § 13 BgschWG.

3. Ohne Regelung der Vergütungsfrage wird die Vorschrift in vielen Fällen unvollkommen bleiben. Diese Frage erschien für eine verfassungsmäßige Regelung aber zu kompliziert, sie ist daher dem Ges. überlassen worden. Das Ges. ist noch nicht ergangen.

Artikel 74

Alle hamburgischen Beamten einschließlich der Richter sind auf diese Verfassung zu vereidigen. Der Senat beschließt das Nähere.

1. Der Eid hat folgenden Wortlaut:

> „Ich schwöre Treue dem Grundgesetz für die Bundesrepublik Deutschland und der Verf. der FHH, Gehorsam den Gesetzen und gewissenhafte Erfüllung meiner Amtspflicht, so wahr mir Gott helfe."

Die Worte „so wahr mir Gott helfe" können weggelassen werden. Mitglieder von Religionsgesellschaften, denen andere Beteuerungsformeln gestattet sind, dürfen diese Formel an die Stelle der Worte „ich schwöre" setzen (§ 60 HmbBG). Mennoniten bekräftigen die

Wahrheit durch Handschlag und die Erklärung „bei Mannes Wahrheit". Eine Beamtin hat die Erklärung mit dem Wortlaut „bei meinem Wort" abgegeben.

Mit diesem Eid ist sowohl der Verpflichtung des Art. 74 wie dem BRRG § 40 Genüge geleistet, das für den Beamtendiensteid eine Verpflichtung auf das GG vorschreibt.

2. Richter leisten den Eid in einer öffentlichen Sitzung des HansOLG. Der Eid hat folgenden Wortlaut:

„Ich schwöre, das Richteramt getreu dem Grundgesetz für die Bundesrepublik Deutschland, der Verf. der FHH und getreu dem Gesetz auszuüben, nach bestem Wissen und Gewissen ohne Ansehen der Person zu urteilen und nur der Wahrheit und Gerechtigkeit zu dienen, so wahr mir Gott helfe" (§ 2 HmbRiG).

Die Bestimmungen über die Schwurformel sind die gleichen wie bei Beamten.

Artikel 75

(1) Ein Beamter, der den Eid auf die Verfassung verweigert, scheidet aus dem Dienstverhältnis aus. Leistet er den Eid, glaubt aber später, ihn nicht aus innerer Überzeugung erfüllen zu können, so hat er seine Entlassung zu beantragen.

(2) Ein Ruhegehalt kann bewilligt werden.

Bei Inkrafttreten der Verf. haben alle Beamten den Eid geleistet. Er ist von niemand verweigert worden. Bei zukünftigen Ernennungen ist eine Verweigerung schon deswegen unwahrscheinlich, weil die Ernennung vom Antrag des zu Ernennenden abhängig ist, der damit schon seinen Willen ausspricht, daß er im verfassungsmäßigen Rahmen dem Staat dienen will. Eine spätere Erklärung, daß der Eid nicht gehalten werden könne, ist bei den Beratungen nicht für sehr wahrscheinlich gehalten worden. Tatsächlich ist bislang nur ein Fall bekannt geworden. Die Möglichkeit wurde trotzdem ausdrücklich vorgesehen, um die Freiwilligkeit des „Unterwerfungsverhältnisses" deutlich hervorzuheben. Tritt der Fall ein, so ist es Dienstpflicht des Beamten, seine Entlassung zu beantragen; weigert er sich, so wird daher die Entlassung im Wege des Disziplinarverfahrens (dazu § 29 Abs. 1 Ziff. 3 HmbBG) zu erfolgen haben.

Artikel 76

(1) Die Vorläufige Verfassung der Hansestadt Hamburg vom 15. Mai 1946 (Hamburgisches Gesetz- und Verordnungsblatt

74

Seite 51) in der Fassung der Gesetze vom 8. Oktober und 7. Dezember 1946 (Hamburgisches Gesetz- und Verordnungsblatt Seiten 103 und 123) wird aufgehoben.

(2) Diese Verfassung tritt am 1. Juli 1952 in Kraft.

Gesetz über die Wahl zur hamburgischen Bürgerschaft

in der Fassung vom 23. März 1971 (GVBl. 51, LS 111-a)

I. Allgemeines

§ 1

Der Wahltag wird vom Senat bestimmt. Er muß innerhalb eines Zeitraumes von acht Wochen vor dem Ende der Wahlperiode der amtierenden Bürgerschaft liegen.

§ 2

Jeder Wahlberechtigte hat eine Stimme.

§ 3

Die Bürgerschaft besteht aus einhundertzwanzig Abgeordneten.

§ 4

(1) Gewählt wird nach dem Grundsatz der Verhältniswahl mit gebundenen Listen.

(2) Die Freie und Hansestadt Hamburg bildet einen Wahlkreis.

§ 5

(1) Die Abgeordnetensitze werden auf die Wahlvorschläge im Verhältnis der für sie abgegebenen Stimmen im Höchstzahlverfahren d'Hondt verteilt. Über die Zuteilung des letzten Sitzes entscheidet bei gleicher Höchstzahl das vom Landeswahlleiter zu ziehende Los.

(2) Bei der Verteilung der Sitze werden nur Wahlvorschläge berücksichtigt, die mindestens fünf vom Hundert der insgesamt abgegebenen gültigen Stimmen erhalten haben.

II.
Wahlrecht und Wählbarkeit

1. Allgemeines

§ 6

Wahlberechtigt ist, wer am Wahltage

1. das 18. Lebensjahr vollendet hat,
2. Deutscher im Sinne des Artikels 116 Absatz 1 des Grundgesetzes ist und
3. seit mindestens drei Monaten seinen Hauptwohnsitz im Staatsgebiet hat.

§ 7

(1) Nicht wahlberechtigt ist, wer

1. entmündigt ist oder unter vorläufiger Vormundschaft oder wegen geistigen Gebrechens unter Pflegschaft steht,
2. infolge Richterspruchs das Wahlrecht nicht besitzt.

(2) Das Wahlrecht ruht für Personen,

1. die wegen Geisteskrankheit oder Geistesschwäche in einer Heil- und Pflegeanstalt untergebracht sind,
2. die auf Grund Richterspruchs zum Vollzug einer mit Freiheitsentziehung verbundenen Maßregel der Sicherung und Besserung untergebracht sind.

§ 8

(1) Wählen kann nur der Wahlberechtigte, der in einem Wählerverzeichnis eingetragen ist oder der einen Wahlschein hat.

(2) Der Wähler kann nur in dem Wahlbezirk wählen, in dessen Wählerverzeichnis er eingetragen worden ist. Inhaber von Wahlscheinen können im Gebiet des Bezirksamts, in dem der Wahlschein ausgestellt ist, durch Stimmabgabe in einem beliebigen Wahlbezirk wählen.

§ 9

(1) Der Inhaber eines Wahlscheins kann sein Wahlrecht brieflich ausüben, wenn er glaubhaft macht,

a) daß er sich am Wahltage außerhalb des Gebietes seines Bezirksamts aufhält, oder

b) daß er infolge Krankheit, hohen Alters, eines körperlichen Gebrechens oder sonst seines körperlichen Zustandes wegen den Wahlraum nicht oder nur unter unzumutbaren Schwierigkeiten aufsuchen kann.

(2) Bei der Briefwahl hat der Wähler dem Bezirkswahlleiter im verschlossenen Umschlag

a) seinen Wahlschein,

b) in einem besonderen verschlossenen amtlichen Wahlumschlag seinen Stimmzettel

so rechtzeitig zu übersenden, daß der Wahlbrief spätestens am Wahltage bis 18 Uhr eingeht.

(3) Auf dem Wahlschein hat der Wähler eidesstattlich zu versichern, daß er den Stimmzettel persönlich gekennzeichnet hat.

§ 10

(1) Wählbar ist jeder Wahlberechtigte, der am Wahltag das 21. Lebensjahr vollendet hat.

(2) Nicht wählbar ist,

1. wessen Wahlrecht nach § 7 Absatz 2 ruht,
2. wer infolge Richterspruchs die Wählbarkeit oder die Fähigkeit zur Bekleidung öffentlicher Ämter nicht besitzt oder
3. wer, ohne die deutsche Staatsangehörigkeit zu besitzen, Deutscher im Sinne des Artikels 116 Absatz 1 des Grundgesetzes ist und diese Rechtsstellung durch Ausschlagung der deutschen Staatsangehörigkeit nach dem Gesetz zur Regelung von Fragen der Staatsangehörigkeit vom 22. Februar 1955 (Bundesgesetzblatt I Seite 65) erlangt hat.

§ 11

(1) Ein Abgeordneter verliert seinen Sitz,

1. wenn er freiwillig aus der Bürgerschaft ausscheidet,
2. wenn festgestellt wird, daß eine Wählbarkeitsvoraussetzung nicht vorhanden gewesen ist,
3. wenn eine Wählbarkeitsvoraussetzung wegfällt,
4. wenn die Wahl für ungültig erklärt wird oder wenn er einer Entscheidung nach Artikel 9 oder Artikel 13 Absatz 2 der Verfassung zufolge seine Mitgliedschaft verliert,
5. wenn sich das Wahlergebnis nachträglich ändert.

(2) Das freiwillige Ausscheiden ist dem Präsidenten der Bürgerschaft schriftlich zu erklären. Es kann nicht widerrufen werden.

§ 12

(1) Wird eine Partei oder die Teilorganisation einer Partei durch das Bundesverfassungsgericht gemäß Artikel 21 des Grundgesetzes für verfassungswidrig erklärt, so verlieren die Abgeordneten, die dieser Partei oder Teilorganisation zur Zeit der Antragstellung oder der Verkündung des Urteils angehören, ihren Sitz und die nichtgewählten Bewerber ihre Anwartschaft als Listennachfolger.

(2) Unverzüglich nach der Verkündung der Entscheidung des Bundesverfassungsgerichts werden die Sitze der Bürgerschaft unter entsprechender Anwendung des § 5 auf die verbliebenen Parteien neu verteilt. Der Neuverteilung werden die für die Wahl der Bürgerschaft aufgestellt gewesenen Wahlvorschläge unter Beachtung der in der Zwischenzeit gemäß § 11 Absatz 1 Ziffern 1 bis 5 eingetretenen Veränderungen zugrunde gelegt. Die auf die für verfassungswidrig erklärte Partei entfallenen Stimmen werden bei der Neuverteilung nicht berücksichtigt. Ist nur ein Teil der Abgeordneten einer Partei ausgeschieden, so wird bei der Neuverteilung der Sitze nur derjenige Teil der auf diese Partei entfallenen Stimmen berücksichtigt, der dem Verhältnis der in der Bürgerschaft verbliebenen zu der ursprünglichen Gesamtzahl der Abgeordneten der Partei entspricht.

2. Wählbarkeit der Angehörigen des öffentlichen Dienstes

§ 13

(1) Beamte der Freien und Hansestadt Hamburg mit Dienstbezügen, zu deren eigentümlichem und regelmäßigem Aufgabenbereich die Ausübung von Hoheitsbefugnissen mit staatlicher Zwangs- oder Befehlsgewalt gehört, und Berufsrichter können die Wahl zur Bürgerschaft nur annehmen, wenn sie nachweisen, daß sie von ihrem Dienstherrn ohne Bezüge beurlaubt worden sind. Der Dienstherr ist verpflichtet, einem solchen Antrag stattzugeben.

(2) Die Zeit der Mitgliedschaft in der Bürgerschaft gilt als Dienstzeit im Sinne des Besoldungs- und Versorgungsrechtes, soweit sie vor Erreichung der gesetzlichen Altersgrenze liegt.

§ 14

(1) Die vorstehenden Bestimmungen gelten sinngemäß für Angestellte, wenn sie Hoheitsbefugnisse unter den in § 13 Absatz 1 genannten Voraussetzungen ausüben.

(2) Sofern der Angestellte bis zur Annahme der Wahl in der gesetzlichen Rentenversicherung versicherungspflichtig war, kann er sich auf Kosten der Freien und Hansestadt Hamburg freiwillig weiterversichern, wenn die gesetzlichen Voraussetzungen für die Weiterversicherung vorliegen. Die Freie und Hansestadt Hamburg erstattet dem Angestellten monatlich den von ihm geleisteten Beitrag bis zur Höhe des Betrages derjenigen Beitragsklasse für die Pflichtversicherung, welche für die Vergütung gilt, die dem Angestellten beim Verbleiben im Dienst zugestanden hätte. Besteht für die Weiterversicherung keine Beitragsklasse mit gleich hohem Beitrag, so ist der nächsthöhere Monatsbeitrag zu erstatten.

(3) Sofern der Angestellte bis zur Annahme der Wahl in der gesetzlichen Rentenversicherung von der Versicherungspflicht gemäß Artikel 2 § 1 des Angestelltenversicherungs-Neuregelungsgesetzes vom 23. Februar 1957 (Bundesgesetzblatt I Seite 88) in der Fassung des Gesetzes vom 27. Juli 1957 (Bundesgesetzblatt I Seite 1074) befreit war, erhält er, wenn er einen Lebensversicherungsvertrag abgeschlossen hat, den sich nach Absatz 2 ergebenden Betrag als Zuschuß zur monatlichen Prämie. Der Zuschuß darf die Höhe der monatlichen Prämie nicht übersteigen. Die Sätze 1 und 2 gelten entsprechend für Angestellte, die bis zur Annahme der Wahl versicherungspflichtig waren, aber zur Weiterversicherung nicht berechtigt sind.

§ 15

(1) Beamte und Angestellte, die in einem beim Landeswahlleiter eingereichten Wahlvorschlag benannt sind, haben dies ihrem Dienstherrn unverzüglich anzuzeigen. Der Dienstherr hat auf die Anzeige hin unverzüglich darüber zu entscheiden, ob der Beamte oder Angestellte Hoheitsbefugnisse unter den Voraussetzungen des § 13 Absatz 1 ausübt. Die Entscheidung ist auch dem Präsidenten der Bürgerschaft zuzustellen.

(2) Gegen die Entscheidung des Dienstherrn ist innerhalb von 10 Tagen nach Zustellung der Antrag auf Entscheidung durch das Hamburgische Verfassungsgericht zulässig. Antragsberechtigt sind:

1. der Beamte oder Angestellte,
2. eine Fraktion der Bürgerschaft,
3. eine Minderheit der Bürgerschaft, die mindestens ein Zehntel der gesetzlichen Mitgliederzahl umfaßt.

§ 16

Auf Personen, die ein Ehrenamt bekleiden oder keine feste Besoldung erhalten, finden die §§ 13 bis 15 keine Anwendung.

§ 17

Die Entlassung eines Beamten oder Richters oder die Kündigung eines Angestellten wegen seiner Tätigkeit als Abgeordneter ist unzulässig.

III.
Vorbereitung für die Wahl

1. Landeswahlleiter, Bezirkswahlleiter, Landeswahlausschuß

§ 18

(1) Der Senat bestellt einen Landeswahlleiter. Stellvertreter des Landeswahlleiters ist der Direktor des Statistischen Landesamts.

(2) Bezirkswahlleiter ist der Bezirksamtsleiter. Der Landeswahlleiter ernennt für jeden Bezirkswahlleiter einen Stellvertreter.

(3) Vor jeder Wahl wird ein Landeswahlausschuß gebildet. Er besteht aus dem Landeswahlleiter und aus acht Mitgliedern, welche die Bürgerschaft wählt. Für jedes Mitglied wählt die Bürgerschaft einen Stellvertreter.

(4) Vorsitzender des Landeswahlausschusses ist der Landeswahlleiter oder sein Stellvertreter. Der Landeswahlausschuß beschließt mit Stimmenmehrheit, bei Stimmengleichheit entscheidet die Stimme des Vorsitzenden.

(5) Der Landeswahlleiter übernimmt die Vorbereitung und Durchführung der Wahl und bedient sich dabei des Landeswahlamts.

2. Wahlbezirke

§ 19

(1) Die Freie und Hansestadt Hamburg wird vom Landeswahlamt im Benehmen mit den Bezirksämtern in Wahlbezirke eingeteilt. Dabei sind die verwaltungsmäßigen Grenzen einzuhalten.

(2) Das Bezirksamt bestellt innerhalb seines Gebiets für jeden Wahlbezirk einen Wahlvorsteher und einen Stellvertreter.

(3) Der Wahlvorsteher beruft aus den Wahlberechtigten drei bis sechs Beisitzer und einen Schriftführer. Bei der Berufung der Bei-

sitzer sind die an der Wahl beteiligten Parteien nach Möglichkeit zu berücksichtigen.

(4) Der Wahlvorsteher, sein Stellvertreter, die Beisitzer und der Schriftführer bilden den Wahlvorstand.

3. Wählerverzeichnisse

§ 20

(1) Für jeden Wahlbezirk wird ein Wählerverzeichnis geführt.

(2) Die Wählerverzeichnisse werden zu allgemeiner Einsicht öffentlich ausgelegt. Zeit und Ort werden öffentlich bekanntgemacht.

(3) Gegen die Wählerverzeichnisse ist der Widerspruch zulässig. Es wird öffentlich bekanntgemacht, innerhalb welcher Frist und bei welcher Stelle der Widerspruch erhoben werden kann.

(4) Über den Widerspruch entscheidet der Bezirkswahlleiter.

4. Wahlscheine

§ 21

(1) Ein Wahlberechtigter, der in einem Wählerverzeichnis eingetragen ist, erhält auf Antrag einen Wahlschein,

1. wenn er in einem Wahlvorstand außerhalb seines Wahlbezirks mitwirken muß,
2. wenn er sich in einer Krankenanstalt oder einer ähnlichen Anstalt befindet und das Wahllokal seines Wahlbezirks nicht aufsuchen kann,
3. wenn er glaubhaft macht, daß er sich am Wahltag aus anderen sachlich berechtigten Gründen während der Wahlzeit nicht in seinem Wahlbezirk aufhalten wird,
4. wenn er infolge Krankheit, hohen Alters, eines körperlichen Gebrechens oder sonst seines körperlichen Zustandes wegen den Wahlraum nicht oder nur unter unzumutbaren Schwierigkeiten aufsuchen kann,
5. wenn er nach Ablauf der Widerspruchsfrist (§ 20 Absatz 3) seine Wohnung in einen anderen Wahlbezirk verlegt.

(2) Ein Wahlberechtigter, der in einem Wählerverzeichnis nicht eingetragen oder darin gestrichen worden ist, erhält auf Antrag einen Wahlschein, wenn er nachweist, daß er ohne sein Verschulden die Widerspruchsfrist (§ 20 Absatz 3) versäumt hat.

(3) Einen Wahlschein erhält ferner, wer nicht in ein Wählerverzeichnis eingetragen worden ist und nach Ablauf der Widerspruchs-

frist (§ 20 Absatz 3) bis zum Wahltag die Voraussetzungen der Wahlberechtigung (§§ 6 und 7) erwirbt.

5. Wahlvorschläge

§ 22

(1) Wahlvorschläge können von einzelnen Parteien und Wahlberechtigten, nicht aber von Parteienverbindungen eingereicht werden.

(2) Eine Verbindung von Wahlvorschlägen ist unzulässig. Unzulässig sind ferner Wahlvorschläge, die der Umgehung des Verbotes der Listenverbindung dienen.

(3) Die Wahlvorschläge sind beim Landeswahlleiter einzureichen. Über ihre Zulassung entscheidet der Landeswahlausschuß.

§ 23

(1) Von Parteien können Wahlvorschläge nur eingereicht werden, wenn sie einen nach demokratischen Grundsätzen gewählten Vorstand, eine schriftliche Satzung und ein schriftliches Programm nachweisen. Dieses Nachweises bedarf es nicht, wenn die Partei im Bundestag oder in einem anderen Landtag des Bundesgebietes seit deren letzter Wahl ununterbrochen vertreten war oder wenn Wahlvorschläge der Partei bei der letzten Bundestagswahl zugelassen waren.

(2) Wahlvorschläge von Parteien müssen von der für Hamburg satzungsgemäß zuständigen Landesleitung unterzeichnet sein. Wahlvorschläge von Parteien, die weder im Bundestag noch in einem Landtag des Bundesgebietes vertreten sind, müssen außerdem von mindestens fünfhundert Wahlberechtigten, die nicht zugleich Bewerber sind, persönlich und handschriftlich unterzeichnet sein.

(3) Wahlvorschläge von Wahlberechtigten müssen von fünfhundert Wahlberechtigten, die nicht zugleich Bewerber sind, persönlich und handschriftlich unterzeichnet sein.

(4) Die Unterzeichner müssen ihre Wohnung und ihr Geburtsdatum angeben.

(5) Jeder Wahlberechtigte darf nur einen Wahlvorschlag unterschreiben.

§ 24

(1) Als Bewerber einer Partei kann in einem Wahlvorschlag nur benannt werden, wer in einer Versammlung der wahlberechtigten

Mitglieder der Partei oder in einer Versammlung der von den wahlberechtigten Mitgliedern der Partei aus ihrer Mitte gewählten Vertreter in geheimer Abstimmung hierzu gewählt worden ist.

(2) Vertreterversammlung kann auch eine nach der Satzung allgemein für bevorstehende Wahlen von den wahlberechtigten Mitgliedern der Partei bestellte Versammlung sein, wenn sie nicht früher als zwei Jahre vor dem Wahltage gewählt worden ist.

(3) Der Landesvorstand oder eine andere in der Parteisatzung hierfür vorgesehene Stelle kann gegen den Beschluß einer Mitgliederversammlung oder einer Vertreterversammlung Einspruch erheben. Auf einen solchen Einspruch ist die Abstimmung zu wiederholen. Ihr Ergebnis ist endgültig.

(4) Das Nähere über die Wahl der Vertreter für die Vertreterversammlung, über die Einberufung und Beschlußfähigkeit der Mitgliederversammlung oder der Vertreterversammlung sowie über das Verfahren für die Wahl der Bewerber regeln die Parteien durch ihre Satzungen.

(5) Eine Abschrift der Niederschrift über die Wahl der Bewerber mit Angaben über Ort und Zeit der Versammlung, die Form der Einladung und über die Zahl der erschienenen Mitglieder ist mit dem Wahlvorschlag einzureichen. Zwei an der Versammlung beteiligte Mitglieder haben gegenüber dem Landeswahlleiter eidesstattlich zu versichern, daß die Bewerber in geheimer Abstimmung aufgestellt worden sind.

§ 25

(1) Die Bewerber müssen im Wahlvorschlag in erkennbarer Reihenfolge aufgeführt sein. Name, Vorname, Geburtstag, Geburtsort, Anschrift und Beruf der Bewerber müssen angegeben werden.

(2) Ein Bewerber darf nur in einem Wahlvorschlag benannt werden.

(3) Die Bewerber müssen dem Landeswahlleiter ihre Zustimmung zu der Aufstellung schriftlich erklären.

(4) Wahlvorschläge von Parteien müssen den Namen der einreichenden Partei, Wahlvorschläge von Wahlberechtigten ein Kennwort enthalten.

(5) In jedem Wahlvorschlag sollen ein Vertrauensmann und ein Stellvertreter bezeichnet werden. Fehlt diese Bezeichnung, so gilt der erste Unterzeichner als Vertrauensmann, der zweite als sein Stellvertreter.

(6) Tritt nach Ablauf der Frist für die Einreichung der Wahlvorschläge ein Bewerber zurück oder fällt eine Wählbarkeitsvoraussetzung weg, so ist das für die Durchführung der Wahl unbeachtlich.

§ 26

Der Landeswahlleiter gibt die Wahlvorschläge nach der Zulassung öffentlich bekannt. Hierbei richtet sich die Reihenfolge nach den Stimmenzahlen bei der letzten Bürgerschaftswahl. Sind Wahlvorschläge von Parteien zugelassen, die nicht bei der letzten Bürgerschaftswahl, aber bei der letzten Bundestagswahl mit Wahlvorschlägen aufgetreten sind, so werden sie entsprechend der Zahl der dort erhaltenen Zweitstimmen eingereiht, die übrigen nach dem zeitlichen Eingang der Wahlvorschläge.

6. Stimmzettel

§ 27

(1) Stimmzettel werden amtlich hergestellt.

(2) Sie enthalten alle zugelassenen Wahlvorschläge unter Angabe von Vor- und Familiennamen der vier ersten Bewerber. Bei Wahlvorschlägen von Parteien wird außerdem der vollständige Name der Partei unter Hinzufügung der üblichen Abkürzung angegeben.

(3) Für die Reihenfolge der Wahlvorschläge gilt § 26.

(4) Der Stimmzettel für die Bürgerschaftswahl kann mit dem Stimmzettel für die Wahl der Bezirksabgeordneten zu den Bezirksversammlungen verbunden werden.

IV.
Wahlhandlung und Feststellung des Wahlergebnisses

1. Wahlhandlung

§ 28

(1) Die Wahlhandlung ist öffentlich.

(2) Über die Wahlhandlung ist eine Niederschrift zu führen.

(3) Der Wahlraum muß so ausgestattet sein, daß das Wahlgeheimnis gewahrt wird.

§ 29

(1) Der Wähler stimmt in einer Wahlzelle ab, indem er durch ein Kreuz oder auf andere Weise eindeutig auf dem Stimmzettel kenntlich macht, welchen Wahlvorschlag er wählen will.

(2) Anstelle von Stimmzetteln können amtlich zugelassene Stimmenzählgeräte verwendet werden.

(3) Eine Vertretung bei der Stimmabgabe ist unzulässig.

§ 30

(1) Die Wahlvorsteher sind für die ordnungsmäßige Durchführung der Wahl in den Wahlräumen verantwortlich.

(2) Der Wahlvorsteher oder sein Stellvertreter kann Anwesende aus dem Wahlraum verweisen, wenn sie trotz Verwarnung die Ruhe oder Ordnung stören.

2. Feststellung des Wahlergebnisses

§ 31

(1) Nach Beendigung der Wahl ist in den einzelnen Wahlbezirken das Wahlergebnis öffentlich zu ermitteln.

(2) Über Stimmzettel, deren Gültigkeit nicht feststeht, entscheidet der Wahlvorstand mit Stimmenmehrheit. Bei Stimmengleichheit entscheidet die Stimme des Wahlvorstehers.

(3) Die Entscheidungen des Wahlvorstandes unterliegen der Nachprüfung durch den Landeswahlausschuß.

(4) Das Ergebnis im Wahlbezirk ist unverzüglich dem Landeswahlleiter zu übermitteln.

§ 32

(1) Der Landeswahlleiter stellt fest, wieviele Stimmen für die einzelnen Wahlvorschläge abgegeben worden sind. Alsdann ermittelt er nach §§ 5, 25 Absatz 1 Satz 1 die Namen der gewählten Abgeordneten.

(2) Die Feststellung des Wahlergebnisses bedarf der Bestätigung durch den Landeswahlausschuß.

§ 33

Der Landeswahlleiter gibt die Namen der gewählten Abgeordneten öffentlich bekannt.

§ 34

(1) Die gewählten Bewerber werden vom Landeswahlleiter über ihre Wahl verständigt. Sie sind aufzufordern, innerhalb von sieben Tagen schriftlich mitzuteilen, ob sie die Wahl annehmen.

(2) Erklärt sich ein Bewerber innerhalb der Frist nicht, so gilt die Wahl als angenommen.

(3) Ist der Gewählte Beamter oder Angestellter im Sinne von § 15, so gilt die Wahl als abgelehnt,

a) wenn er es unterlassen hat, die Entscheidung seines Dienstherrn herbeizuführen,
b) wenn er nicht innerhalb der Frist von sieben Tagen den Nachweis führt, daß er ohne Bezüge beurlaubt worden ist oder
c) wenn er nicht innerhalb der gleichen Frist den Nachweis führt, daß die Ausübung von Hoheitsbefugnissen mit staatlicher Zwangs- oder Befehlsgewalt nicht zu seinem eigentümlichen und regelmäßigen Aufgabenbereich gehört.

Der Ablauf der Frist ist gehemmt, bis die Entscheidung des Dienstherrn unanfechtbar geworden oder eine Entscheidung des Verfassungsgerichts gefällt worden ist.

(4) Ist der Gewählte Berufsrichter, so gilt die Wahl als abgelehnt, wenn er nicht die unter Buchstabe b genannten Voraussetzungen erfüllt.

(5) Ein gewählter Bewerber darf erst dann als Abgeordneter handeln, wenn die Wahl nach den Absätzen 1 bis 4 angenommen ist oder als angenommen gilt.

V.
Nachwahlen

§ 35

Der Landeswahlleiter hat eine Nachwahl in den Wahlbezirken anzuberaumen, in denen die Wahl wegen höherer Gewalt nicht durchgeführt werden konnte.

§ 36

(1) Eine Nachwahl soll spätestens vier Wochen nach dem Tage der Hauptwahl stattfinden.

(2) Den Tag der Nachwahl bestimmt der Landeswahlleiter.

(3) Auf Grund der Nachwahl wird das Wahlergebnis für die Freie und Hansestadt neu ermittelt.

§ 37

Für die Nachwahl gelten im übrigen die Bestimmungen dieses Gesetzes sinngemäß.

VI.
Ersatz ausscheidender Abgeordneter

§ 38

Lehnt ein gewählter Bewerber die Wahl ab oder scheidet ein Abgeordneter während der Wahlperiode aus, so ist der in der aufgeführten Reihenfolge nachfolgende Bewerber auf dem Wahlvorschlag für gewählt zu erklären. Ist kein Bewerber mehr auf dem Wahlvorschlag vorhanden, so ist der freie Sitz demjenigen Bewerber zuzuerkennen, dem er bei Fortrechnung nach dem Höchstzahlverfahren d'Hondt (§ 5) zufällt.

§ 38 a

(1) Das Bürgerschaftsmandat eines Senators wird während der Amtszeit als Senator von dem nächstberufenen Bewerber auf dem Wahlvorschlag ausgeübt. Wird dieser Bewerber für gewählt erklärt, weil ein Abgeordneter während der Wahlperiode ausgeschieden ist (§ 38 Satz 1), so übt an seiner Stelle der nunmehr nächstberufene Bewerber das Mandat des Senators aus.

(2) Scheidet im Falle des Ruhens der Bürgerschaftsmandate mehrerer auf dem gleichen Wahlvorschlag gewählter Senatoren ein Senator aus dem Senat mit der Wirkung aus, daß das Ruhen seines Mandats endet, so tritt derjenige Bewerber auf dem Wahlvorschlag von der Ausübung des Mandats zurück, der als Letzter berufen worden war.

(3) Das Ruhen eines Abgeordnetenmandats, seine Ausübung durch einen nachfolgenden Bewerber, das Ende des Ruhens sowie das Zurücktreten eines Bewerbers werden vom Landeswahlleiter festgestellt.

VII.
Wiederholungswahl

§ 39

(1) Ist auf Grund eines Beschlusses der Bürgerschaft eine Wiederholungswahl erforderlich geworden, so soll sie nach Möglichkeit nicht später als drei Monate nach der Hauptwahl stattfinden.

(2) Bei der Wiederholungswahl wird nach denselben Wahlvorschlägen und auf Grund derselben Wählerverzeichnisse gewählt,

soweit nicht von der Bürgerschaft eine andere Entscheidung getroffen worden ist.

(3) Wird eine Wiederholungswahl in Wahlbezirken mit zusammen mehr als einem Viertel der Wahlberechtigten erforderlich, so ist die ganze Bürgerschaft neu zu wählen.

(4) Auf Grund einer Wiederholungswahl wird das Wahlergebnis für die Freie und Hansestadt Hamburg neu ermittelt.

(5) Im übrigen finden die Bestimmungen dieses Gesetzes Anwendung.

VIII.
Wahlprüfung

§ 40

(1) Einspruch gegen die Gültigkeit der Wahlen zur Bürgerschaft können jeder Wahlberechtigte, jede Gruppe von Wahlberechtigten und in amtlicher Eigenschaft der Landeswahlleiter und der Präsident der Bürgerschaft einlegen.

(2) Der Einspruch ist schriftlich bei der Bürgerschaft einzureichen und zu begründen. Bei gemeinschaftlichen Einsprüchen ist ein Bevollmächtigter zu benennen.

(3) Der Einspruch muß innerhalb eines Monats nach der amtlichen Bekanntmachung des Wahlergebnisses bei der Bürgerschaft eingehen. Für den Präsidenten der Bürgerschaft beginnt die Frist mit seiner Wahl zum Präsidenten.

(4) Der Beschluß der Bürgerschaft über den Einspruch ist den Einsprechenden von der Kanzlei der Bürgerschaft mit einer Rechtsmittelbelehrung zuzustellen.

IX.
Pflicht zu ehrenamtlicher Mitwirkung

§ 41

Jeder Wahlberechtigte ist verpflichtet, das ihm übertragene Amt eines Wahlvorstehers, Stellvertreters des Wahlvorstehers, Beisitzers oder Schriftführers im Wahlvorstand oder eines Mitglieds im Landeswahlausschuß zu übernehmen. Er darf die Übernahme nur aus einem wichtigen Grund ablehnen.

§ 42

Die Übernahme eines Amtes nach § 41 dürfen ablehnen:

1. die Mitglieder des Senats,
2. die im öffentlichen Dienst Beschäftigten, die amtlich mit dem Vollzug dieses Gesetzes oder mit der Aufrechterhaltung der öffentlichen Sicherheit und Ordnung betraut sind,
3. Personen, die auf einem Wahlvorschlag genannt sind,
4. Wahlberechtigte, die das 65. Lebensjahr vollendet haben,
5. Wähler, die glaubhaft machen, daß sie aus dringenden beruflichen Gründen oder durch Krankheit oder durch Gebrechen verhindert sind, das Amt ordnungsmäßig zu führen,
6. Wähler, die sich am Wahltag aus zwingenden Gründen außerhalb ihres Wohnorts aufhalten.

§ 43

(1) Ordnungswidrig handelt, wer die Übernahme einer ehrenamtlichen Tätigkeit bei der Wahl ohne wichtigen Grund ablehnt.

(2) Die Ordnungswidrigkeit kann mit einer Geldbuße geahndet werden.

X.
Wahlstatistik

§ 44

(1) Das Ergebnis der Wahl ist statistisch zu bearbeiten.

(2) Der Landeswahlleiter kann bestimmen, daß in von ihm bestimmten Wahlbezirken auch Statistiken über Geschlechts- und Altersgliederung der Wahlberechtigten und Wähler unter Berücksichtigung der Stimmabgabe für die einzelnen Wahlvorschläge zu erstellen sind. Die Trennung der Wahl nach Altersgruppen und Geschlechtern ist nur zulässig, wenn die Stimmabgabe der einzelnen Wähler dadurch nicht erkennbar wird.

(3) Der Senat kann durch Rechtsverordnung anordnen, daß in von dem Landeswahlleiter zu bestimmenden Wahlbezirken auch Statistiken nach anderen als den in Absatz 2 genannten Merkmalen unter Berücksichtigung der Stimmabgabe für die einzelnen Wahlvorschläge zu erstellen sind.

XI.
Schlußvorschriften

§ 45

Der Senat erläßt die Wahlordnung. Sie kann insbesondere Rechtsvorschriften enthalten über

1. die Tätigkeit, Beschlußfähigkeit und das Verfahren der Wahlorgane,
2. die Wahlzeit,
3. die Führung der Wählerverzeichnisse, ihre Auslegung, Berichtigung und ihren Abschluß, den Widerspruch gegen die Wählerverzeichnisse sowie die Benachrichtigung der Wahlberechtigten,
4. die Ausstellung von Wahlscheinen und den Widerspruch gegen die Ablehnung von Wahlscheinen,
5. die Briefwahl,
6. Einreichung, Inhalt und Form der Wahlvorschläge sowie der dazugehörigen Unterlagen, ihre Prüfung, die Beseitigung von Mängeln sowie ihre Zulassung und Bekanntgabe,
7. Form und Inhalt des Stimmzettels sowie den Wahlvorschlag,
8. Bereitstellung, Einrichtung und Bekanntgabe der Wahlräume sowie Wahlschutzvorrichtungen und Wahlzellen,
9. die Stimmabgabe,
10. die Zulassung und Verwendung von Stimmenzählgeräten,
11. die Wahl in Kranken- und Pflegeanstalten sowie in Gefangenenanstalten,
12. die Feststellung der Wahlergebnisse, ihre Weitermeldung und Bekanntgabe sowie die Benachrichtigung der Gewählten,
13. die Durchführung von Nachwahlen und Wiederholungswahlen,
14. die Zahlung einer Vergütung an die bei der Durchführung der Wahl ehrenamtlich tätigen Personen.

§ 46

Das Gesetz über die Wahl zur hamburgischen Bürgerschaft vom 6. Dezember 1956 (Hamburgisches Gesetz- und Verordnungsblatt Seite 497) wird aufgehoben.

Geschäftsordnung der Hamburgischen Bürgerschaft

(Letzte Änderung vom 17. Februar 1971)

Die Bürgerschaft hat sich in ihrer Sitzung vom 13. März 1963 nach Artikel 18 der Verfassung der Freien und Hansestadt Hamburg vom 6. Juni 1952 folgende Geschäftsordnung gegeben:

I. Konstituierung der Bürgerschaft

§ 1
Einberufung

(1) Die erste Sitzung der Bürgerschaft muß in den ersten drei Wochen nach der Wahl stattfinden; sie ist von dem Präsidenten der bisherigen Bürgerschaft einzuberufen[1]).

(2) In der ersten Sitzung führt der Alterspräsident den Vorsitz, bis der neugewählte Präsident oder einer seiner Vertreter den Vorsitz übernimmt. Der an Lebensjahren älteste und zur Übernahme dieses Amtes bereite Abgeordnete ist Alterspräsident.

(3) Der Alterspräsident bestimmt zwei Abgeordnete zu vorläufigen Schriftführern; dann werden die Abgeordneten namentlich aufgerufen.

§ 2
Wahl des Vorstandes

(1) Nach Feststellung der Beschlußfähigkeit werden die Wahlen zum Vorstand der Bürgerschaft vorgenommen[2]). Sie erfolgen durch Stimmzettel.

(2) Der Vorstand der Bürgerschaft besteht aus dem Präsidenten, dem Ersten und dem Zweiten Vizepräsidenten und vier Schriftführern.

(3) Der Präsident, der Erste und der Zweite Vizepräsident werden in getrennten Wahlhandlungen gewählt. Erhält kein Vorschlag mehr als die Hälfte der abgegebenen Stimmen, so ist die Wahl zu wiederholen. Bringt auch der zweite Wahlgang keine Entscheidung, wird zwischen den beiden Anwärtern mit den höchsten Stimmzahlen in einer Stichwahl entschieden.

---

[1]) Art. 12, Abs. 1, Satz 2 HV.

[2]) Art. 24, Abs. 3 HV.

(4) Die Schriftführer werden in einer Wahlhandlung mit einfacher Mehrheit gewählt.

(5) Bei Stimmengleichheit entscheidet das Los.

§ 3

Geltungsdauer der Wahl

Der Vorstand wird für die Dauer der Wahlperiode gewählt. Jedes Mitglied des Vorstandes kann jederzeit seine Entlassung begehren. Beim Ausscheiden eines Mitgliedes findet eine Ersatzwahl statt.

§ 4

Regelung bei Verhinderung der Präsidenten

Sind gleichzeitig der Präsident und beide Vizepräsidenten verhindert, an der Sitzung der Bürgerschaft teilzunehmen, so wählt die Bürgerschaft unter dem Vorsitz des Alterspräsidenten für diese Sitzung einen oder mehrere Vertreter.

II. Der Vorstand der Bürgerschaft

§ 5

Aufgaben des Präsidenten

(1) Der Präsident übt das Hausrecht und die Polizeigewalt in den von der Bürgerschaft benutzten Räumen aus; ihm untersteht die Bürgerschaftskanzlei[1]).

(2) Der Präsident verfügt nach Maßgabe des Haushaltsplanes über Einnahmen und Ausgaben der Bürgerschaft und vertritt die Freie und Hansestadt Hamburg in allen Rechtsgeschäften und Rechtsstreitigkeiten der Bürgerschaft[2]).

(3) Es ist die Aufgabe des Präsidenten, die Bürgerschaft und jeden einzelnen Abgeordneten in ihren verfassungsmäßigen Rechten zu schützen.

(4) Der Präsident ernennt und entläßt die Beamten der Bürgerschaft[3]).

---

[1]) Art. 18, Abs. 2, Satz 1 HV.
[2]) Art. 18, Abs. 2, Satz 2 HV.
[3]) Art. 18, Abs. 2, Satz 3 HV.

(5) Der Präsident leitet die Sitzungen gerecht und unparteiisch. Er überwacht die Innehaltung der Geschäftsordnung und sorgt für die Aufrechterhaltung der Ordnung im Hause.

(6) Wenn der Präsident sich an der Beratung beteiligen will, gibt er den Vorsitz ab.

§ 6
Aufgaben der Vizepräsidenten

Die beiden Vizepräsidenten vertreten den Präsidenten im Vorsitz und in seinen sonstigen Geschäften.

§ 7
Aufgaben der Schriftführer

(1) Die Schriftführer unterstützen den Präsidenten. Sie führen die Rednerliste, überwachen die Redezeit, nehmen den Namensaufruf vor, sammeln die Stimmzettel ein und ermitteln die Wahlergebnisse. Ein Schriftführer unterzeichnet zusammen mit dem Präsidenten den gedruckten Verhandlungsbericht (§ 53, Abs. 1, Satz 2).

(2) Reicht die Zahl der anwesenden Schriftführer nicht aus, so bestimmt der Präsident für den Einzelfall Abgeordnete zu stellvertretenden Schriftführern.

§ 8
Zusammentritt des Vorstandes

Sitzungen des Vorstandes werden durch den Präsidenten einberufen. Auf Verlangen von zwei Vorstandsmitgliedern muß eine Sitzung einberufen werden. Der Vorstand ist beschlußfähig, wenn mindestens vier seiner Mitglieder anwesend sind.

III. Die Fraktionen

§ 9
Bildung der Fraktionen

(1) Die Fraktionen sind Vereinigungen von Mitgliedern, die derselben Partei angehören. Die zur Bildung einer Fraktion notwendige Mitgliederzahl wird durch Beschluß der Bürgerschaft festgesetzt. Beim Zustandekommen einer Fraktion zählen Gäste nicht mit.

(2) Die Bildung einer Fraktion, das Verzeichnis ihrer Mitglieder und Gäste sowie die Namen der Vorsitzenden sind dem Präsidenten schriftlich mitzuteilen.

§ 10
Reihenfolge der Fraktionen

Die Zusammensetzung des Vorstandes und der Ausschüsse sowie die Regelung des Vorsitzes in den Ausschüssen ist im Verhältnis der Stärke der einzelnen Fraktionen (d'Hondt) vorzunehmen. Dabei zählen Gäste mit. Dieselben Grundsätze sind bei Wahlen anzuwenden.

IV. Der Ältestenrat

§ 11
Zusammensetzung

Der Ältestenrat besteht aus dem Präsidenten, seinen Stellvertretern und weiteren Mitgliedern der Bürgerschaft, die von den Fraktionen benannt werden.

§ 12
Aufgaben des Ältestenrates

(1) Der Ältestenrat hat die Aufgabe, den Präsidenten in seiner Amtsführung zu unterstützen. Er soll vornehmlich eine Verständigung zwischen den Fraktionen über den Arbeitsplan der Bürgerschaft und über die Besetzung der Stellen der Vorsitzenden und der Schriftführer der Ausschüsse herbeiführen. Er ist kein Beschlußorgan.

(2) Sind Abweichungen von den Vereinbarungen im Ältestenrat beabsichtigt, so sollen der Präsident und die Fraktionen vorher verständigt werden.

§ 13
Einberufung des Ältestenrates

(1) Der Präsident beruft den Ältestenrat ein und leitet seine Verhandlungen. Ist er verhindert, vertritt ihn einer seiner Stellvertreter.

(2) Der Ältestenrat muß einberufen werden, wenn eine Fraktion es verlangt; er ist beratungsfähig, wenn die Mehrheit der Fraktionen vertreten ist.

V. Vorbereitung der Bürgerschaftssitzungen

§ 14
Ladung

(1) Der Präsident setzt Zeit und Tagesordnung der Sitzung fest, sofern die Bürgerschaft nicht selbst darüber Beschluß gefaßt hat.

(2) Jeder Abgeordnete ist gesondert durch die Kanzlei der Bürgerschaft einzuladen.

(3) Tag und Stunde der Sitzung sind öffentlich bekanntzumachen.

(4) Die förmliche Einladung und Bekanntmachung soll auch dann erfolgen, wenn die Bürgerschaft die Weiterberatung ihrer Tagesordnung auf eine neue Sitzung verlegt, es sei denn, daß die Sitzung noch am gleichen Tage stattfindet.

§ 15
Tagesordnung

(1) Die Tagesordnung und die rechtzeitig gestellten Anträge sind den Abgeordneten und dem Senat schriftlich mitzuteilen.

(2) Nachträge sollen nur im Einvernehmen mit dem Ältestenrat auf die Tagesordnung gesetzt werden. Gegenstände, die nicht auf der Tagesordnung oder einem Nachtrag stehen, können nicht verhandelt werden.

(3) Die Bürgerschaft kann die Reihenfolge der Tagesordnung ändern oder sich vor ihrer Erledigung vertagen.

(4) Dringliche Senatsanträge sind vor allen anderen Gegenständen zu verhandeln[1]).

(5) Die Bürgerschaft kann beschließen, mehrere Punkte der Tagesordnung gemeinsam zu beraten.

VI. Sitzung der Bürgerschaft

§ 16
Öffentlichkeit

(1) Die Sitzungen der Bürgerschaft sind öffentlich[2]).

(2) Beantragt ein Zehntel der Abgeordneten oder der Senat, die Beratung und Abstimmung in geheimer Sitzung stattfinden zu las-

---

[1]) Art. 23, Abs. 4 HV.

[2]) Art. 21, Satz 1 HV.

sen, so beschließt die Bürgerschaft darüber in nicht öffentlicher Verhandlung[1]).

§ 17

Beschlußfähigkeit

(1) Die Bürgerschaft ist beschlußfähig, wenn mehr als die Hälfte der Mitglieder anwesend ist. Jedoch sind alle Beschlüsse gültig, die gefaßt werden, ohne daß die Beschlußfähigkeit vor der Abstimmung oder Wahlhandlung angezweifelt worden ist[2]).

(2) Für die Regelung von Fragen, welche die Geschäftsbehandlung betreffen, wie Anberaumung von Sitzungen und Feststellung der Tagesordnung, ist die Bürgerschaft in jedem Falle beschlußfähig.

§ 18

Feststellung der Beschlußfähigkeit

(1) Wird die Beschlußfähigkeit angezweifelt, so entscheidet der Vorstand. Wenn der Vorstand die Anwesenheit der erforderlichen Anzahl von Abgeordneten weder einmütig bejaht noch verneint, ist auszuzählen. Der Präsident kann die Auszählung und die Abstimmung auf kurze Zeit aussetzen.

(2) Soweit nach der Verfassung die Anwesenheit einer größeren Anzahl von Mitgliedern erforderlich ist, muß die vorgeschriebene Zahl der Anwesenden ausdrücklich festgestellt werden. Die Auszählung kann mit der sachlichen Abstimmung verbunden werden; das Ergebnis der Auszählung bedarf auch hier besonderer Feststellung.

§ 19

Geschäftliche Mitteilungen

(1) Nach Eröffnung der Sitzung macht der Präsident zunächst die erforderlichen geschäftlichen Mitteilungen. Er teilt insbesondere die an die Bürgerschaft gelangten Anträge, Anfragen und die Zusammensetzung der neugewählten Ausschüsse mit.

(2) Schriftliche Erklärungen von Abgeordneten über Vorgänge in den Sitzungen sind vom Präsidenten nach seinem Ermessen entweder zu verlesen oder inhaltlich bekanntzugeben.

---

[1]) Art. 21, Satz 2 HV.

[2]) Art. 20, Abs. 1 HV.

(3) Der Präsident kann eine Vorlage im Vorwege einem Ausschuß überweisen. Sie ist auf die Tagesordnung der nächsten Bürgerschaftssitzung zu setzen.

§ 20

Allgemeine Beratungsregeln

(1) Die Beratung der Vorlage umfaßt auch ihre geschäftliche Behandlung.

(2) Wird ein Überweisungsantrag abgelehnt, ist die Beratung wieder eröffnet, wenn mindestens zehn der anwesenden Abgeordneten es verlangen.

(3) Änderungsanträge sollen den Abgeordneten im Wortlaut vorliegen. Spätestens sind sie vor dem Schluß der Beratungen schriftlich dem Präsidenten einzureichen und von diesem alsbald der Bürgerschaft bekanntzugeben. Steht ein als Änderungsantrag bezeichneter Antrag zum Gegenstand der Beratung in keiner wesentlichen Beziehung, so weist ihn der Präsident nach seiner Verlesung als unstatthaft zurück.

(4) Ist die Rednerliste erschöpft und meldet sich niemand zum Wort, erklärt der Präsident die Beratung für geschlossen.

(5) Die Bürgerschaft kann jederzeit auf Antrag die Beratung schließen. Der Antrag muß von mindestens zehn anwesenden Abgeordneten schriftlich gestellt worden sein. Vor der Beschlußfassung teilt der Präsident die Liste der noch eingetragenen Redner mit.

(6) Die Bürgerschaft kann einen Gegenstand auch mehreren Ausschüssen überweisen. Dabei ist ein Ausschuß als federführend zu bezeichnen.

§ 21

Die Redner

(1) Die Abgeordneten melden sich nach Eröffnung der Beratung bei einem Mitglied des Vorstandes zum Wort.

(2) Der Präsident bestimmt die Reihenfolge der Redner. Dabei sollen ihn die Sorge für sachgemäße Erledigung, die Rücksicht auf die verschiedenen Parteirichtungen und die Stärke der Fraktionen leiten.

(3) Jeder Abgeordnete kann seinen Platz auf der Rednerliste an einen anderen Abgeordneten seiner Fraktion abtreten.

(4) Die Abgeordneten sprechen in der Regel vom Rednerpult aus. Der Präsident kann das Reden auch vom Platz aus gestatten.

(5) Reden sind grundsätzlich frei zu halten. Anfragen und Anträge dürfen verlesen werden, andere Schriftstücke oder Drucksachen nur mit Erlaubnis des Präsidenten.

§ 22

Rededauer

(1) Die Redezeit darf eine halbe Stunde nicht überschreiten. Bei besonderen Beratungsgegenständen kann die Bürgerschaft eine andere Redezeit beschließen.

(2) Die Redezeit beträgt bei der Begründung von Anfragen nach § 36, Abs. 2, zehn Minuten, bei Bemerkungen zur Geschäftsordnung und bei persönlichen Bemerkungen fünf Minuten.

(3) Bei der Besprechung von Anfragen an Abgeordnete und Großen Anfragen beträgt die Redezeit zehn Minuten, sofern die Bürgerschaft nicht eine längere Redezeit beschließt.

§ 23

Verlängerung der Redezeit

Der Präsident weist den Redner auf den Ablauf der Redezeit hin und befragt, wenn der Redner es wünscht, die Bürgerschaft, ob die Redezeit verlängert werden soll.

§ 24

Zwischenfragen

(1) Im Laufe der Debatte können kurze Zwischenfragen, die sich auf den Gegenstand der Beratung beziehen, an den Redner gestellt werden. Ein Abgeordneter, der eine Zwischenfrage zu stellen wünscht, macht dies durch Erheben vom Sitz dem Präsidenten kenntlich. Der Präsident fragt den Redner, ob er eine Zwischenfrage zuläßt, und erteilt, falls der Redner dies bejaht, dem Fragesteller das Wort. Zwischenfragen sind über das Mikrophon zu stellen.

(2) Zwischenfragen sind unzulässig bei Regierungserklärungen, Kundgebungen des Senats (§ 82) und Erklärungen des Präsidenten (§ 34) sowie förmlichen Erklärungen der Fraktionen.

§ 25

Übergang zur Tagesordnung

(1) Jederzeit kann ein Antrag auf Übergang zur Tagesordnung gestellt werden. Über den Antrag ist sofort abzustimmen, wenn ein

solches Verlangen von einem Viertel der anwesenden Abgeordneten unterstützt wird. Der Beschluß bedarf einer Zweidrittelmehrheit. Wird der Antrag abgelehnt, so darf er im Laufe derselben Beratung nicht wiederholt werden.

(2) Über Vorlagen und Anträge des Senats darf nicht zur Tagesordnung übergegangen werden.

§ 26
Anträge

(1) Selbständige Anträge und Änderungsanträge sind schriftlich einzureichen und von einer durch die Bürgerschaft festzusetzenden Anzahl von Abgeordneten zu unterzeichnen. Sie sind der Bürgerschaft alsbald bekanntzugeben.

(2) Geschäftsordnungsanträge bedürfen nur einer Unterschrift.

(3) Der Präsident kann, sofern sich kein Widerspruch erhebt, von der Beobachtung der Schriftform absehen; das gilt insbesondere für Geschäftsordnungsanträge.

(4) Selbständige Anträge und Änderungsanträge, die nach der Beratung zurückgezogen worden sind, können mit Unterstützung der nach Abs. 1, Satz 1, festgesetzten Anzahl von Abgeordneten wieder aufgenommen werden.

§ 27
Ausschußberichte

Vor Eintritt in die Beratung über den Bericht eines Ausschusses erhält zunächst der Berichterstatter das Wort. Liegt ein Minderheitsbericht vor, erhält anschließend der Berichterstatter der Minderheit das Wort.

§ 28
Wahlen

(1) Gewählt wird durch Stimmzettel. Die Abgabe eines weißen Zettels bedeutet Wahlenthaltung.

(2) Eine Beratung findet nicht statt. Die Abgabe kurzer Erklärungen allgemeiner Art ist erlaubt, die Erörterung von Personenfragen ausgeschlossen.

(3) Gewählt ist, wer die meisten Stimmen auf sich vereinigt.

(4) Die Wahlvorschläge werden im Ältestenrat vorberaten; sie sind der Bürgerschaft entweder als Vorschläge des Ältestenrates oder als Vorschläge der Fraktionen schriftlich mitzuteilen.

(5) Bei Neuwahl nach Art. 35 der Verfassung kann über die Vertrauensfrage eine Aussprache stattfinden.

§ 29

Zur Geschäftsordnung

Zur Geschäftsordnung wird das Wort nur nach Ermessen des Präsidenten erteilt. Die Bemerkungen dürfen sich nur auf den zur Verhandlung stehenden oder den unmittelbar vorher behandelten Gegenstand oder auf den Geschäftsablauf des Hauses beziehen.

§ 30

Persönliche Bemerkungen

Nach Schluß der Beratung, aber vor der Abstimmung, kann noch das Wort zu persönlichen Bemerkungen erteilt werden. Solche Bemerkungen sind auch gestattet, wenn die Beratung des Gegenstandes abgebrochen wird. Der Redner darf nur Angriffe und Äußerungen, die sich auf seine Person beziehen, zurückweisen oder eigene Ausführungen richtigstellen.

§ 31

Die Abstimmung

(1) Der Präsident eröffnet die Abstimmung. Er stellt die Fragen und bestimmt die Reihenfolge der Abstimmungen. Anträge über die geschäftliche Behandlung der Vorlage sind voranzustellen. Änderungsanträge gehen der ursprünglichen Vorlage vor.

(2) Über die Fassung der Fragen und die Reihenfolge der Abstimmung muß das Wort zur Geschäftsordnung erteilt werden. Bei Widerspruch gegen den Vorschlag des Präsidenten entscheidet die Bürgerschaft.

(3) Bei Vorlagen, die aus mehreren Teilen bestehen, geht der Gesamtabstimmung eine Einzelabstimmung voran. Soweit eine Einzelberatung unterbleibt, findet auch eine Einzelabstimmung nicht statt.

(4) Ein Antrag ist angenommen, wenn er mehr als die Hälfte der abgegebenen gültigen Stimmen erhält, es sei denn, daß die Geschäfts-

ordnung etwas anderes bestimmt. Stimmenthaltungen bleiben unberücksichtigt.

§ 32
Die Abstimmungsregeln

(1) Abgestimmt wird durch Aufheben einer Hand. Der Präsident stellt das Ergebnis der Abstimmung fest. Stimmenthaltungen werden nur auf Wunsch festgestellt.

(2) Ist dem Vorstand das Ergebnis zweifelhaft, so findet die Gegenprobe statt.

(3) Bleiben die Zweifel auch dann noch bestehen, so wird das Ergebnis durch Auszählen ermittelt. Auf ein Zeichen des Präsidenten verlassen die Abgeordneten den Saal und betreten ihn auf ein weiteres Zeichen einzeln durch eine der drei geöffneten Türen. An jeder Tür zählt ein Schriftführer mit lauter Stimme die Eintretenden; er teilt dem Präsidenten das Ergebnis mit. Verspätet eintreffende Abgeordnete werden nicht mitgezählt. Danach stimmen die im Saal verbliebenen Vorstandsmitglieder ab.

§ 33
Namentliche Abstimmung

(1) Auf schriftliches Verlangen von mindestens sechs anwesenden Abgeordneten ist namentlich abzustimmen. Das Verlangen muß gestellt sein, bevor der Präsident die Beratung schließt. Über die geschäftliche Behandlung der Vorlagen sowie über Geschäftsordnungsfragen findet eine namentliche Abstimmung nicht statt.

(2) Ein Schriftführer verliest die Namen der Abgeordneten, die dann jeweils mit „Ja“, „Nein“ oder „Enthalte mich“ abstimmen. Dies wird von zwei Schriftführern in die Namenslisten eingetragen. Der Präsident gibt nach Zählung das Ergebnis bekannt.

§ 34
Erklärungen des Präsidenten

Der Präsident kann bei besonderen Anlässen jederzeit zu einer Erklärung das Wort ergreifen. Eine Besprechung findet nicht statt. Jeder Fraktion steht es frei, ihre abweichende Meinung durch Verlesung einer Gegenerklärung auszudrücken. Auf Verlangen ist die Sitzung vorher zu unterbrechen.

§ 35

Dauer der Bürgerschaftssitzungen

Eine Bürgerschaftssitzung soll nach Möglichkeit nicht über 22 Uhr ausgedehnt werden. Ist dieser Zeitpunkt erreicht und die Tagesordnung nicht erledigt, so soll in der Regel der Mittwoch der folgenden Woche als Sitzungstag bestimmt werden, um in der Tagesordnung fortzufahren.

VII. Behandlung von Anfragen

§ 36

Anfragen an Abgeordnete

(1) Jeder Abgeordnete kann vor Eintritt in die Tagesordnung
an den Präsidenten der Bürgerschaft,
an den Vorsitzenden oder
an den Berichterstatter eines Ausschusses
eine mündliche Anfrage richten.

(2) Die Begründung der Anfrage hat sich auf eine kurze Darstellung des Sachverhaltes zu beschränken.

(3) Die Beantwortung der Anfrage bleibt dem Ermessen des Befragten überlassen.

(4) Die Bürgerschaft kann eine Besprechung beschließen.

§ 36 a

Aktuelle Stunde

(1) Auf Antrag einer Fraktion oder mindestens 6 Abgeordneter findet über einen bestimmt bezeichneten Gegenstand eine Aussprache (Aktuelle Stunde) statt. Der Antrag ist spätestens bis Montag, 9.30 Uhr, vor einer Bürgerschaftssitzung beim Präsidenten der Bürgerschaft schriftlich einzureichen. Dieser unterrichtet unverzüglich die übrigen Fraktionen und den Senat. Für die Reihenfolge der Behandlung mehrerer Themen ist der Zeitpunkt des Eingangs beim Präsidenten der Bürgerschaft maßgebend.

(2) Die Aktuelle Stunde findet als Punkt 1 der Tagesordnung statt.

(3) Die Dauer der Aussprache soll 75 Minuten nicht überschreiten. Die von Vertretern des Senats in Anspruch genommene Redezeit bleibt dabei unberücksichtigt.

(4) Die einzelnen Redner der Fraktionen dürfen nicht länger als 5 Minuten sprechen. Eine Verlängerung der Redezeit und die Verlesung von Erklärungen oder Reden ist unzulässig.

(5) Anträge zur Sache können nicht gestellt werden.

§ 37

Anfragen an den Senat

(1) Die Abgeordneten sind berechtigt, in öffentlichen Angelegenheiten Große und Kleine Anfragen an den Senat zu richten[1]).

(2) Die Anfragen dürfen keine Beurteilung oder Wertung enthalten.

§ 38

Große Anfragen

(1) Große Anfragen[2]) sind schriftlich zu stellen und müssen von sechs Abgeordneten unterzeichnet sein. Sie müssen knapp und sachlich sagen, worüber Auskunft gewünscht wird. Anfragen, die gegen diese Bestimmung verstoßen, hat der Präsident zurückzuweisen.

(2) Die Anfragen sind binnen zwei Wochen durch einen Vertreter des Senats in der Sitzung der Bürgerschaft zu beantworten.

(3) Auf Verlangen von einem Drittel der anwesenden Abgeordneten folgt der Antwort eine Besprechung. Dringliche Senatsanträge gehen der Besprechung jedoch voraus.

§ 39

Kleine Anfragen

(1) Kleine Anfragen[3]) können von einem Abgeordneten schriftlich gestellt werden. Sie werden vom Senat binnen acht Tagen schriftlich beantwortet.

(2) Soweit im Rahmen der Aktuellen Stunde Zeit zur Verfügung steht (§ 36 a Abs. 3 Satz 1), können Kleine Anfragen, um deren mündliche Beantwortung der Senat gebeten worden ist, mündlich beantwortet werden, sofern sie bis Donnerstag, 10.00 Uhr, der voraufgegangenen Woche beim Präsidenten der Bürgerschaft eingereicht worden sind. Andernfalls werden sie schriftlich beantwortet.

---

[1]) Art. 24, Abs. 1 HV.

[2]) Art. 24, Abs. 2 HV.

[3]) Art. 24, Abs. 3 HV.

§ 40

Geschäftliche Behandlung von Großen und Kleinen Anfragen

(1) Die Abgeordneten übergeben ihre Anfragen der Kanzlei der Bürgerschaft, die sie an den Senat weiterleitet. Schriftliche Antworten des Senats werden den Abgeordneten über die Kanzlei der Bürgerschaft zugleitet.

(2) Große Anfragen und ihre Beantwortung sind möglichst an die Spitze der Tagesordnung zu setzen.

(3) Anträge können bei Anfragen nicht gestellt werden.

VIII. Beratung von Gesetzesentwürfen und Haushaltsvorlagen

§ 41

Beratungsgrundsätze

Einer zweimaligen Lesung (mit Abstimmung) bedürfen

a) Gesetzesvorlagen des Senats[1]),

b) Staatsverträge, soweit sie Gegenstände der Gesetzgebung betreffen oder Aufwendungen erfordern, für die Haushaltsmittel nicht vorgesehen sind[2]),

c) der Haushaltsplan[3]),

d) Änderungsbeschlüsse zu Gesetzesvorlagen des Senats[4]),

e) Gesetzesvorlagen aus der Mitte der Bürgerschaft[5]),

f) sonstige Beschlüsse der Bürgerschaft, die
auf Anträgen aus ihrer Mitte beruhen und die Ausgaben in sich schließen oder für die Zukunft mit sich bringen, für die Mittel im Haushaltsplan nicht vorgesehen sind, oder
vom Senat eingebrachte Anträge auf
Nachbewilligung von Haushaltsmitteln,
Kreditaufnahme,
Übernahme von Sicherheitsleistungen,
Veräußerung von Staatsgut[1]).
ändern sollen.

---

[1]) Art. 49, Abs. 1 HV.
[2]) Art. 43 HV.
[3]) Art. 66, Abs. 2, u. Art. 49, Abs. 2 u. 3 HV.
[4]) Art. 49, Abs. 2 u. 3 HV.
[5]) Art. 49, Abs. 2 HV.

§ 42

Erste Lesung

In der ersten Lesung werden in der Regel die Grundsätze der Vorlage besprochen (allgemeine Beratung), an die sich die Einzelberatung und die Abstimmung anschließen. Sind Änderungsanträge gestellt, kann die Bürgerschaft deren Behandlung damit verbinden. Die Beratung kann nach einzelnen Abschnitten getrennt werden. Wird eine Vorlage einem Ausschuß überwiesen, erfolgt die Abstimmung zur ersten Lesung nach erneuter Verhandlung in der Bürgerschaft.

§ 43

Zweite Lesung

(1) Die Bürgerschaft kann bei erneuter Verhandlung einer Vorlage die allgemeine Beratung wiederholen und sie mit der Einzelberatung über jene Teile verbinden, zu denen vom Ausschuß oder aus der Bürgerschaft Änderungen beantragt sind. Die Beratung kann nach einzelnen Abschnitten getrennt werden.

(2) Die zweite Lesung entfällt bei Gesetzesvorlagen des Senats, wenn sich bei der Abstimmung zur ersten Lesung zwei Drittel der anwesenden Abgeordneten für die unveränderte Annahme entschieden haben[2]).

(3) Die zwischen der ersten und zweiten Lesung vorgeschriebene Frist von sechs Tagen[3]) entfällt, sofern der Senat der zweiten Lesung zu einem früheren Zeitpunkt zustimmt. Sie ist am gleichen Tage nur statthaft, wenn sich aus der Mitte der Bürgerschaft kein Widerspruch erhebt. Der Widerspruch wird wirksam, wenn er von mindestens einem Viertel der anwesenden Abgeordneten erhoben wird[4]).

§ 44

Abstimmung zur ersten und zweiten Lesung

Auf Vorschlag des Präsidenten und mit Einverständnis der Bürgerschaft kann die Einzelabstimmung über mehrere Teile einer Vorlage gemeinsam erfolgen. Nach der Einzelabstimmung wird über die Vorlage im ganzen abgestimmt (Schlußabstimmung).

---

[1]) Art. 69, Art. 72, Abs. 1—3, u. Art. 49, Abs. 2 u. 3 HV.
[2]) Art. 49, Abs. 1 HV.
[3]) Art. 49, Abs. 2 HV.
[4]) Art. 49, Abs. 2 u. 3 HV.

§ 45

Einspruch des Senats

Hat der Senat gegen ein von der Bürgerschaft beschlossenes Gesetz innerhalb eines Monats unter Darlegung der Gründe Einspruch erhoben, so ist die Beschlußfassung der Bürgerschaft zu wiederholen. Das Gesetz tritt nur in Kraft, wenn ihm bei der erneuten Lesung die Mehrheit der gesetzlichen Mitgliederzahl zustimmt[1]).

§ 46

Änderung der Verfassung

Zu einem die Verfassung ändernden Gesetz sind zwei übereinstimmende Beschlüsse der Bürgerschaft erforderlich, zwischen denen ein Zeitraum von mindestens dreizehn Tagen liegen muß. Beide Beschlüsse müssen bei Anwesenheit von mindestens drei Vierteln der gesetzlichen Mitgliederzahl und mit einer Mehrheit von zwei Dritteln der anwesenden Abgeordneten gefaßt werden[2]).

IX. Ordnungsbestimmungen

§ 47

Sach- und Ordnungsruf

(1) Der Präsident kann die Abgeordneten zur Sache und zur Ordnung rufen. Ist ein Redner dreimal in derselben Rede zur Ordnung oder zur Sache gerufen und nach dem zweiten Mal auf die Folgen einer weiteren Zurechtweisung hingewiesen worden, so muß ihm der Präsident das Wort entziehen. Der Redner kann in der gleichen Sache das Wort nicht wieder erhalten.

(2) Der Ordnungsruf und der Anlaß dazu dürfen von den nachfolgenden Rednern nicht behandelt werden.

§ 48

Störung der Sitzung

Verletzt ein Abgeordneter gröblich die Ordnung des Hauses oder entstehen sonst störende Unruhen, die die Fortführung der Geschäfte unmöglich machen, so kann der Präsident die Sitzung unterbrechen. Er setzt gleichzeitig den Zeitpunkt für die Wiedereröffnung fest.

---

[1]) Art. 50 HV.

[2]) Art. 51 HV.

§ 49

Ausschluß von Abgeordneten

Der Präsident kann einen Abgeordneten, der die Ordnung des Hauses gröblich verletzt hat, von der Teilnahme an der weiteren Sitzung ausschließen.

§ 50

Einspruch gegen Ordnungsmaßnahmen

Gegen einen Ordnungsruf oder Ausschluß kann der Abgeordnete bis zur nächsten Sitzung schriftlich begründeten Einspruch einlegen. Die Bürgerschaft entscheidet ohne Beratung.

§ 51

Ordnung im Sitzungssaal

Im Sitzungssaal dürfen sich während der Sitzung außer den Abgeordneten und den Vertretern des Senats nur die diensttuenden Beamten und Angestellten der Bürgerschaft und der Rathausverwaltung aufhalten. Der Präsident kann auch anderen Personen die Anwesenheit gestatten.

§ 52

Ordnung im Zuhörerraum

Zutritt zu den Zuhörerräumen hat nur, wer im Besitze einer Einlaßkarte ist. Die Zuhörer haben sich der Ordnung des Hauses und den Anordnungen des Präsidenten zu fügen. Äußerungen des Beifalls oder Mißfallens sind nicht gestattet. Ruhestörer kann der Präsident aus den Räumen der Bürgerschaft entfernen lassen. Bei anhaltender Ruhestörung ordnet er die völlige oder teilweise Räumung der Zuhörerräume und die Fortsetzung der Beratung bei geschlossenen Türen an.

X. Verhandlungsberichte, Beschlußausfertigung

§ 53

Verhandlungsberichte

(1) Über jede öffentliche Sitzung wird ein wörtlicher Verhandlungsbericht angefertigt. Ein Berichtsstück ist vom Präsidenten und einem Schriftführer zu unterzeichnen und wird zusammen mit den

die Sitzung betreffenden Originalunterlagen in einer Sammlung vereinigt.

(2) Durch Beschluß bestimmt die Bürgerschaft, ob und inwieweit über eine geheime Sitzung ein Bericht aufzunehmen und zu vervielfältigen ist.

§ 54
Prüfung durch den Redner

(1) Jedem Redner wird die Aufnahme seiner Rede zur Durchsicht und Berichtigung zugestellt. Wird die Rückgabe über den nach Richtlinien des Präsidenten festzusetzenden Termin hinaus verzögert, so wird die Aufnahme unberichtigt vervielfältigt. Die Berichtigungen dürfen den Sinn des Gesprochenen nicht ändern. In Zweifelsfällen entscheidet der Präsident.

(2) Die unkorrigierte Aufnahme darf ohne Einverständnis des Redners nur mit besonderer Erlaubnis des Präsidenten eingesehen werden.

§ 55
Ausfertigung der Beschlüsse

Der Präsident erteilt dem Senat alsbald eine Ausfertigung der von der Bürgerschaft gefaßten Beschlüsse.

XI. Der Bürgerausschuß

§ 56
Zusammensetzung

Der Bürgerausschuß besteht aus dem Präsidenten der Bürgerschaft und zwanzig, von der Bürgerschaft aus ihrer Mitte zu wählenden Mitgliedern. Senatoren dürfen dem Bürgerausschuß nicht angehören[1]).

§ 57
Wahl des Bürgerausschusses

(1) Die Mitglieder des Bürgerausschusses werden nach den Grundsätzen der Verhältniswahl (d'Hondt) mit gebundenen Listen ge-

---

[1]) Art. 26, Abs. 2 HV.

wählt. Wahlvorschläge bedürfen der Unterschrift von fünf Abgeordneten.

(2) Jeder Wahlvorschlag erhält so viele Sitze, wie auf ihn Höchstzahlen entfallen. Über die Zuteilung des letzten Sitzes entscheidet bei gleicher Höchstzahl das Los. Enthält ein Wahlvorschlag weniger Bewerber als auf ihn Höchstzahlen entfallen, so werden die überschüssigen Sitze den anderen Wahlvorschlägen gemäß ihren Höchstzahlen zugeteilt.

(3) Lehnt ein Abgeordneter die Wahl in den Bürgerausschuß ab oder scheidet er nachträglich aus, so tritt an seine Stelle der nächste Abgeordnete desselben Wahlvorschlages. Ist der Wahlvorschlag erschöpft, so bleibt der Sitz im Bürgerausschuß unbesetzt[1]).

§ 58

Einberufung

(1) Der Bürgerausschuß wird vom Präsidenten als Vorsitzendem einberufen und geleitet[2]). Zu seiner Vertretung wählt der Bürgerausschuß einen zweiten Vorsitzenden.

(2) Auf Verlangen des Senats oder auf Verlangen von drei Mitgliedern hat der Vorsitzende die Einberufung zu veranlassen[3]).

§ 59

Verhandlung

(1) Der Bürgerausschuß ist bei Anwesenheit von elf Mitgliedern beschlußfähig[4]).

(2) Die Sitzungen des Bürgerausschusses sind nicht öffentlich. Mitglieder der Bürgerschaft, die dem Bürgerausschuß nicht angehören, können seinen Sitzungen beiwohnen[5]).

(3) Der Bürgerausschuß kann mit Zweidrittelmehrheit für eine bestimmte Angelegenheit Geheimhaltung beschließen.

(4) Die Verhandlungen des Bürgerausschusses sind so vorzubereiten und durch Beteiligung von Senatsvertretern und Auskunftspersonen so zu führen, daß die Entscheidungen möglichst sofort getroffen werden können.

---

[1]) Art. 27, Abs. 1—3 HV.
[2]) Art. 28, Satz 1 HV.
[3]) Art. 28, Satz 2 HV.
[4]) Art. 29 HV.
[5]) Art. 30, Abs. 1 HV.

§ 60

Niederschrift

(1) Die Niederschrift wird von der Kanzlei der Bürgerschaft geführt und ist von dem Vorsitzenden zu unterzeichnen. Sie wird in der Kanzlei der Bürgerschaft zur Einsichtnahme für Abgeordnete niedergelegt.

(2) Über die Protokollierung von Verhandlungen über Gegenstände, für die Geheimhaltung angeordnet worden ist, trifft der Vorsitzende besondere Bestimmung.

XII. Die Ausschüsse

§ 61

Einsetzen der Ausschüsse

(1) Zur Vorbereitung ihrer Beschlüsse setzt die Bürgerschaft auf Vorschlag des Ältestenrates ständige Ausschüsse für bestimmte Sachgebiete ein.

(2) Die Prüfung einzelner Gegenstände kann sie besonderen Ausschüssen übertragen, die mit der Erledigung ihres Auftrages zu bestehen aufhören.

(3) Die Bürgerschaft bestimmt mit der Einsetzung der Ausschüsse zugleich die Zahl ihrer Mitglieder.

(4) Sind von Ausschüssen der alten Bürgerschaft bestimmte Arbeiten nicht abgeschlossen, so kann die neue Bürgerschaft auf Vorschlag des Präsidenten oder des Ältestenrates bestimmen, daß sie von ihren Ausschüssen ohne Wiederholung der bisherigen Beratungen fortgeführt werden.

§ 62

Zusammensetzung

(1) Die Sitze werden auf die Fraktionen im Verhältnis ihrer Stärke (d'Hondt) verteilt.

(2) Die Fraktionen ernennen ihre Vertreter für die Ausschüsse.

§ 63

Konstituierung

(1) Der Ausschuß wird durch das in der Buchstabenfolge voranstehende Mitglied einberufen. Die Einberufung hat ohne Verzug zu erfolgen.

(2) Der Ausschuß wählt sich einen Vorsitzenden und einen Schriftführer. Die Wahl kann durch Zuruf erfolgen, falls nicht widersprochen wird.

(3) Das Ergebnis der Wahl ist dem Präsidenten alsbald mitzuteilen.

§ 64
Grundsätze der Ausschußtätigkeit

(1) Auf die Verhandlungen der Ausschüsse finden die Bestimmungen der Geschäftsordnung über die Sitzungen der Bürgerschaft sinngemäß Anwendung, soweit nicht anderes bestimmt ist.

(2) Die Mitglieder der Ausschüsse sind verpflichtet, regelmäßig an den Sitzungen teilzunehmen. Bei Verhinderung können sie sich durch ein Mitglied ihrer Fraktion vertreten lassen.

(3) Die Ausschüsse sind beschlußfähig, wenn mehr als die Hälfte der Mitglieder anwesend ist.

(4) Die Beratungen der Ausschüsse sind nicht öffentlich. Der Ausschuß kann beschließen, daß die Öffentlichkeit zugelassen wird. Die Öffentlichkeit einer Sitzung ist hergestellt, wenn der Presse und sonstigen Zuhörern im Rahmen der Raumverhältnisse der Zutritt gestattet wird. Die Bestimmungen über öffentliche Anhörverfahren bleiben unberührt.

(5) Die Abgeordneten sind berechtigt, an den Sitzungen beratend teilzunehmen.

§ 65
Verhandlung

(1) Der Vorsitzende beruft den Ausschuß ein und leitet die Beratung.

(2) Der Schriftführer führt die Niederschrift; sie ist von ihm und dem Vorsitzenden zu unterzeichnen. Die Niederschriften werden in der Bürgerschaftskanzlei gesammelt und aufbewahrt.

(3) Fehlt der Vorsitzende oder der Schriftführer, so wird für die Dauer der Verhinderung ein Vertreter gewählt.

(4) Die Ausschüsse haben das Recht, den Senat um die Entsendung von Vertretern zu ersuchen. Der Senat kann ohne Aufforderung Vertreter entsenden[1]).

---

[1]) Art. 23, Abs. 1, Sätze 1 u. 3 HV.

(5) Von den Sitzungen der Ausschüsse ist dem Senat tunlichst vorher Kenntnis zu geben[1]).

(6) Die Ausschüsse können Sachverständige und Auskunftspersonen laden. Will der Ausschuß einen Beamten hören, so hat er den Senat um dessen Entsendung zu ersuchen.

(7) Der Ausschuß kann Unterausschüsse einsetzen und diesen einen Teil des Beratungsstoffes überweisen. Eine Wiederholung der Beratungen im Gesamtausschuß ist nicht erforderlich.

(8) Vorlagen, die die Bürgerschaft mehreren Ausschüssen überwiesen hat, können von diesen gemeinsam oder getrennt beraten werden; auf jeden Fall ist getrennte Abstimmung erforderlich.

§ 66
Verschwiegenheit

(1) Der Ausschuß kann mit Zweidrittelmehrheit beschließen, daß über den Inhalt der Beratung Verschwiegenheit zu bewahren ist.

(2) Der Vorsitzende befragt die Mitglieder und die der Beratung beiwohnenden Abgeordneten, ob sie gewillt sind, sich diesem Beschluß zu fügen. Wird die Erklärung verweigert oder später die Verpflichtung zur Verschwiegenheit verletzt, so kann der Ausschuß — unbeschadet der Vorschriften des Art. 13, Abs. 2, HV — die betreffenden Abgeordneten von seinen weiteren Beratungen über diesen Gegenstand ausschließen.

§ 67
Unterrichtung der Presse

Der Ausschußvorsitzende kann nach Beschluß des Ausschusses der Presse Auskunft über wichtige Ergebnisse der Ausschußverhandlungen geben.

§ 68
Öffentliches Anhörverfahren

Jeder Ausschuß hat das Recht und auf Antrag eines Viertels seiner Mitglieder die Pflicht, ein öffentliches Anhörverfahren zu beschließen. Ausgenommen sind der Entwurf des Haushaltsplanes sowie Nachträge zum Haushaltsplan.

---

[1]) Art. 23, Abs. 3 HV.

§ 69

Bekanntmachung

Der Beschluß wird öffentlich bekanntgegeben. Der Vorsitzende kann Personen und Organisationen, auf deren Meinung der Ausschuß Wert legt, besonders einladen.

§ 70

Durchführung

(1) Der zur Erörterung stehende Gegenstand ist in geeigneter Form darzulegen. Der Vorsitzende erteilt das Wort.

(2) Im Rahmen des öffentlichen Anhörverfahrens können auch die anwesenden Senatsvertreter befragt werden (Artikel 32 HV).

(3) Jeder Bürger, der sich beim Vorsitzenden gemeldet hat, mit der Erklärung, er könne zu dem zur Erörterung stehenden Gegenstand eine sachliche Auskunft geben, ist anzuhören.

(4) Das Anhörverfahren ist beendet, wenn sich niemand mehr zum Wort meldet, oder wenn der Vorsitzende die Aussprache schließt, weil neue Gesichtspunkte zur Sache nicht mehr zu erwarten sind.

(5) Über das Anhörverfahren wird ein Verhandlungsbericht geführt.

§ 71

Beschlußfassung und Berichterstattung

Die Beratung sowie der Beschluß über den im öffentlichen Anhörverfahren behandelten Gegenstand erfolgt in nichtöffentlicher Sitzung.

§ 72

Berichterstattung an die Bürgerschaft

(1) Die Ausschüsse haben der Bürgerschaft über das Ergebnis ihrer Beratungen zu berichten. Den Berichterstatter bestimmt der Ausschuß.

(2) Ist eine Vorlage mehreren Ausschüssen überwiesen worden, so verständigen sich die Berichterstatter über die von dem federführenden Ausschuß zu wählende Berichtsform. Anderenfalls wird getrennt berichtet.

(3) Die Berichte werden schriftlich erstattet, sofern die Bürgerschaft nicht anders beschließt. Der Ausschuß kann mit Zweidrittelmehrheit bei der Bürgerschaft beantragen, von der schriftlichen Berichterstattung entbunden zu werden, wenn er die unveränderte Annahme der Vorlage empfiehlt.

(4) Der Bericht soll so abgefaßt sein, daß die im Ausschuß vertretenen Meinungen und die Gründe, die zum Beschluß geführt haben, ersichtlich sind.

(5) Die Berichte der Ausschüsse sollen nicht früher als drei Tage nach der Verteilung an die Abgeordneten zur Beratung kommen. Die Bürgerschaft kann diese Frist abkürzen.

(6) Hat der Ausschuß seine Beratungen über ihm überwiesene Vorlagen nicht innerhalb von 3 Monaten abgeschlossen, so ist er verpflichtet, der Bürgerschaft einen Zwischenbericht zu geben. In die Dreimonatsfrist wird die Zeit der Parlamentsferien nicht eingerechnet.

§ 73
Minderheitsbericht

Eine Minderheit von einem Viertel der Mitglieder des Ausschusses kann einen zweiten Berichterstatter mit der Erstattung eines Minderheitsberichtes beauftragen. Die Verabschiedung des Berichtes darf durch den Minderheitsbericht nicht verzögert werden.

XIII. Untersuchungsausschüsse

§ 74
Einsetzung

(1) Die Bürgerschaft hat das Recht und auf Antrag eines Viertels der Abgeordneten die Pflicht, Untersuchungsausschüsse einzusetzen. Der Antrag muß das Beweisthema bezeichnen[1]).

(2) Bei der Benennung der Mitglieder ist für jedes Mitglied ein Stellvertreter zu bestellen. Eine Stellvertretung durch andere Abgeordnete ist unzulässig.

(3) Der Vorsitzende darf der Gruppe der Antragsteller nicht angehören.

---

[1]) Art. 25, Abs. 1, Satz 1 HV.

§ 75
Beschlußfähigkeit

Der Ausschuß ist beschlußfähig, wenn die Mehrheit seiner Mitglieder anwesend ist, anderenfalls darf er keine Untersuchungshandlungen durchführen.

§ 76
Vorbereitende Untersuchung

Der Untersuchungsausschuß kann zur Vorbereitung der Untersuchung einen Unterausschuß einsetzen. Der Vorsitzende des Untersuchungsausschusses und ein Mitglied der antragstellenden Gruppe müssen dem Unterausschuß angehören.

§ 77
Beweiserhebung

(1) Die Ausschüsse erheben Beweis in öffentlicher Verhandlung[1]. Mit Zweidrittelmehrheit kann Ausschluß der Öffentlichkeit beschlossen werden.

(2) Beantragte Beweise sind zu erheben, wenn es ein Viertel der Ausschußmitglieder verlangt[2]. Für die Beweiserhebung gelten die Vorschriften der Strafprozeßordnung sinngemäß. Brief-, Post- und Fernmeldegeheimnis bleiben unberührt[3]. Zeugen und Sachverständige können beeidigt werden.

(3) Der Ausschuß kann zur Vorbereitung der öffentlichen Beweiserhebung Vorermittlungen anstellen.

§ 78
Rechts- und Amtshilfe

(1) Hamburgische Gerichte und Behörden sind zu Rechts- und Amtshilfe verpflichtet. Der Senat stellt den Ausschüssen auf Ersuchen die zu ihrer Unterstützung erforderlichen Beamten zur Verfügung. Die Untersuchungsausschüsse haben das Recht, die Beamten auszuwählen[4].

---

[1]) Art. 25, Abs. 1, Satz 2 HV.
[2]) Art. 25, Abs. 1, Satz 3 HV.
[3]) Art. 25, Abs. 2 HV.
[4]) Art. 25, Abs. 4 HV.

(2) Öffentliche Bedienstete, die vor einem Untersuchungsausschuß vernommen werden, sind dem Ausschuß gegenüber von ihrer dienstlichen Pflicht zur Verschwiegenheit entbunden[1]).

§ 79

Verschwiegenheit

Die Mitglieder von Untersuchungsausschüssen sind zur Verschwiegenheit verpflichtet, soweit es sich um Tatsachen handelt, die sie bei ihrer Tätigkeit im Untersuchungsausschuß erfahren haben und die nicht Gegenstand der öffentlichen Verhandlung gewesen sind[2]).

§ 79 a

Enquete-Kommission

(1) Zur Vorbereitung von Entscheidungen über umfangreiche und bedeutsame Sachkomplexe kann die Bürgerschaft eine Enquete-Kommission einsetzen. Auf Antrag eines Viertels ihrer Mitglieder ist sie dazu verpflichtet. Der Antrag muß den Auftrag der Kommission bezeichnen.

(2) Die Mitglieder der Kommission werden im Einvernehmen der Fraktionen benannt und vom Präsidenten der Bürgerschaft berufen. Kann ein Einvernehmen nicht hergestellt werden, so benennen die Fraktionen die Mitglieder im Verhältnis ihrer Stärke. Die Mitgliederzahl der Kommission soll, mit Ausnahme der in Absatz 3 genannten Vertreter der Fraktionen, 9 nicht überschreiten.

(3) Jede Fraktion kann einen Vertreter, auf Beschluß der Bürgerschaft auch mehrere, in die Kommission entsenden.

(4) Im übrigen gelten die Vorschriften über die bürgerschaftlichen Ausschüsse sinngemäß.

XIV. Bürgerschaft und Senat

§ 80

Auskunftsrecht

Soweit nicht gesetzliche Vorschriften entgegenstehen, hat der Senat
der Bürgerschaft,

---

[1]) Art. 25, Abs. 5 HV.
[2]) Art. 25, Abs. 7 HV.

dem Bürgerausschuß
und den von der Bürgerschaft eingesetzten Ausschüssen
auf Verlangen Auskünfte zu erteilen und Akten vorzulegen. Jeder Staatsbürger hat ihnen im gleichen Umfange wie den Verwaltungsbehörden Auskunft zu erteilen[1]).

§ 81
Teilnahme an den Sitzungen und Wortmeldung

(1) Die Senatoren haben zu allen Verhandlungen der Bürgerschaft und ihrer Ausschüsse Zutritt; der Senat hat das Recht, auch andere Vertreter zu entsenden.

(2) Den Vertretern des Senats ist auf ihr Verlangen jederzeit das Wort zu erteilen[2]).

(3) Ergreift nach Schluß der Beratung noch ein Vertreter des Senats zu dem Gegenstand das Wort, ist die Beratung wieder eröffnet.

(4) Ergreift während der Beratung ein Vertreter des Senats zu dem Gegenstand das Wort und ist eine Gesamtredezeit für die Fraktionen festgesetzt worden, so haben die Fraktionen, deren Redezeit zu diesem Tagesordnungspunkt bereits erschöpft ist, das Recht, noch einmal ein Viertel ihrer Redezeit in Anspruch zu nehmen.

§ 82
Kundgebungen des Senats

(1) Der Senat kann aus besonderen Anlässen jederzeit verlangen, daß seinem Vertreter außerhalb der Tagesordnung das Wort zu einer Kundgebung erteilt wird.

(2) Die Bürgerschaft kann eine Besprechung beschließen.

(3) Die Absicht einer Kundgebung ist dem Präsidenten möglichst vor der Sitzung mitzuteilen.

§ 83
Ordnungsgewalt

Die Vertreter des Senats unterstehen in der Sitzung der Bürgerschaft der Ordnungsgewalt des Präsidenten, in der Sitzung eines Ausschusses der Ordnungsgewalt des Vorsitzenden[3]).

---

[1]) Art. 32 HV.
[2]) Art. 23, Abs. 2, Satz 1 HV.
[3]) Art. 23, Abs. 2, Satz 2 HV.

XV. Behandlung von Eingaben

§ 84
Verfahren

(1) Eingaben an die Bürgerschaft müssen von dem Gesuchsteller unterzeichnet und mit seiner Anschrift versehen sein. Sie werden von der Kanzlei der Bürgerschaft dem Eingabenausschuß oder einem über diesen Gegenstand beratenden Ausschuß überwiesen.

(2) Eingaben, die gleichzeitig dem Senat, den Behörden oder der Presse zugesandt werden, kann der Präsident zurückweisen.

§ 85
Erledigung der Eingaben

(1) Der Ausschuß berichtet stets schriftlich.

(2) Der Ausschuß beantragt, entweder die Eingabe dem Senat
zur Berücksichtigung,
zur Erwägung oder
als Stoff für künftige Prüfung
zu überweisen,
oder sie für erledigt
oder für nicht abhilfefähig
zu erklären,
oder über sie zur Tagesordnung
überzugehen.

(3) Als erledigt sind Eingaben von Einsendern zu bezeichnen,
a) deren Anliegen entsprochen werden konnte,
b) die durch einen inzwischen von der Bürgerschaft gefaßten Beschluß oder
c) durch einen von einer Fraktion inzwischen gestellten Antrag im Sinne der Eingabe geregelt worden sind oder geregelt werden sollen.

(4) Als „nicht abhilfefähig" gelten Eingaben, die
a) in ein schwebendes oder abgeschlossenes Gerichtsverfahren eingreifen,
b) nur über den Rechtsweg geregelt werden können,
c) gegen Rechtsbestimmungen verstoßen,
d) außerhalb der hamburgischen Zuständigkeit liegen,
e) nach Sachlage nicht erfüllt werden können.

(5) Eingaben, über die „zur Tagesordnung“ übergegangen werden soll, sind unter anderen solche, die

a) gegenüber einer früheren Eingabe, auf die ein ordnungsmäßiger Bescheid erteilt wurde, keine neuen Tatsachen und Beweismittel enthalten,

b) keine oder falsche Namensunterschriften oder keine ausreichende Anschrift tragen,

c) nicht das Anliegen erkennen lassen.

(6) Abweichend von der unter Absatz 5 a vorgesehenen Regelung kann der Ausschuß hierunter fallende Eingaben als gegenstandslos erklären, sofern er dies einstimmig beschließt. Der Ausschuß ist in diesem Falle von der Berichterstattung entbunden. Die Bestimmung des § 87 wird davon nicht berührt.

§ 86
Besprechung

Eine Besprechung im Plenum findet nur statt, wenn ein dahingehendes Verlangen von mindestens zehn der anwesenden Abgeordneten unterstützt wird.

§ 87
Benachrichtigung

Über die Art der Erledigung der Eingabe wird der Unterzeichner, bei mehreren Unterzeichnern der erste, von der Kanzlei der Bürgerschaft unterrichtet.

XVI. Behandlung von Immunitätsfragen

§ 88
Antragsberechtigte

(1) Antrag auf Aufhebung der Immunität können stellen:

a) die Staatsanwaltschaften, Gerichte und Ehrengerichte öffentlich-rechtlichen Charakters,

b) die Privatkläger,

c) der Geschäftsordnungsausschuß.

(2) Ersuchen der Staatsanwaltschaften und der Gerichte auf Aufhebung der Immunität werden der Bürgerschaft über den Senat zugeleitet.

§ 89

Geschäftliche Behandlung

Anträge auf Aufhebung der Immunität überweist der Präsident ohne Mitteilung an die Bürgerschaft dem Geschäftsordnungsausschuß.

§ 90

Verfahren bei Bagatellsachen

(1) Bei Bagatellsachen trifft der Geschäftsordnungsausschuß eine Vorentscheidung, wenn mindestens zwei Drittel der Mitglieder des Ausschusses sich für den Beschluß entscheiden.

(2) Die Beschlüsse des Ausschusses werden der Bürgerschaft durch den Präsidenten schriftlich mitgeteilt, ohne auf die Tagesordnung gesetzt zu werden. Sie gelten als Entscheidung der Bürgerschaft, wenn innerhalb von vierzehn Tagen nach der Mitteilung kein schriftlicher Widerspruch erfolgt.

XVII. Fragen der Geschäftsordnung

§ 91

Abweichungen

(1) Geringfügige Abweichungen von der Geschäftsordnung sind zulässig, wenn sich kein Widerspruch erhebt.

(2) Bei Zweifeln über die Auslegung der Geschäftsordnung entscheidet der Präsident oder auf seine Frage die Bürgerschaft.

(3) Grundsätzliche Zweifel werden nach Vorberatung im Geschäftsordnungsausschuß von der Bürgerschaft entschieden.

(4) Der Geschäftsordnungsausschuß kann auch ohne besonderen Auftrag Geschäftsordnungsfragen erörtern und der Bürgerschaft oder dem Präsidenten Vorschläge machen.

§ 92

Änderung der Geschäftsordnung

Ein Beschluß, durch den die Geschäftsordnung geändert werden soll, bedarf einer zweiten Lesung, sofern er nicht mit Zweidrittelmehrheit gefaßt ist. Zwischen den beiden Lesungen muß eine Frist von mindestens sechs Tagen liegen.

XVIII. Bürgerschaftsvertretung zwischen zwei Wahlperioden

§ 93

Fortführung der Geschäfte der Bürgerschaft

Die alte Bürgerschaft führt die Geschäfte bis zur ersten Sitzung der neuen Bürgerschaft weiter[1]).

---

[1]) Art. 12, Abs. 2 HV.

Senatsgesetz

Vom 18. Februar 1971 (GVBl. 23, LS 1102-a)

I. Zahl der Senatoren

§ 1
Bestimmung durch die Bürgerschaft

(1) Der Senat besteht aus mindestens zehn und höchstens fünfzehn Senatoren.

(2) Die Zahl der Senatoren wird durch Beschluß der Bürgerschaft festgelegt.

II. Wahl der Senatoren

§ 2
Geheime Wahl

Die Senatoren werden in geheimer Wahl durch Stimmzettel gewählt.

§ 3
Wahl eines Senators

Wird bei der Einzelwahl eines Senators die erforderliche Mehrheit im ersten Wahlgang nicht erreicht, so muß die Wahl wiederholt werden.

§ 4
Wahl mehrerer Senatoren

(1) Mehrere Senatoren werden einheitlich auf einem Stimmzettel gewählt. Stimmzettel, die zu viele Namen oder denselben Namen mehrfach enthalten, sind ungültig. Gewählt ist, wer die erforderliche Mehrheit erreicht.

(2) Haben im ersten Wahlgang nicht genügend Kandidaten die erforderliche Mehrheit erreicht, so werden die fehlenden Senatoren im Wege der Einzelwahl nach § 3 gewählt.

III. Ordnung der Senatsgeschäfte

§ 5
Geschäftsordnung

Das Verfahren in den Sitzungen des Senats und die geschäftliche Behandlung der Senatsangelegenheiten werden, soweit nichts anderes bestimmt ist, durch eine vom Senat zu beschließende Geschäftsordnung geregelt.

§ 6
Vorzeitige Neuwahl eines Bürgermeisters

Scheidet einer der Bürgermeister vorzeitig aus seinem Amt aus, so hat die Neuwahl innerhalb von vier Wochen stattzufinden.

§ 7
Ausschluß von den Amtsgeschäften

Ist gegen einen Senator ein Strafverfahren eingeleitet oder ein Mißtrauensantrag gestellt worden, so kann der Senat beschließen, daß sich der Senator bis zur rechtskräftigen Erledigung des Strafverfahrens oder bis zur Entscheidung über den Mißtrauensantrag unter Weiterempfang seiner Bezüge von den Amtsgeschäften fernzuhalten hat.

IV. Rechtliche Stellung der Senatoren

§ 8
Amtsverhältnis

(1) Die Senatoren stehen in einem öffentlich-rechtlichen Amtsverhältnis zur Freien und Hansestadt Hamburg.

(2) Das Amtsverhältnis beginnt mit der Eidesleistung.

§ 9
Verschwiegenheitspflicht

(1) Die Senatoren sind, auch nach Beendigung ihres Amtsverhältnisses, verpflichtet, über die ihnen amtlich bekanntgewordenen

Angelegenheiten Verschwiegenheit zu bewahren. Dies gilt nicht für Mitteilungen im dienstlichen Verkehr oder über Tatsachen, die offenkundig sind oder ihrer Bedeutung nach keiner Geheimhaltung bedürfen.

(2) Die Senatoren dürfen, auch nach Beendigung ihres Amtsverhältnisses, über Angelegenheiten, auf die sich ihre Pflicht zur Amtsverschwiegenheit bezieht, ohne Genehmigung des Senats weder vor Gericht noch außergerichtlich aussagen oder Erklärungen abgeben.

(3) Die Genehmigung, als Zeuge auszusagen, soll nur versagt werden, wenn die Aussage dem Wohle der Bundesrepublik Deutschland oder eines deutschen Landes Nachteile bereiten oder die Erfüllung öffentlicher Aufgaben ernstlich gefährden oder erheblich erschweren würde.

§ 10

Rechtsstellung hamburgischer Beamter und Richter als Senatoren

(1) Wird ein Beamter oder Richter der Freien und Hansestadt Hamburg oder ein Beamter einer landesunmittelbaren juristischen Person des öffentlichen Rechts in den Senat gewählt, so scheidet er mit dem Beginn des Amtsverhältnisses als Senator aus seinem bisherigen Amt aus. Für die Dauer des Amtsverhältnisses als Senator ruhen die in dem Dienstverhältnis als Beamter oder Richter begründeten Rechte und Pflichten. Dies gilt nicht für die Pflicht zur Amtsverschwiegenheit und das Verbot der Annahme von Belohnungen oder Geschenken. Bei einem unfallverletzten Beamten oder Richter bleibt ein Anspruch auf Heilverfahren und Unfallausgleich unberührt.

(2) Endet das Amtsverhältnis als Senator, so tritt der Beamte oder Richter, wenn ihm nicht innerhalb von drei Monaten mit seinem Einverständnis ein anderes Amt als Beamter oder Richter übertragen wird, mit Ablauf dieser Zeit aus dem Dienstverhältnis als Beamter oder Richter in den Ruhestand.

(3) Die Amtszeit als Senator gilt als Dienstzeit im Sinne des Besoldungs- und Versorgungsrechts.

(4) Wird ein versorgungsberechtigter früherer Beamter oder Richter (Absatz 1 Satz 1) in den Senat gewählt, so gelten Absatz 1 Sätze 2 bis 4 und Absatz 3 entsprechend.

§ 11
Rechtsstellung hamburgischer Angestellter und Arbeiter als Senatoren

(1) Wird ein Angestellter oder Arbeiter der Freien und Hansestadt Hamburg oder einer landesunmittelbaren juristischen Person des öffentlichen Rechts in den Senat gewählt, so gilt die Amtszeit als ruhegeldfähig im Sinne des Ruhegeldgesetzes oder der an seiner Stelle anzuwendenden Versorgungsregelung.

(2) Das gleiche gilt für einen versorgungsberechtigten früheren Angestellten oder Arbeiter.

V. Bezüge der Senatoren

§ 12
Amtsbezüge und Aufwandsentschädigung

(1) Die Senatoren erhalten vom Beginn des Kalendermonats, in dem ihr Amtsverhältnis beginnt, bis zum Ende des Kalendermonats, in dem ihr Amtsverhältnis endet, folgende Amtsbezüge:

1. Ein Amtsgehalt in Höhe von eineinviertel des Grundgehalts der Besoldungsgruppe B 11 des Hamburgischen Besoldungsgesetzes,
2. einen Ortszuschlag nach der Tarifklasse I a des Hamburgischen Besoldungsgesetzes,
3. Kinderzuschlag nach den Vorschriften des Hamburgischen Besoldungsgesetzes,
4. Zulagen und Zuwendungen in entsprechender Anwendung der allgemein für hamburgische Beamte geltenden Vorschriften.

(2) Neben den Amtsbezügen erhalten

der Erste Bürgermeister	1500 Deutsche Mark,
der Zweite Bürgermeister	800 Deutsche Mark,
die übrigen Senatoren	600 Deutsche Mark

monatlich als Aufwandsentschädigung.

(3) Außerdem erhalten die Senatoren Entschädigung für Umzüge, die infolge ihrer Wahl oder der Beendigung ihres Amtsverhältnisses erforderlich werden, sowie Tagegelder und Reisekosten bei amtlicher Tätigkeit außerhalb Hamburgs. Die Höhe dieser Entschädigungen bestimmt der Senat mit Zustimmung des Bürgerausschusses.

§ 13
Übergangsgeld

(1) Ein ehemaliger Senator erhält im Anschluß an die Amtsbezüge Übergangsgeld.

(2) Das Übergangsgeld wird für dieselbe Anzahl von Monaten gewährt, für die der Senator ohne Unterbrechung Amtsbezüge erhalten hat, jedoch mindestens für drei Monate und höchstens für zwei Jahre. Die Bezugsdauer wird um die Anzahl der Monate verlängert, für die der Senator vom Beginn des Monats der Vollendung des fünfzigsten Lebensjahres an Amtsbezüge erhalten hat, höchstens jedoch um weitere zwei Jahre.

(3) Als Übergangsgeld werden gewährt

1. für die ersten drei Monate die Amtsbezüge nach § 12 Absatz 1,
2. für die weitere Zeit die Hälfte dieser Bezüge, Kinderzuschlag und Beihilfen jedoch in voller Höhe.

§ 14
Ruhegehalt

(1) Ein ehemaliger Senator erhält im Anschluß an die Amtsbezüge Ruhegehalt, wenn er

1. sein Amt insgesamt mindestens vier Jahre bekleidet hat oder
2. bei Beendigung seines Amtsverhältnisses infolge einer Gesundheitsschädigung, die er bei Ausübung seines Amtes oder im Zusammenhang mit seiner Amtsführung ohne grobes Verschulden erlitten hat, in seiner Erwerbsfähigkeit nicht nur vorübergehend wesentlich beschränkt ist.

(2) Der Anspruch auf Ruhegehalt ruht

1. bei einer Amtszeit von insgesamt mindestens acht Jahren bis zum Ablauf des Kalendermonats vor der Vollendung des fünfzigsten Lebensjahres,
2. bei kürzerer Amtszeit bis zum Ablauf des Kalendermonats vor der Vollendung des fünfundfünfzigsten Lebensjahres,

jedoch nicht über den Beginn des Kalendermonats hinaus, von dem an Dienstunfähigkeit nach den Vorschriften des hamburgischen Beamtenrechts festgestellt wird.

(3) Das Ruhegehalt beträgt mindestens fünfunddreißig vom Hundert der ruhegehaltfähigen Amtsbezüge nach § 12 Absatz 1 und steigt mit jedem Amtsjahr als Senator um drei vom Hundert bis

zum Höchstsatz von fünfundsiebzig vom Hundert; ein Rest der Amtszeiten von mehr als hundertzweiundachtzig Tagen gilt als Amtsjahr.

(4) Ein ehemaliger Senator, der nicht nach Absatz 1 ruhegehaltsberechtigt ist, erhält bei Beendigung seines Amtsverhältnisses einen Ausgleich in Höhe der Beiträge, die ein Arbeitgeber als seinen Anteil zur Rentenversicherung der Angestellten für die Amtszeit zu entrichten gehabt hätte. Dies gilt nicht, wenn die Amtszeit als Senator für eine Versorgung aus einer Verwendung oder Tätigkeit der in § 16 Absätze 2 und 3 genannten Art als Dienstzeit im Sinne der jeweils anzuwendenden Versorgungsregelung angerechnet wird. Der Ausgleich ist zurückzuzahlen, wenn der ehemalige Senator in einem neuen Amtsverhältnis als Senator ruhegehaltsberechtigt wird oder wenn später die Voraussetzungen des Satzes 2 eintreten.

(5) Auf Antrag des Senats kann der Bürgerausschuß zur Vermeidung einer unbilligen Härte

1. ein Ruhegehalt bis zur Höhe des sich nach Absatz 3 ergebenden Betrages gewähren, wenn die Voraussetzungen der Absätze 1 und 2 nicht erfüllt sind,
   und
2. abweichend von Absatz 3 ein höheres Ruhegehalt bewilligen, insbesondere unter Berücksichtigung einer Tätigkeit im öffentlichen Interesse; der Höchstsatz des Ruhegehalts darf dabei nicht überschritten werden.

Das Ruhegehalt kann auch befristet oder unter dem Vorbehalt jederzeitigen Widerrufs zuerkannt werden.

(6) Der Bürgerausschuß kann einem Kandidaten für das Senatorenamt oder einem Senator, dessen Anwartschaft auf eine anderweitige Altersversorgung mit Rücksicht auf die Begründung des Amtsverhältnisses als Senator erlischt oder beeinträchtigt wird, zum Ausgleich einer dadurch entstehenden Härte für den Fall der Beendigung des Amtsverhältnisses ein Ruhegehalt nach Maßgabe des Absatzes 5 bewilligen.

§ 15

Hinterbliebenenversorgung

(1) Die Hinterbliebenen eines zur Zeit seines Todes übergangsgeldberechtigten Senators oder ehemaligen Senators erhalten Sterbegeld nach den Vorschriften des hamburgischen Beamtenrechts. Sie

erhalten ferner vom Beginn des auf den Sterbemonat folgenden Kalendermonats an für die Bezugsdauer des Übergangsgeldes nach § 13 Absatz 2 oder deren Rest ein aus dem Übergangsgeld nach § 13 Absatz 3 Nummer 2 berechnetes Witwen- oder Waisengeld oder einen Unterhaltsbeitrag auf dieser Grundlage.

(2) Die Hinterbliebenen eines zur Zeit seines Todes nach § 14 Absatz 1 ruhegehaltsberechtigten Senators oder ehemaligen Senators erhalten Hinterbliebenenversorgung nach den Vorschriften des hamburgischen Beamtenrechts. § 14 Absätze 4 und 5 finden entsprechende Anwendung.

§ 16
Zusammentreffen von Ansprüchen

(1) Steht einem ehemaligen Senator aus demselben Amtsverhältnis für denselben Zeitraum Übergangsgeld und Ruhegehalt zu, so wird nur die höhere Versorgung gezahlt.

(2) Steht einem Senator oder ehemaligen Senator neben den Ansprüchen aus dem Amtsverhältnis nach hamburgischem Recht für denselben Zeitraum Einkommen aus einem früheren Amtsverhältnis als Senator oder aus einer früheren Verwendung im hamburgischen öffentlichen Dienst (§ 160 Absatz 5 des Hamburgischen Beamtengesetzes) zu, so ruht dieses Einkommen bis zur Höhe der Amtsbezüge, des Übergangsgeldes oder des Ruhegehalts.

(3) Steht einem Senator oder ehemaligen Senator neben den Ansprüchen aus dem Amtsverhältnis für denselben Zeitraum Einkommen aus einer früheren Verwendung oder Tätigkeit

1. im hamburgischen öffentlichen Dienst (§ 160 Absatz 5 des Hamburgischen Beamtengesetzes) nach außerhamburgischem Recht,
2. im außerhamburgischen öffentlichen Dienst (§ 160 Absatz 5 des Hamburgischen Beamtengesetzes),
3. in einem anderen öffentlich-rechtlichen Amtsverhältnis oder
4. bei einer Einrichtung oder für eine Einrichtung, an der die Freie und Hansestadt Hamburg oder eine landesunmittelbare juristische Person des öffentlichen Rechts unmittelbar oder mittelbar mindestens überwiegend finanziell beteiligt ist,

zu, so werden die Amtsbezüge, das Übergangsgeld oder das Ruhegehalt um das andere Einkommen gekürzt.

(4) Wird ein ehemaliger Senator im hamburgischen öffentlichen Dienst oder in der in Absatz 3 Nummer 2, 3 oder 4 genannten Art verwendet oder tätig, so erhält er die Amtsbezüge oder das Ruhegehalt als Senator nur insoweit, als das andere Einkommen hinter den Amtsbezügen für denselben Zeitraum zurückbleibt. Auf das Übergangsgeld wird Einkommen aus einer Verwendung oder Tätigkeit nach Satz 1 in voller Höhe angerechnet. Anderes Arbeitseinkommen wird auf das Übergangsgeld angerechnet, soweit es zusammen mit dem Übergangsgeld die Amtsbezüge für denselben Zeitraum übersteigt.

(5) Ist ein ehemaliger Senator im hamburgischen öffentlichen Dienst oder in der in Absatz 3 Nummer 2, 3 oder 4 genannten Art verwendet worden oder tätig gewesen und steht ihm daraus Versorgung zu, so wird das Übergangsgeld oder das Ruhegehalt als Senator um die andere Versorgung für denselben Zeitraum gekürzt.

(6) Die Absätze 1 bis 5 finden auf die Hinterbliebenen von Senatoren und ehemaligen Senatoren sowie auf die Senatoren und ehemaligen Senatoren, denen Hinterbliebenenversorgung nach ihrem Ehegatten zusteht, sinngemäß Anwendung.

(7) Die §§ 86 a und 162 b des Hamburgischen Beamtengesetzes finden auf die Zahlung der Amtsbezüge, des Übergangsgeldes, des Ruhegehalts und der Hinterbliebenenversorgung sinngemäß Anwendung mit der Maßgabe, daß an die Stelle des Vomhundertsatzes von 2,14 der Vomhundertsatz von 5,35 tritt.

§ 17

Aberkennung von Bezügen

Hat ein Senator oder ein ehemaliger Senator seinen Amtspflichten erheblich zuwidergehandelt oder sich während oder nach seiner Amtszeit durch sein Verhalten der Achtung, die das Amt erfordert, unwürdig gezeigt, so kann der Anspruch auf Ruhegehalt, Übergangsgeld und Hinterbliebenenversorgung ganz oder teilweise aberkannt werden. Die Aberkennung erfolgt auf Antrag des Senats durch das Hamburgische Verfassungsgericht.

§ 18

Ergänzende Bestimmungen

(1) Ergänzend sind die für die Beamten der Freien und Hansestadt Hamburg und ihre Hinterbliebenen jeweils geltenden ver-

sorgungsrechtlichen Vorschriften mit Ausnahme von § 162 a des Hamburgischen Beamtengesetzes entsprechend anzuwenden.

(2) § 91 des Hamburgischen Beamtengesetzes findet entsprechende Anwendung.

VI. Schlußbestimmungen

§ 19[1])

§ 20
Übergangsbestimmungen

(1) Die §§ 14 bis 16 gelten auch für Senatoren, die nach dem 30. November 1950 aus dem Senat ausgeschieden sind, soweit sich ihre Rechtsstellung dadurch nicht verschlechtert. Für Versorgungsberechtigte nach dem Senatsgesetz in der Fassung vom 13. November 1925 (Hamburgisches Gesetz- und Verordnungsblatt Seite 533) treten an die Stelle der bisherigen ruhegehaltsfähigen Amtsbezüge die ruhegehaltsfähigen Amtsbezüge nach § 12 Absatz 1. Ruhegehalt und Hinterbliebenenversorgung nach diesem Gesetz werden vom Inkrafttreten des Gesetzes an gezahlt.

(2) Der Ausgleich nach § 14 Absatz 4 kommt nur für Senatoren in Betracht, deren Amtsverhältnis nach dem Inkrafttreten dieses Gesetzes endet. Dabei wird auch die Zeit vor dem Inkrafttreten dieses Gesetzes berücksichtigt.

§ 21
Inkrafttreten

(1) Dies Gesetz tritt am 1. Februar 1971 in Kraft.

(2) Gleichzeitig tritt das Senatsgesetz in der Fassung vom 7. Mai 1963 (Hamburgisches Gesetz- und Verordnungsblatt Seiten 55 und 67) außer Kraft.

---

[1]) Änderungsvorschrift

Geschäftsordnung des Senats der Freien und Hansestadt Hamburg

Vom 11. Januar 1972

Der Senat beschließt auf Grund des § 5 des Senatsgesetzes vom 18. Februar 1971 (Hamburgisches Gesetz- und Verordnungsblatt Seite 23) folgende Geschäftsordnung:

§ 1
Senat
(Artikel 33,47 Verfassung, § 1 Senatsgesetz)

(1) Der Senat besteht aus mindestens 10, höchstens 15 Senatoren. Er ist die Landesregierung.

(2) Der Senat kann zu seiner Beratung und zur Bearbeitung seiner Angelegenheiten beamtete Senatssyndici (Staatsräte) ernennen. Diese nehmen an seinen Sitzungen mit beratender Stimme teil, wenn der Senat im Einzelfall nichts anderes beschließt (Sitzung in senatu).

(3) Die Beschlüsse des Senatskollegiums binden die einzelnen Senatoren und Staatsräte.

§ 2
Präsidium
(Artikel 41 Verfassung)

(1) Der Erste Bürgermeister leitet als Präsident des Senats dessen Amtsgeschäfte. Der Zweite Bürgermeister ist sein Stellvertreter.

(2) Bei vorübergehender Abwesenheit oder Verhinderung beider Bürgermeister führt der am längsten im Amt befindliche anwesende Senator und bei gleichem Amtsalter der an Lebensjahren älteste die Geschäfte und den Vorsitz im Senat.

§ 3
Wahl des Präsidenten
(Artikel 34, 41 Verfassung, § 6 Senatsgesetz)

(1) Der Senat wählt aus seiner Mitte in geheimer Abstimmung seinen Präsidenten (Ersten Bürgermeister) und einen Stellvertreter

(Zweiten Bürgermeister) auf die Dauer eines Kalenderjahres. Ihre Wiederwahl ist zulässig.

(2) Der neugewählte Senat wählt aus seiner Mitte in seiner ersten Sitzung, die am Tage der Wahl oder spätestens am darauffolgenden Tage stattfinden soll und vom Alterspräsidenten einberufen wird, seinen Präsidenten und dessen Stellvertreter. Die Wahl des Präsidenten leitet der Alterspräsident. Alterspräsident ist der am längsten im Amt befindliche, bei gleichem Amtsalter der an Lebensjahren älteste, zur Übernahme dieses Amtes bereite Senator. Die Wahl des Stellvertreters leitet der Präsident des Senats.

(3) Scheidet einer der Bürgermeister vorzeitig aus seinem Amt aus, so hat die Neuwahl innerhalb von vier Wochen stattzufinden.

(4) Im übrigen findet die Wahl des Ersten und Zweiten Bürgermeisters in der letzten Sitzung des Jahres statt.

(5) Die Wahl ist geheim. Die Stimmzettel werden von dem dienstjüngsten, bei gleichem Amtsalter lebensjüngeren Senator in der Stimmzettelurne eingesammelt. Dieser nimmt auch die Zählung zusammen mit dem dienstjüngsten Staatsrat vor und teilt dem die Wahl leitenden Senatsmitglied das Ergebnis mit.

§ 4
Führung der Amtsgeschäfte

(1) Der Senat erledigt die Amtsgeschäfte in Vollversammlungen oder in Abteilungen.

(2) Die Zahl und die Zuständigkeit der Abteilungen werden durch besonderen Senatsbeschluß festgelegt. Die Beschlüsse der Abteilungen gelten als Beschlüsse des Senats.

(3) Der Senat kann zu einer Beratung Senatskommissionen bilden, denen Senatoren und Staatsräte angehören. Für bestimmte Angelegenheiten kann den Senatskommissionen auch die Beschlußfassung übertragen werden. Die Staatsräte haben in den Senatskommissionen Stimmrecht.

(4) Angelegenheiten von allgemeiner und grundsätzlicher Bedeutung sind der Vollversammlung zur Entscheidung zu unterbreiten. Auf Antrag eines Senators muß eine zur Zuständigkeit einer Abteilung gehörige Angelegenheit in der Vollversammlung zur Entscheidung gebracht werden. Die Abteilungen können ihrerseits Senatoren und Staatsräte, die ihnen nicht angehören, zur Teilnahme an ihren Sitzungen laden.

§ 5
Geschäftsverteilung
(Artikel 42 Verfassung)

(1) Der Senat beschließt zum Beginn eines jeden Kalenderjahres die Verteilung der Geschäfte auf die Senatoren und Staatsräte. Er überprüft den Fortbestand der Senatskommissionen und bestimmt die Vertreter im Bundesrat und in seinen Ausschüssen. Die Beschlußfassung wird durch die Senatskommission zur Festlegung der Geschäftsverteilung und Geschäftsordnung, der beide Bürgermeister, drei Senatoren und ein Staatsrat angehören, vorbereitet.

(2) Der Präsident des Senats kann einzelne Amtsgeschäfte ohne vorherigen Senatsbeschluß den Senatoren und Staatsräten übertragen. Die Übertragung ist dem Senat zur Kenntnis zu bringen. Er entscheidet über etwaige Bedenken gegen eine solche Übertragung.

(3) Der Präsident des Senats hat die Aufgabe, die Senatsgeschäfte zu leiten, das innere und äußere Gedeihen des Staatswesens zu überwachen, für wichtige Staatsangelegenheiten persönlich einzutreten und grundlegende Arbeiten auf dem Gebiete der Gesetzgebung und Verwaltung zu fördern.

(4) In Angelegenheiten, die für die allgemeine Staatspolitik von Bedeutung sind, kann der Präsident des Senats die Bearbeitung selbst übernehmen.

(5) Der Präsident des Senats hat das Recht, jederzeit Auskünfte von den Behörden einzuholen.

§ 6
Eingänge

(1) Eingänge an den Senat verteilt die Senatskanzlei an die zuständigen Senatoren und Staatsräte oder die mit der Bearbeitung beauftragten Stellen.

(2) Eingänge von besonderer Bedeutung werden zunächst dem Präsidenten des Senats vorgelegt.

§ 7
Sitzungen

(1) Die ordentlichen Sitzungen des Senats finden in der Regel dienstags um 15.00 Uhr statt; bei Bedarf tritt der Senat auch freitags um 10.00 Uhr zu ordentlichen Sitzungen zusammen. Der Ort der

Sitzung ist, wenn nichts anderes bestimmt ist, die Ratsstube im Senatsgehege des Rathauses.

(2) Der Senat oder der Präsident des Senats können außerordentliche Sitzungen anberaumen.

(3) Die Sitzungen sind nicht öffentlich.

(4) Die Reihenfolge der Plätze in den Sitzungen richtet sich nach dem Amtsalter, bei gleichem Amtsalter nach dem Lebensalter.

§ 8
Anwesenheitspflicht

(1) Die in Hamburg anwesenden Senatoren und Staatsräte sind verpflichtet, an den Sitzungen teilzunehmen, soweit sie nicht durch Krankheit oder aus anderen dem Präsidenten mitzuteilenden Gründen daran verhindert sind.

(2) An den Sitzungen des Senats nimmt außerdem der Leiter der Staatlichen Pressestelle teil.

(3) Es sollen in der Regel mindestens die Hälfte der Senatoren in Hamburg anwesend sein. Von einer länger als drei Tage dauernden Abwesenheit ist dem Präsidenten des Senats mit Orts- und Zeitangabe vorher Mitteilung zu machen.

(4) Senatoren und Staatsräte bedürfen für eine Dienstreise ins Ausland der Genehmigung des Senats. Private Auslandsreisen sind der Senatskanzlei vorher anzuzeigen.

(5) Die Vertretung abwesender Senatoren ist, soweit sie sich nicht aus der Geschäftsverteilung ergibt, durch Senatsbeschluß zu regeln.

(6) Der Urlaub der Senatoren ist mit dem Präsidenten des Senats zu vereinbaren. Der Urlaub und die Vertretung sind in eine Urlaubsliste einzutragen. Die Urlaubsliste wird allen Mitgliedern des Senats am Anfang des Urlaubsjahres mitgeteilt.

§ 9
Tagesordnung

(1) Die Tagesordnung der Senatssitzungen bestimmt der Präsident des Senats vorbehaltlich eines abändernden Beschlusses, den der Senat zu Beginn der Sitzung faßt. Die Tagesordnung ist als „Vertraulich“ zu bezeichnen.

(2) Die Tagesordnung wird von der Senatskanzlei zusammengestellt. Die Senatsdrucksachen für die Dienstagssitzung sind bis zum

vorhergehenden Dienstag, 11.00 Uhr, für die Freitagssitzung bis zum jeweils vorhergehenden Freitag, 11.00 Uhr, bei der Senatskanzlei einzureichen.

(3) Senatsdrucksachen, in denen entweder grundsätzliche Angelegenheiten erörtert werden oder die im Text sehr umfangreich sind, sind jeweils sieben Tage vor den Fristen nach Absatz 2 bei der Senatskanzlei einzureichen.

(4) Verspätet eingereichte Senatsdrucksachen können nur mit Zustimmung des Präsidenten des Senats in die Tagesordnung aufgenommen werden.

(5) Die Tagesordnung soll spätestens sechs Tage vor der Sitzung in den Händen der Teilnehmer an der Senatssitzung sein.

§ 10
Aufgaben des Senats
(Artikel 42, 24 und 22 Ziffer 5 Verfassung)

Der Senat berät und beschließt insbesondere über:

1. Verlangen des Senats auf Einberufung der Bürgerschaft,
2. alle an die Bürgerschaft und den Bürgerausschuß zu richtenden Anträge und Mitteilungen,
3. Antworten auf Große und Kleine Anfragen der Bürgerschaftsabgeordneten,
4. Erwiderungen auf Ersuchen der Bürgerschaft,
5. Angelegenheiten, die mit Organen des Bundes oder anderer Länder verhandelt werden, soweit die Angelegenheiten nicht zum laufenden Gang der Verwaltung gehören,
6. Angelegenheiten des Bundesrates, soweit sie

   in seinen Plenarsitzungen zur Entscheidung gelangen oder in seinen Ausschüssen und gegebenenfalls im Bundestag (gemäß Artikel 43 Absatz 2 GG) beraten werden und die federführende Behörde wegen der grundsätzlichen Bedeutung eine Entscheidung des Senats für erforderlich hält,
7. Angelegenheiten, für welche die Entscheidung des Senats durch die Verfassung oder ein Gesetz vorgeschrieben ist,
8. Angelegenheiten, die für die gesamte Verwaltung oder aus anderen Gründen von grundsätzlicher oder allgemeiner Bedeutung sind,

9. Meinungsverschiedenheiten über Fragen, die den Geschäftsbereich mehrerer Verwaltungsbehörden oder Senatsämter berühren.

§ 11
Einbringung von Senatsdrucksachen

(1) Die Berichterstattung im Senat ist grundsätzlich durch eine Senatsdrucksache vorzubereiten. Sind an ihrem Inhalt mehrere Senatsämter oder Fachbehörden beteiligt, so soll sie erst zur Aufnahme in die Tagesordnung (unter Wahrung der in § 9 Absätze 2 und 3 festgesetzten Fristen) eingereicht werden, wenn der volle Wortlaut der Drucksache unter allen Beteiligten abgestimmt ist. Abweichende Stellungnahmen sind in die Drucksache aufzunehmen.

(2) Senatsdrucksachen sollen regelmäßig als „Vertraulich" bezeichnet werden. Die Präsides der Behörden können in begründeten Einzelfällen anordnen, daß Senatsdrucksachen als „Streng vertraulich" oder „Geheim" zu behandeln sind. In diesen Fällen sind die Drucksachen vor der Verteilung mit einem entsprechenden Stempel zu versehen.

(3) Für die Verteilung der Drucksachen bestehen zwei Verteiler, die vom Leiter der Senatskanzlei festgelegt werden. Sie haben die Bezeichnungen

Verteiler 1: Großer Verteiler

Verteiler 2: Nur an die Teilnehmer an der Senatssitzung.

(4) Drucksachen mit der Bezeichnung „Vertraulich" werden im Verteiler 1 verteilt. Zur Beschränkung des Empfängerkreises können die Präsides der Behörden oder der Leiter der Senatskanzlei die Verteilung im Verteiler 2 anordnen. Die Präsides bestimmen den Kreis derer, denen die Drucksachen in den Behörden zugänglich gemacht werden sollen; ein allgemeiner Umlauf soll nicht erfolgen.

(5) Senatsdrucksachen, die als „Streng vertraulich" oder „Geheim" bezeichnet sind, werden im Verteiler 2 verteilt. Die Senatsdrucksachen mit der Bezeichnung „Streng vertraulich" werden in verschlossenem Umschlag verteilt. Bei Geheimsachen ist die Verschlußsachenanweisung zu beachten.

(6) Weitere Exemplare der Drucksachen dürfen von der Senatskanzlei außerhalb des normalen Verteilerkreises nur in begründeten Einzelfällen abgegeben werden.

§ 12
Berichterstattung

(1) Über Angelegenheiten aus dem Geschäftsbereich eines Senatsamts oder einer Behörde berichtet im Senat der nach der Geschäftsverteilung zuständige Senator, sein Vertreter oder der für das Sachgebiet zuständige Staatsrat.

(2) Über Angelegenheiten aus dem Bereich einer Senatskommission berichtet das federführende Senatsmitglied oder nach Bestimmung des Vorsitzenden ein Mitglied der Kommission.

(3) Sind an einer Angelegenheit mehrere Behörden oder Senatsämter beteiligt, so steht die Berichterstattung im Senat dem Präses derjenigen Behörde zu, die in der Angelegenheit federführend oder im Einzelfall von dem Präsidenten des Senats um Berichterstattung ersucht ist.

(4) Mit Zustimmung des Präsidenten des Senats können auch Beamte derjenigen Behörden, die mit der zur Entscheidung stehenden Angelegenheit befaßt sind, zum Vortrag im Senat herangezogen werden. Ausnahmsweise können auf Beschluß des Senats oder in eiligen Fällen mit Zustimmung des Präsidenten auch andere Personen an den Sitzungen teilnehmen.

§ 13
Beratung, Beschlußfassung und Abstimmung
(Artikel 42 Absatz 2 Verfassung)

(1) Der Senat faßt seine Beschlüsse mit einfacher Stimmenmehrheit. Es steht jedem Senator frei, seine abweichende Stellungnahme in das Original der Niederschrift aufnehmen zu lassen.

(2) Die Abstimmung im Senat erfolgt durch Handzeichen. Bei Stimmengleichheit entscheidet die Stimme des Präsidenten. Er ist in diesem Falle an seine erste Stimmabgabe nicht gebunden und hat das Recht, vor Abgabe seiner entscheidenden Stimme die Sitzung zu unterbrechen. Er kann die Abgabe seiner Stimme auch auf die nächste Sitzung vertagen.

(3) Die Abstimmung kann unterbleiben, wenn sich kein Widerspruch gegen einen Antrag oder Vorschlag erhebt. Auf Antrag eines Mitgliedes muß schriftliche (geheime) Abstimmung stattfinden.

(4) Stimmenthaltungen werden bei der Beschlußfassung nicht berücksichtigt und nicht in die Niederschrift aufgenommen.

(5) Senatoren, die an einer Sache ein außerdienstliches Interesse haben, nehmen an der Beratung und Abstimmung nicht teil; das gleiche gilt für die Staatsräte hinsichtlich der Beratung.

(6) Bei schriftlicher (geheimer) Abstimmung sammelt der dienstjüngste Staatsrat die Stimmzettel in der Wahlurne ein. Er zählt auch die Stimmen aus und teilt das Ergebnis dem Präsidenten des Senats mit.

(7) Für die Abstimmung in den Abteilungen gelten die gleichen Grundsätze wie für die Vollversammlung mit der Maßgabe, daß bei Stimmgleichheit in den Abteilungen nicht die Stimme des Vorsitzenden entscheidet, sondern die Entscheidung der Vollversammlung herbeizuführen ist.

(8) Wegen der Hinzuziehung von Beamten und anderen Personen zu den Beratungen des Senats gilt § 12 Absatz 4 entsprechend.

(9) Der Senat kann ‚in senatu' — d. h. ohne Anwesenheit der Staatsräte — beraten, Beschlüsse fassen und abstimmen. Der Präsident des Senats beauftragt in diesem Falle einen Senator mit der Protokollführung.

(10) Der Senat tritt nach außen stets einheitlich auf.

§ 14

Angelegenheiten von finanzieller Bedeutung

(Artikel 42, 50 und 69 Verfassung)

(1) Angelegenheiten von finanzieller Bedeutung — d. h. alle Maßnahmen (Planungen, Verfügungen oder Anordnungen), durch die neue Einnahmen geschaffen, vorgesehene Einnahmen gekürzt, neue Ausgaben notwendig oder vorgesehene Ausgaben überschritten werden — sind durch den Präses der Finanzbehörde zu begutachten, ehe sie dem Senat zur Beschlußfassung vorgelegt werden. Sie sollen im Senat nur verhandelt werden, wenn der Präses der Finanzbehörde oder sein Vertreter anwesend ist.

(2) Der Präses der Finanzbehörde kann gegen einen Beschluß des Senats, der gegen seine Stimme ergeht, Widerspruch erheben. In diesem Fall ist über die Angelegenheit in einer späteren Senatssitzung nochmals abzustimmen. Zwischen der ersten und zweiten Abstimmung sollen mindestens sechs Tage liegen.

(3) Ein Beschluß kann bei dieser Abstimmung gegen die Stimme des Präses der Finanzbehörde nur zustande kommen, wenn die Mehrheit des gesamten Senats sich gegen den Präses der Finanz-

behörde entscheidet. Bei Stimmengleichheit entscheidet die Stimme des Vorsitzenden.

(4) Beantragt der Präses der Finanzbehörde, daß der Senat gegen einen Beschluß der Bürgerschaft von finanzieller Bedeutung Einspruch einlegt, so kann dieser Antrag nur mit der Mehrheit des gesamten Senats verworfen werden. Bei Stimmengleichheit entscheidet die Stimme des Vorsitzenden.

(5) Neue Investitionen oder Anträge auf Nachbewilligungen von Haushaltsmitteln für Investitionen sind, soweit sie jeweils den Betrag von 1 Million DM überschreiten oder von besonderer Bedeutung sind, auch von der Senatskanzlei — Planungsstab — zu begutachten, ehe sie dem Senat zur Beschlußfassung vorgelegt werden. Sie sollen im Senat nur verhandelt werden, wenn der Präsident des Senats oder der Zweite Bürgermeister anwesend sind.

§ 15
Geheimhaltung

(1) Das Ergebnis von Abstimmungen und die Stimmabgabe der einzelnen Senatoren sind geheimzuhalten. Das gleiche gilt vom Inhalt der Beratungen, es sei denn, daß der Senat etwas anderes beschließt.

(2) Der Inhalt von Senatsdrucksachen, die dem Senat zur Beschlußfassung vorliegen, darf über den Verteilerkreis der jeweiligen Drucksache hinaus anderen Personen nicht mitgeteilt werden. Über den wesentlichen Inhalt von Senatsbeschlüssen kann — vorbehaltlich einer anderen Entscheidung des Senats — die Presse im Anschluß an die Senatssitzung unterrichtet werden. Anderen Stellen dürfen Beschlüsse des Senats vor ihrer Mitteilung an die Bürgerschaft oder ihrer sonstigen amtlichen Veröffentlichung nicht mitgeteilt werden. Der Präsident des Senats kann Ausnahmen zulassen.

§ 16
Senatsbeschlüsse im Verfügungswege

(1) Senatsbeschlüsse können auch im Verfügungswege von den Senatoren oder Staatsräten gefaßt werden, wenn

a) die Erledigung der betreffenden Angelegenheit vor der nächsten Senatssitzung erforderlich ist oder

b) die Senatoren oder Staatsräte vom Senat ermächtigt worden sind oder

c) die Angelegenheit wegen ihrer Geringfügigkeit oder wegen der feststehenden Praxis des Senats eines Vortrages im Senat nicht bedarf.

(2) Im Falle des Absatzes 1 Buchstabe a) ist jedoch, wenn es sich um eine wichtigere Angelegenheit handelt, die Entscheidung des Präsidenten des Senats einzuholen. Dem Senat ist nachträglich in allen Fällen des Absatzes 1 Buchstabe a) und c) die getroffene Entscheidung in der nächsten Senatssitzung mitzuteilen.

(3) Beschlüsse der vorstehend genannten Art gelten als Beschlüsse des Senats. Sie sind, sofern der Senat im Falle des Absatzes 1 Buchstabe b) nichts anderes bestimmt, unverzüglich in Urschrift der Senatskanzlei einzureichen. Auf der Urschrift ist zu vermerken, welche Verwaltungszweige eine Ausfertigung erhalten haben.

§ 17

Angelegenheiten von rechtlicher Bedeutung

Alle Anträge, die den Erlaß von Gesetzen und Verordnungen betreffen oder sonst Rechtsfragen enthalten, sind

a) mit der Senatskanzlei zur Prüfung von staats- und verfassungsrechtlichen Fragen oder Angelegenheiten des Bundesrates,

b) mit der Justizbehörde zur Prüfung der Rechtsförmlichkeiten und der Gesetzmäßigkeit der Vorlagen im übrigen

abzustimmen, bevor sie dem Senat vorgelegt werden.

§ 18

Niederschrift

(1) Die Senatskanzlei führt über die Sitzungen des Senats eine Niederschrift. Sie hat die Namen der anwesenden und abwesenden Teilnehmer an der Senatssitzung, die sachliche Angabe der Verhandlungsgegenstände und die dazu gefaßten Senatsbeschlüsse zu enthalten.

(2) Die Niederschriften über die Sitzungen des Senats werden von dem Protokollführer entworfen. Sie sind möglichst kurz zu fassen.

(3) Die Auszüge aus der Niederschrift werden in der Regel entsprechend dem Verteilerkreis für die jeweilige Senatsdrucksache zugestellt. Falls nicht innerhalb von zwei Tagen nach Zugang Einwendungen gegen die Niederschrift erhoben werden, so gilt sie als genehmigt.

(4) Die Präsides der Behörden und die Leiter der Senatsämter bestimmen den Kreis derer, denen die Niederschrift zugänglich gemacht werden soll. Ein allgemeiner Umlauf soll nicht erfolgen.

(5) Fernmündliche Auskünfte über Senatsbeschlüsse, Tagesordnungen, im Senat anstehende Anträge usw. sind von der Senatskanzlei grundsätzlich nur an die Teilnehmer an der Senatssitzung zu erteilen. Hiervon können Ausnahmen gemacht werden, wenn feststeht, daß der Anrufende ein dringendes dienstliches Interesse an der unmittelbaren Auskunftserteilung durch die Senatskanzlei hat.

§ 19

Senatsvertreter

(Artikel 23 Verfassung)

(1) Die Teilnahme von Senatoren und anderen Senatsvertretern an den Verhandlungen der bürgerschaftlichen Ausschüsse ist der Senatskanzlei anzuzeigen.

(2) Die Senatsvertreter haben die Auffassung des Senats vorzutragen.

§ 20

Gemischte Ausschüsse

(Artikel 45 Absatz 2 und Artikel 63 Absatz 1 Verfassung)

Der Senat ernennt die von ihm in den Beamtenernennungsausschuß und in den Richterwahlausschuß zu entsendenden Mitglieder auf Vorschlag der Senatskommission für die Geschäftsverteilung.

§ 21

Eidesleistung

(Artikel 46 Verfassung)

Die vor dem Senat zu leistenden Eide werden von dem Präsidenten des Senats jeweils zu Beginn einer Senatssitzung abgenommen.

§ 22

Abordnungen

Abordnungen, die sich an den Senat oder einzelne Senatsmitglieder wenden, sollen in der Regel nur von den in der betreffenden Angelegenheit zuständigen Senatoren oder Staatsräten empfangen werden. Nur in Ausnahmefällen empfängt der Präsident des Senats die Abordnungen selbst.

§ 23
Repräsentation

(1) Aufgaben repräsentativer Art werden für die Freie und Hansestadt Hamburg grundsätzlich vom Senat wahrgenommen.

Dies gilt insbesondere für

Staatsbesuche,
Senatsempfänge,
Entsendung von Senatsvertretern zu auswärtigen und hamburgischen Veranstaltungen,
Protektorate,
Vorsitz und Mitgliedschaft in Ehrenausschüssen,
Ehrungen,
Medaillen,
Ehrenrenten,
Glückwünsche des Senats,
Beileidsbezeugungen des Senats,
Staatspreise,
Ehrenpreise,
Geschenke des Senats,
Sonstige Auszeichnungen,
Staatliche Formgebung (Urkunden, Diplome, pp.),
Flaggen,
Wappen- und Dienstsiegelführung,
Feier- und Gedenktage,
Beflaggung.

Ausnahmen bedürfen der Zustimmung des Senats.

(2) Für die in Absatz 1 genannten Gegenstände ist die Senatskanzlei federführend.

(3) Senatoren und Staatsräte bedürfen zur Annahme des Ehrenvorsitzes oder der Mitgliedschaft in einem Ehrenausschuß sowie zur Übernahme eines Protektorats der Zustimmung des Senats. Dauerprotektorate sollen nicht übernommen werden.

§ 24
Schriftverkehr

Die Regelung des Schriftverkehrs in Angelegenheiten des Senats trifft der Präsident des Senats. Die Vorschriften für den Schriftverkehr mit auswärtigen Dienststellen erläßt der Senat.

§ 25
Schlußbestimmungen

(1) Geringfügige Abweichungen von der Geschäftsordnung sind zulässig, wenn sich kein Widerspruch erhebt.

(2) Über die Auslegung dieser Geschäftsordnung entscheidet, soweit es sich nicht um grundsätzliche Fragen handelt, der Präsident, andernfalls der Senat.

(3) Änderungen der Geschäftsordnung können nur mit der Mehrheit der Stimmen des gesamten Senats beschlossen werden.

(4) Die Geschäftsordnung tritt mit ihrer Beschlußfassung in Kraft. Gleichzeitig wird die Geschäftsordnung des Senats vom 26. August 1958 mit der Änderung vom 9. Januar 1968 aufgehoben.

Gegeben in der Versammlung des Senats,
Hamburg, den 11. Januar 1972

Gesetz über das Hamburgische Verfassungsgericht

Vom 2. Oktober 1953 (BL I 1103-a)

I. Teil
Verfassung und Zuständigkeit

1. Abschnitt
Verfassung

§ 1

(1) Das Hamburgische Verfassungsgericht besteht aus dem Präsidenten und acht Verfassungsrichtern.

(2) Zwei Verfassungsrichter sind Berufsrichter, die vom Senat auf fünf Jahre ernannt werden. Die übrigen sechs Verfassungsrichter (Beisitzer) werden von der Bürgerschaft auf fünf Jahre gewählt.

§ 2

(1) Präsident des Verfassungsgerichts ist der Präsident des Hanseatischen Oberlandesgerichts in Hamburg.

(2) Der Präsident führt den Vorsitz und nimmt außerhalb der Sitzungen die Befugnisse des Verfassungsgerichts wahr.

§ 3

(1) Die vom Senat zu ernennenden Richter müssen hamburgische Richter auf Lebenszeit sein, das vierzigste Lebensjahr vollendet haben, sich durch besondere Kenntnisse im öffentlichen Recht auszeichnen und im öffentlichen Leben erfahren sein. Eine Wiederernennung ist zulässig.

(2) Scheidet ein Richter vorzeitig aus, so ist innerhalb eines Monats ein anderer Richter zu ernennen.

§ 4

(1) Die von der Bürgerschaft zu wählenden Beisitzer müssen das vierzigste Lebensjahr vollendet haben, die Wählbarkeit zur Bürger-

schaft besitzen, sich durch Kenntnisse im öffentlichen Recht auszeichnen und im öffentlichen Leben erfahren sein. Drei von ihnen müssen außerdem die Befähigung zum Richteramt erlangt haben.

(2) Beamte und sonstige Verwaltungsangehörige sind nicht wählbar. Diese Vorschrift findet keine Anwendung auf Richter, Lehrer des Rechts an der hamburgischen Universität sowie auf Ruhestandsbeamte und entpflichtete Hochschullehrer.

(3) Die Beisitzer werden in geheimer Wahl ohne Aussprache gewählt. Gewählt ist, wer die meisten Stimmen erhält. Eine Wiederwahl ist zulässig.

(4) Scheidet ein Beisitzer vorzeitig aus, so findet unverzüglich eine Ersatzwahl statt.

§ 5

Mitglieder des Bundestags, des Bundesrats, der Bundesregierung, der Bürgerschaft oder des Senats der Freien und Hansestadt Hamburg, der Regierung oder einer gesetzgebenden Körperschaft eines anderen Landes können nicht Mitglieder des Verfassungsgerichts sein.

§ 6

(1) Ständiger Vertreter des Präsidenten ist der Vizepräsident des Hanseatischen Oberlandesgerichts.

(2) Sind der Präsident und der Vizepräsident verhindert, so nimmt der dienstälteste Berufsrichter, der dem Verfassungsgericht angehört, die Befugnisse des Präsidenten wahr.

(3) Für jeden der beiden zu ernennenden Richter ist für den Fall seiner Verhinderung ein ständiger Vertreter zu ernennen; die §§ 3 und 5 gelten entsprechend.

(4) Für jeden Beisitzer ist für den Fall seiner Verhinderung von der Bürgerschaft ein ständiger Vertreter zu wählen; die §§ 4 und 5 gelten entsprechend.

§ 7

(1) Jedes Mitglied des Verfassungsgerichts hat vor seiner ersten Dienstleistung vor der Bürgerschaft folgenden Eid zu leisten:

„Ich schwöre, daß ich als gerechter Richter alle Zeit das Grundgesetz der Bundesrepublik Deutschland, die Verfassung und die

Gesetze getreulich wahren und meine richterlichen Pflichten gegenüber jedermann gewissenhaft erfüllen werde."

(2) Der Eid kann mit religiöser Beteuerungsformel geleistet werden.

§ 8

(1) Der Präsident, der Vizepräsident, die vom Senat ernannten Richter und ihre Stellvertreter scheiden als Mitglieder des Verfassungsgerichts aus, wenn sie aus ihrem Hauptamt ausscheiden.

(2) Die Beisitzer und ihre Stellvertreter scheiden aus, wenn sie die Wählbarkeit zur Bürgerschaft verlieren.

(3) Ein Mitglied des Verfassungsgerichts, das Mitglied eines der in § 5 genannten Organe oder Verwaltungsangehöriger (§ 4 Absatz 2) geworden ist, scheidet aus dem Verfassungsgericht aus. Entsprechendes gilt für die Stellvertreter.

(4) Das Verfassungsgericht stellt das Ausscheiden durch Beschluß fest. Das Mitglied, dessen Ausscheiden Gegenstand der Beschlußfassung ist, gilt als an der Mitwirkung verhindert; Absatz 3 Satz 2 findet Anwendung.

§ 9

(1) Die Verfassungsrichter und ihre Stellvertreter können jederzeit ihre Entlassung beantragen. Die Entlassung hat der Präsident des Verfassungsgerichts alsbald auszusprechen.

(2) Die in Absatz 1 genannten Mitglieder sind zu entlassen, wenn sie sich innerhalb oder außerhalb ihrer richterlichen Tätigkeit einer so groben Pflichtverletzung schuldig gemacht haben, daß ihr Verbleiben im Amt ausgeschlossen erscheint. Sie sind von ihrem Amt zu entbinden, wenn sie infolge körperlicher oder geistiger Behinderung zur Ausübung der richterlichen Tätigkeit dauernd unfähig sind. Die Entlassung oder die Entbindung vom Amte spricht das Verfassungsgericht auf Antrag von Senat oder Bürgerausschuß durch Beschluß aus; § 8 Absatz 4 Satz 2 findet entsprechende Anwendung.

§ 10

Das Verfassungsgericht entscheidet mit Stimmenmehrheit, soweit dies Gesetz nichts anderes bestimmt. Bei Stimmengleichheit gibt die Stimme des Vorsitzenden den Ausschlag.

§ 11

(1) Soweit dieses Gesetz selbst keine Bestimmungen trifft, sind das Verfahren und der Geschäftsgang durch eine Geschäftsordnung zu regeln, die das Verfassungsgericht beschließt.

(2) Die Geschäftsordnung ist im Hamburgischen Gesetz- und Verordnungsblatt zu veröffentlichen.

§ 12

Das Verfassungsgericht führt ein Siegel mit dem Landeswappen und der Umschrift „Das Hamburgische Verfassungsgericht“.

§ 13

Die Mitglieder des Verfassungsgerichts erhalten eine Aufwandsentschädigung. Der Bürgerausschuß setzt auf Antrag des Senats die Höhe der Aufwandsentschädigung fest.

2. Abschnitt

Zuständigkeit

§ 14

Das Verfassungsgericht entscheidet

1. auf Antrag des Senats oder eines Viertels der Abgeordneten der Bürgerschaft über Streitigkeiten, die sich aus der Auslegung der Verfassung ergeben (Artikel 65 Absatz 2 Ziffer 1 der Verfassung);
2. auf Antrag des Senats oder eines Viertels der Abgeordneten der Bürgerschaft über Meinungsverschiedenheiten oder Zweifel, welche über die Vereinbarkeit von Landesrecht mit der Verfassung oder von abgeleitetem Landesrecht mit den Landesgesetzen bestehen (Artikl 65 Absatz 2 Ziffer 2 der Verfassung);
3. auf Antrag des Senats oder eines Viertels der Abgeordneten der Bürgerschaft, wenn Meinungsverschiedenheiten oder Zweifel über die Auslegung oder Anwendung des Landesrechts herrschen (Artikel 65 Absatz 2 Ziffer 2 der Verfassung);
4. auf Antrag eines Gerichts über die Verfassungsmäßigkeit eines Gesetzes oder einer Rechtsverordnung (Artikel 65 Absatz 2 Ziffer 4 der Verfassung);

5. über Beschwerden gegen Entscheidungen der Bürgerschaft, welche die Gültigkeit der Wahl oder den Verlust der Mitgliedschaft eines Abgeordneten betreffen (Artikel 65 Absatz 2 Ziffer 5 der Verfassung);
6. auf Antrag der Bürgerschaft über die Frage, ob ein Mitglied des Rechnungshofs innerhalb oder außerhalb des Amtes gegen die Grundsätze des Grundgesetzes für die Bundesrepublik Deutschland oder gegen die Grundsätze der Verfassung verstoßen hat, und über die Folgen, die sich hieraus bei sinngemäßer Anwendung des Artikels 98 Absatz 2 des Grundgesetzes für die Bundesrepublik Deutschland ergeben (Artikel 65 Absatz 2 Ziffer 6 der Verfassung);
7. [1])auf Antrag des Senats über die Aberkennung von Übergangsgeld, Ruhegehalt und Hinterbliebenenversorgung für ausgeschiedene Senatoren (§ 17 des Senatsgesetzes);
8. in den ihm sonst durch Gesetz zugewiesenen Fällen.

§ 15

(1) Die Entscheidungen des Verfassungsgerichts sind für Gerichte und Verwaltung bindend. Entscheidungen nach § 14 Ziffern 1, 2, 3 und 4 haben Gesetzeskraft.

(2) Die in Absatz 1 Satz 2 genannten Entscheidungen sind im Hamburgischen Gesetz- und Verordnungsblatt zu veröffentlichen. Bei anderen Entscheidungen kann das Verfassungsgericht die Veröffentlichung beschließen.

II. Teil
Allgemeine Verfahrensvorschriften

§ 16

(1) Soweit in diesem Gesetz nichts anderes bestimmt ist, sind die Vorschriften des Gerichtsverfassungsgesetzes über Öffentlichkeit, Sitzungspolizei, Gerichtssprache, Beratung und Abstimmung anzuwenden.

---

[1]) geändert 29. 3. 1963 (GVBl. 31), 18. 2. 1971 (GVBl. 23).

(2) Die Vorschrift des § 178 des Gerichtsverfassungsgesetzes über Ordnungsstrafen wegen Ungebühr gilt auch für den Fall der Ungebühr in Schriftsätzen.

(3) Soweit nichts anderes bestimmt ist, findet eine mündliche Verhandlung statt.

§ 17

(1) Das Verfassungsgericht entscheidet in geheimer Beratung nach seiner freien, aus dem Inhalt der Verhandlung und dem Ergebnis der Beweisaufnahme geschöpften Überzeugung. Die Entscheidung ergeht als Urteil, soweit nichts anderes bestimmt ist. Teil- und Zwischenentscheidungen sind zulässig. Urteile sind schriftlich abzufassen, zu begründen und von den Mitgliedern des Verfassungsgerichts, die bei ihnen mitgewirkt haben, zu unterzeichnen.

(2) Schriftliche Abstimmung, insbesondere im Wege des Umlaufs bei den zur Entscheidung berufenen Mitgliedern, ist unzulässig.

(3) Urteile sind unter Mitteilung der wesentlichen Entscheidungsgründe in öffentlicher Sitzung zu verkünden.

(4) Alle Urteile und Beschlüsse sind den Beteiligten von Amts wegen zuzustellen. Die Zustellung erfolgt nach den Vorschriften der Zivilprozeßordnung.

§ 18

(1) Ein Mitglied des Verfassungsgerichts ist von der Ausübung des Richteramts ausgeschlossen, wenn in seiner Person die Voraussetzungen des § 41 der Zivilprozeßordnung erfüllt sind.

(2) Ein Mitglied ist ferner ausgeschlossen, wenn es in derselben Sache schon von Amts oder Berufs wegen tätig gewesen ist. Als Tätigkeit in diesem Sinne gilt nicht die Mitwirkung im Gesetzgebungsverfahren oder in einem parlamentarischen Beschlußverfahren.

§ 19

(1) Ein Mitglied des Verfassungsgerichts kann wegen Besorgnis der Befangenheit abgelehnt werden.

(2) Die Ablehnung ist zu begründen. Der Abgelehnte hat sich dazu zu äußern. Ein Beteiligter kann ein Mitglied des Verfassungsgerichts wegen Besorgnis der Befangenheit nicht mehr ablehnen,

wenn er sich, ohne den ihm bekannten Ablehnungsgrund geltend gemacht zu haben, in eine Verhandlung eingelassen hat.

(3) Über die Ablehnung entscheidet das Verfassungsgericht ohne Mitwirkung des Abgelehnten und ohne mündliche Verhandlung durch Beschluß.

(4) Erklärt sich ein Mitglied, das nicht abgelehnt worden ist, selbst für befangen, so gilt Absatz 3 entsprechend.

§ 20

(1) Die Beteiligten können sich in jeder Lage des Verfahrens durch einen bei einem deutschen Gericht zugelassenen Rechtsanwalt oder durch einen Lehrer des Rechts an einer deutschen Universität vertreten lassen; in der mündlichen Verhandlung vor dem Verfassungsgericht müssen sie sich in dieser Weise vertreten lassen.

(2) Das Verfassungsgericht kann einem Beteiligten einen Rechtsanwalt auf Staatskosten beiordnen.

(3) Die Bürgerschaft und ihre Abgeordneten können sich, soweit sie nach der Verfassung oder nach einem Gesetz mit eigenen Rechten ausgestattet sind, auch durch Abgeordnete vertreten lassen.

(4) Der Senat kann sich durch Senatoren oder durch Senatssyndici vertreten lassen oder durch hamburgische Beamte, die die Befähigung zum Richteramt besitzen.

(5) Als Beistände kann der Präsident des Verfassungsgerichts auch andere Personen zulassen. Ihre Zulassung kann von ihm jederzeit widerrufen werden.

(6) Im übrigen finden die Vorschriften der §§ 80 bis 87 der Zivilprozeßordnung entsprechende Anwendung.

§ 21

(1) Anträge, die das Verfahren einleiten, sind schriftlich bei dem Verfassungsgericht einzureichen. Sie sind zu begründen; die erforderlichen Beweismittel sind anzugeben. Der Antragsteller hat die vom Gericht angeforderte Anzahl von Abschriften einzureichen.

(2) Der Präsident läßt den Antrag dem Antragsgegner und den übrigen Beteiligten mit der Aufforderung zustellen, sich innerhalb einer zu bestimmenden Frist dazu zu äußern. Für die Äußerung gelten die Bestimmungen in Absatz 1 Sätze 2 und 3 entsprechend.

§ 22

Offensichtlich unzulässige Anträge können durch einstimmigen Beschluß des Verfassungsgerichts, der ohne mündliche Verhandlung ergeht, verworfen werden.

§ 23

Das Verfassungsgericht hat den Sachverhalt von Amts wegen aufzuklären. Es ist an die Beweisanträge der Beteiligten nicht gebunden.

§ 24

Die Beteiligten und ihre Bevollmächtigten haben das Recht der Akteneinsicht.

§ 25

(1) Die Gerichte der Freien und Hansestadt Hamburg haben dem Verfassungsgericht Amts- und Rechtshilfe zu leisten.

(2) Der Senat, die Behörden und die juristischen Personen des öffentlichen Rechts der Freien und Hansestadt Hamburg haben dem Verfassungsgericht Amtshilfe zu leisten.

§ 26

Das Verfassungsgericht kann das persönliche Erscheinen eines Beteiligten anordnen.

§ 27

(1) Das Verfassungsgericht erhebt den nach seinem Ermessen erforderlichen Beweis in der mündlichen Verhandlung.

(2) Es kann damit außerhalb der mündlichen Verhandlung ein Mitglied des Gerichts beauftragen oder mit Begrenzung auf bestimmte Fragen und Personen ein anderes Gericht darum ersuchen.

§ 28

Für die Vernehmung von Zeugen und Sachverständigen gelten in den Fällen des § 14 Ziffern 6 und 7 die Vorschriften der Strafprozeßordnung, in den übrigen Fällen die Vorschriften der Zivilprozeßordnung entsprechend.

§ 29

(1) Die Beteiligten werden von allen Beweisterminen benachrichtigt und können an der Beweisaufnahme teilnehmen.

(2) Sie können an Zeugen und Sachverständige sachdienliche Fragen richten. Wird eine Frage beanstandet, so entscheidet das Verfassungsgericht.

§ 30

(1) Das Verfassungsgericht kann in einem anhängigen Verfahren einen Zustand durch einstweilige Anordnung auch ohne mündliche Verhandlung vorläufig regeln, wenn dies zur Abwehr schwerer Nachteile, zur Verhinderung drohender Gefahr oder aus einem anderen wichtigen Grunde dringend geboten ist. Für die Entscheidung ist das Verfassungsgericht beschlußfähig, wenn außer dem Vorsitzenden mindestens ein Berufsrichter und vier Beisitzer anwesend sind.

(2) Gegen die einstweilige Anordnung und ihre Ablehnung kann Widerspruch erhoben werden, wenn diese Entscheidungen ohne mündliche Verhandlung ergangen sind. Über den Widerspruch entscheidet das Verfassungsgericht nach mündlicher Verhandlung. Diese soll innerhalb von zwei Wochen nach dem Eingang der Begründung des Widerspruchs stattfinden.

(3) Der Widerspruch gegen die einstwilige Anordnung hat keine aufschiebende Wirkung. Das Verfassungsgericht kann die Vollziehung der einstweiligen Anordnung aussetzen.

(4) Die einstweilige Anordnung tritt mit Beendigung des Verfahrens, spätestens nach drei Monaten außer Kraft. Sie kann mit einer Mehrheit von zwei Dritteln der Stimmen wiederholt werden.

§ 31

Das Verfassungsgericht kann das Verfahren bis zur Erledigung eines bei einem anderen Gericht anhängigen Verfahrens aussetzen, wenn die Feststellungen oder die Entscheidung in diesem Verfahren für seine Entscheidung von Bedeutung sein können.

§ 32

Der Senat führt die Entscheidung des Verfassungsgerichts aus.

III. Teil
Besondere Verfahrensvorschriften

1. Abschnitt
Verfahren nach § 14 Ziffer 1

§ 33

Wenn der Senat den Antrag stellt, sind die Bürgerschaft und der Senat Beteiligte. Wird der Antrag von einem Viertel der Abgeordneten der Bürgerschaft gestellt, so sind die Antragsteller, die Bürgerschaft und der Senat Beteiligte.

§ 34

(1) Der Antrag hat die Bestimmung der Verfassung zu bezeichnen, die Gegenstand der Auslegungsstreitigkeit ist.

(2) Ein Antrag von Abgeordneten der Bürgerschaft ist von mindestens einem Viertel der Abgeordneten zu unterschreiben. In dem Antrag ist ein Zustellungsbevollmächtigter zu bezeichnen.

2. Abschnitt
Verfahren nach § 14 Ziffer 2

§ 35

Die Bestimmungen des § 33 finden Anwendung.

§ 36

(1) Der Antrag hat die Bestimmungen zu bezeichnen, aus denen die Meinungsverschiedenheiten oder Zweifel hergeleitet werden.

(2) Er ist nur zulässig, wenn einer der Antragsberechtigten

a) Landesrecht wegen seiner förmlichen oder sachlichen Unvereinbarkeit mit der Verfassung oder abgeleitetes Landesrecht wegen seiner Unvereinbarkeit mit den Landesgesetzen für nichtig hält

oder

b) Landesrecht oder abgeleitetes Landesrecht für gültig hält, nachdem ein Gericht, eine Verwaltungsbehörde oder eine andere Dienststelle des Landes das Landesrecht als unvereinbar mit der Verfassung oder das abgeleitete Landesrecht als unvereinbar mit den Landesgesetzen nicht angewandt hat.

(3) § 34 Absatz 2 findet Anwendung.

§ 37

Kommt das Verfassungsgericht zu der Überzeugung, daß Landesrecht mit der Verfassung oder abgeleitetes Landesrecht mit einem Landesgesetz unvereinbar ist, so stellt es in seiner Entscheidung die Nichtigkeit fest.

3. Abschnitt

Verfahren nach § 14 Ziffer 3

§ 38

Die Bestimmungen der §§ 33 und 34 Absatz 2 finden Anwendung. Die Bestimmung des § 34 Absatz 1 gilt entsprechend.

4. Abschnitt

Verfahren nach § 14 Ziffer 4

§ 39

(1) Hält ein Gericht ein hamburgisches Gesetz oder eine im Rahmen eines solchen Gesetzes ergangene Rechtsverordnung, auf deren Gültigkeit es bei der Entscheidung ankommt, für verfassungswidrig, so hat es das Verfahren auszusetzen und unmittelbar die Entscheidung des Verfassungsgerichts einzuholen.

(2) Der Aussetzungsbeschluß ist zu begründen. In der Begründung ist insbesondere anzugeben, inwiefern die Entscheidung von der Gültigkeit des Gesetzes oder der Rechtsverordnung abhängt und mit welcher Bestimmung der Verfassung das Gesetz oder die Rechtsverordnung nach Auffassung des Gerichts unvereinbar ist. Die Akten sind beizufügen.

(3) Der Antrag des Gerichts ist unabhängig davon, ob die Nichtigkeit des Gesetzes oder der Rechtsverordnung im Verfahren gerügt worden ist.

§ 40

Das Verfassungsgericht entscheidet nur die Rechtsfrage, ob das Gesetz oder die Rechtsverordnung gültig oder nichtig ist.

§ 41

(1) Das Verfassungsgericht hat Bürgerschaft und Senat Gelegenheit zur Äußerung zu geben. Sie können dem Verfahren jederzeit als Beteiligte beitreten.

(2) Das Verfassungsgericht gibt auch den Beteiligten des Verfahrens, das nach § 39 Absatz 1 ausgesetzt worden ist, Gelegenheit zur Äußerung. Es kann sie zur mündlichen Verhandlung laden. In der Verhandlung müssen sie durch einen Prozeßbevollmächtigten vertreten sein; § 20 Absätze 1 und 2 finden entsprechende Anwendung.

5. Abschnitt
Verfahren nach § 14 Ziffer 5

§ 42

Eine Beschwerde können erheben:

1. der Wahlberechtigte, dessen Einspruch durch die Bürgerschaft abgewiesen worden ist,
2. der Abgeordnete, dessen Mitgliedschaftsverlust die Bürgerschaft festgestellt hat,
3. eine Fraktion der Bürgerschaft,
4. eine Minderheit der Bürgerschaft, die mindestens ein Zehntel der gesetzlichen Mitgliederzahl umfaßt.

§ 43

(1) Beschwerdegegner ist der Präsident der Bürgerschaft.

(2) Das Verfassungsgericht kann durch Beschluß andere Personen oder Personengruppen auf Antrag als Beteiligte zulassen.

§ 44

Die Beschwerde ist innerhalb eines Monats zu erheben, nachdem die Entscheidung der Bürgerschaft den Beschwerdeberechtigten bekannt geworden ist. Die Beschwerde ist ausgeschlossen, wenn seit dem Beschluß der Bürgerschaft drei Monate verflossen sind.

6. Abschnitt
Verfahren nach § 14 Ziffer 6

§ 45

(1) Stellt die Bürgerschaft gegen ein Mitglied des Rechnungshofs den Antrag nach Artikel 65 Absatz 2 Ziffer 6 der Verfassung (§ 14 Ziffer 6), so wird der Antrag als Anklage, das Mitglied des Rechnungshofs als Angeklagter bezeichnet.

(2) Eine Anklage ist nicht mehr zulässig, wenn seit der Kenntnis der Bürgerschaft sechs Monate oder seit dem Verstoß drei Jahre verflossen sind.

(3) Die Anklage wird von dem Präsidenten der Bürgerschaft vertreten. Er kann einen Vertreter bestellen, der die Befähigung zum Richteramt haben muß.

§ 46

(1) Beteiligte sind die Bürgerschaft und der Angeklagte.

(2) Der Senat kann dem Verfahren jederzeit als Beteiligter beitreten.

§ 47

Die Anklageschrift muß die Handlung oder Unterlassung, deretwegen die Anklage erhoben wird, die Beweismittel und die Bestimmung des Grundgesetzes oder der Verfassung enthalten, gegen die der Angeklagte verstoßen haben soll.

§ 48

Die Einleitung und Durchführung des Verfahrens wird durch die Auflösung der Bürgerschaft oder durch den Ablauf der Wahlperiode nicht berührt.

§ 49

(1) Für das Verfahren gelten, soweit dies Gesetz nicht anderes bestimmt, die Vorschriften der Strafprozeßordnung entsprechend.

(2) Für jede dem Angeklagten nachteilige Entscheidung ist eine Mehrheit von zwei Dritteln der Stimmen erforderlich.

§ 50

(1) Die Bürgerschaft kann die Anklage bis zur Verkündung des Urteils zurücknehmen.

(2) Die Zurücknahme bedarf der Zustimmung des Angeklagten.

(3) Wird die Anklage zurückgenommen, so stellt das Verfassungsgericht das Verfahren durch Beschluß ein.

§ 51

Solange ein Verfahren vor dem Verfassungsgericht anhängig ist, wird ein wegen desselben Sachverhalts bei dem Dienststrafgericht anhängiges Verfahren ausgesetzt, es sei denn, daß das Verfassungsgericht von der Befugnis nach § 31 Gebrauch macht. Erkennt das Verfassungsgericht auf Entlassung aus dem Amt, auf Versetzung in ein anderes Amt oder in den Ruhestand, so wird das Dienststrafverfahren eingestellt; im anderen Fall wird es fortgesetzt.

§ 52

(1) Das Verfassungsgericht kann nach Erhebung der Anklage durch einstweilige Anordnung den Angeklagten auch ohne mündliche Verhandlung vorläufig seines Dienstes entheben. Dabei kann gleichzeitig angeordnet werden, daß dem Beamten ein Teil, höchstens die Hälfte der Dienstbezüge einbehalten wird.

(2) Das Verfassungsgericht kann vorbereitende Maßnahmen treffen, insbesondere eine Durchsuchung oder Beschlagnahme anordnen. Das Grundrecht der Unverletzlichkeit der Wohnung (Artikel 13 des Grundgesetzes für die Bundesrepublik Deutschland) wird insoweit eingeschränkt.

§ 53

(1) Das Verfassungsgericht kann eine Voruntersuchung anordnen; es muß sie anordnen, wenn der Vertreter der Anklage oder der Angeklagte sie beantragt.

(2) Die Durchführung der Voruntersuchung ist einem Mitglied des Verfassungsgerichts zu übertragen. Dieses ist von der Mitwirkung bei der Verhandlung und Entscheidung der Sache ausgeschlossen.

§ 54

Das Verfassungsgericht entscheidet auf Grund mündlicher Verhandlung. Zur Verhandlung ist der Angeklagte zu laden. Er ist dabei darauf hinzuweisen, daß ohne ihn verhandelt werden kann, wenn er ohne ausreichenden Grund ausbleibt oder sich entfernt.

§ 55

(1) Das Verfassungsgericht erkennt auf eine der in Artikel 98 Absatz 2 des Grundgesetzes vorgesehenen Maßnahmen, auf Freispruch oder auf Einstellung des Verfahrens. Mit dem rechtskräftigen Abschluß des Verfahrens enden die nach § 52 Absatz 1 getroffenen Anordnungen kraft Gesetzes. Im Falle der Entlassung aus dem Amt entscheidet das Verfassungsgericht im Urteil über die nach § 52

Absatz 1 einbehaltenen Beträge und darüber, ob, in welcher Höhe und für welche Zeit ein Unterhaltungsbeitrag zu zahlen ist. Führt die Entscheidung nicht zur Entlassung aus dem Amt, so sind die einbehaltenen Beträge nachzuzahlen.

(2) Erkennt das Verfassungsgericht auf Entlassung, so tritt der Amtsverlust mit der Verkündung des Urteils ein.

(3) Wird auf Versetzung in ein anderes Amt oder in den Ruhestand erkannt, so obliegt der Vollzug dem Senat.

(4) Eine Ausfertigung des Urteils mit Gründen ist der Bürgerschaft, dem Senat und dem Angeklagten zu übersenden.

§ 56

(1) Eine Wiederaufnahme des Verfahrens findet nur zu Gunsten des Verurteilten und nur auf seinen Antrag oder nach seinem Tode auf Antrag seines Ehegatten oder eines seiner Verwandten der auf- und absteigenden Linie oder eines seiner Geschwister unter den Voraussetzungen der §§ 359 und 364 der Strafprozeßordnung statt.

(2) Einen Wiederaufnahmeantrag kann auch die Bürgerschaft stellen.

(3) Durch den Antrag auf Wiederaufnahme wird die Wirksamkeit des Urteils nicht berührt.

(4) Über die Zulassung des Antrags entscheidet das Verfassungsgericht ohne mündliche Verhandlung.

(5) In der erneuten mündlichen Verhandlung ist entweder das frühere Urteil aufrechtzuerhalten oder auf eine mildere Maßnahme oder auf Freispruch zu erkennen.

7. Abschnitt
Verfahren nach § 14 Ziffer 7

§ 57

Für das Verfahren nach § 14 Ziffer 7 finden die §§ 45 Absatz 2, 49, 50, 52 Absatz 2, 53, 54 und 56 entsprechende Anwendung.

§ 58

(1) Der ausgeschiedene Senator wird als Antragsgegner bezeichnet.

(2) Beteiligte sind der Senat und der Antragsgegner.

§ 59

Der Antrag muß die Handlung oder Unterlassung, deretwegen der Antrag gestellt wird, die Beweismittel und die Vorschriften enthalten, gegen die der Antragsgegner verstoßen haben soll.

§ 60[2])

Das Verfassungsgericht erkennt auf eine der in § 17 des Senatsgesetzes vorgesehenen Maßnahmen, auf Freispruch oder auf Einstellung des Verfahrens.

IV. Teil
Kosten

§ 61

(1) Im Verfahren vor dem Verfassungsgericht werden gerichtliche Kosten nicht erhoben.

(2) Wird eine Beschwerde nach Artikel 9 Absatz 2 der Verfassung (§ 14 Ziffer 5) als unzulässig oder unbegründet zurückgewiesen, so kann das Verfassungsgericht dem Beschwerdeführer eine Gebühr von zwanzig bis zu eintausend Deutscher Mark auferlegen.

(3) Erweist sich ein Antrag nach Artikel 65 Absatz 2 Ziffer 6 der Verfassung (§ 14 Ziffer 6) oder ein Antrag nach § 17 des Senatsgesetzes (§ 14 Ziffer 7) als unbegründet, so sind dem Angeklagten oder dem Antragsgegner die notwendigen Auslagen einschließlich der Kosten der Verteidigung zu ersetzen.

V. Teil
Schlußvorschrift

§ 62[3])

---

[2]) geändert 18. 2. 1971 (GVBl. 23)

[3]) Änderungsvorschrift

Hamburgisches Richtergesetz (HmbRiG)

Vom 15. Juni 1964 (GVBl. 109, LS 312-a)

...

Abschnitt II
Richterwahl

§ 7
Amtszeit des Richterwahlausschusses

(1) Der Richterwahlausschuß nach Artikel 63 der Verfassung der Freien und Hansestadt Hamburg wird jeweils für die Dauer von drei Jahren gebildet.

(2) Der Richterwahlausschuß führt seine Geschäfte nach Ablauf der Amtszeit weiter, bis der neue Richterwahlausschuß gebildet ist. Die erneute Berufung der Mitglieder ist zulässig.

§ 8
Bestimmung der Senatoren oder Senatssyndici

Der Senat bestimmt in seiner Geschäftsverteilung die drei Senatoren oder Senatssyndici, die dem Richterwahlausschuß angehören.

§ 9
Wahl und Abberufung der bürgerlichen Mitglieder

(1) Die sechs bürgerlichen Mitglieder des Richterwahlausschusses werden von der Bürgerschaft gewählt. Sie müssen zur Bürgerschaft wählbar und sollen im Rechtsleben erfahren sein.

(2) Die Bürgerschaft kann die bürgerlichen Mitglieder abberufen. Dazu sind zwei übereinstimmende Beschlüsse erforderlich, zwischen denen ein Zeitraum von mindestens sieben Tagen liegen muß. Beide Beschlüsse bedürfen der Zustimmung der Mehrheit der gesetzlichen Mitgliederzahl.

§ 10

Wahl der richterlichen Mitglieder

(1) Die drei richterlichen Mitglieder des Richterwahlausschusses, von denen einer der Arbeitsgerichtsbarkeit oder der Sozialgerichtsbarkeit angehören muß, werden von einem Wahlkollegium aus der Mitte der Richter auf Lebenszeit mit einfacher Stimmenmehrheit gewählt.

(2) Das Wahlkollegium besteht aus dem Vorsitzenden und vierzehn Mitgliedern. Vorsitzender ist der Präsident, stellvertretender Vorsitzender der Vizepräsident des Hanseatischen Oberlandesgerichts. Die Mitglieder müssen Richter auf Lebenszeit sein; sie werden in geheimer und unmittelbarer Wahl auf die Dauer der Amtszeit des Richterwahlausschusses von den Richtern auf Lebenszeit gewählt. Das Wahlverfahren sowie die Wahlberechtigung und die Wählbarkeit der abgeordneten Richter regelt der Vorsitzende des Wahlkollegiums. Je vier Mitglieder werden von den Richtern des Landgerichts und von den Richtern der Amtsgerichte gewählt, während die Richter des Hanseatischen Oberlandesgerichts (Hamburgischen Oberverwaltungsgerichts) zwei Mitglieder, die Richter des Verwaltungsgerichts, die Richter des Landesarbeitsgerichts und des Arbeitsgerichts, die Richter des Landessozialgerichts und des Sozialgerichts sowie die Richter des Finanzgerichts je ein Mitglied wählen.

(3) Für jedes Mitglied des Wahlkollegiums wird ein Ersatzmitglied gewählt, das bei Ausscheiden des Mitgliedes für den Rest der Amtszeit an dessen Stelle tritt.

§ 11

Berufung der weiteren Mitglieder

(1) Die zwei Rechtsanwälte im Richterwahlausschuß werden von dem Vorstand der Hanseatischen Rechtsanwaltskammer berufen.

(2) Bei der Wahl von Richtern der Arbeitsgerichtsbarkeit oder der Sozialgerichtsbarkeit wirken an Stelle der zwei Rechtsanwälte je ein auf diesen Rechtsgebieten erfahrener Vertreter der Arbeitnehmer und der Arbeitgeber mit, die vom Senat berufen und abberufen werden.

§ 12

Stellvertreter

(1) Für jedes Mitglied des Richterwahlausschusses ist ein Stellvertreter zu berufen.

(2) Die Vorschriften für die Mitglieder gelten für die Stellvertreter entsprechend.

§ 13
Erlöschen der Mitgliedschaft

(1) Die Mitgliedschaft der nach den §§ 9 bis 11 berufenen Mitglieder des Richterwahlausschusses erlischt durch Verzicht, der dem Vorsitzenden schriftlich zu erklären ist.

(2) Die Mitgliedschaft der bürgerlichen Mitglieder erlischt mit dem Verlust der Wählbarkeit.

(3) Die Mitgliedschaft der nach § 8 oder § 10 berufenen Mitglieder erlischt mit dem Verlust des Amtes, die der nach § 11 Absatz 1 berufenen Mitglieder, wenn sie bei keinem hamburgischen Gericht mehr zugelassen sind.

§ 14
Berufung von Nachfolgern

Scheidet ein Mitglied oder ein Stellvertreter aus dem Richterwahlausschuß aus, so wird ein Nachfolger berufen.

§ 15
Ruhen der Mitgliedschaft

(1) Die Mitgliedschaft eines Richters ruht,

a) solange gegen ihn ein Verfahren nach Artikel 63 Absatz 3 der Verfassung der Freien und Hansestadt Hamburg anhängig ist,

b) solange ihm ein Richterdienstgericht die Führung seiner Amtsgeschäfte vorläufig untersagt hat.

(2) Die Mitgliedschaft eines nach § 11 Absatz 1 berufenen oder nach § 9 Absatz 1 gewählten Rechtsanwalts ruht, solange gegen ihn ein Vertretungsverbot besteht.

§ 16
Vorsitz, Aufgaben des Vorsitzenden, Einsichtnahme in Personalakten

(1) Den Vorsitz im Richterwahlausschuß führt ein Senator. Er und sein Stellvertreter werden vom Senat bestimmt.

(2) Der Vorsitzende verpflichtet die Mitglieder und Stellvertreter durch Handschlag auf gerechte und gewissenhafte Pflichterfüllung,

vor allem auch darauf, daß sie ihre Stimme nur solchen Bewerbern geben dürfen, die nach ihrer Persönlichkeit und nach ihren Fähigkeiten die Gewähr dafür bieten, daß sie den Aufgaben des Amtes gewachsen sind und im Amte und außerhalb des Amtes nicht gegen das Grundgesetz und die Verfassung der Freien und Hansestadt Hamburg verstoßen.

(3) Der Vorsitzende lädt zu den Sitzungen des Richterwahlausschusses ein und bereitet diese vor. Die Einladung soll die einzelnen Punkte der Tagesordnung aufführen und den Mitgliedern mindestens eine Woche vor der Sitzung zugehen.

(4) Die Ausschußmitglieder und ihre Stellvertreter haben ein Recht auf Einsichtnahme in die Personalakten der Bewerber.

§ 17

Sitzung, Beschlußfassung

(1) Die Sitzungen des Richterwahlausschusses sind nicht öffentlich. Die Stellvertreter können an den Sitzungen teilnehmen; andere Personen, insbesondere die Gerichtspräsidenten, können hinzugezogen werden. Auf Verlangen von mindestens fünf seiner Mitglieder gibt der Richterwahlausschuß dem Vorsitzenden des Präsidialrats im Einzelfall Gelegenheit zur Teilnahme und zur Äußerung.

(2) Der Richterwahlausschuß beschließt in geheimer Abstimmung mit der Mehrheit der abgegebenen Stimmen. Er ist bei Anwesenheit von mindestens zehn Mitgliedern beschlußfähig.

(3) Einen Bewerber für ein Richteramt mit höherem Endgrundgehalt als dem eines Eingangsamtes kann der Richterwahlausschuß erst vorschlagen, nachdem der Präsidialrat beteiligt worden ist.

§ 18

Ausschließung

(1) Ein Mitglied des Richterwahlausschusses ist von der Mitwirkung ausgeschlossen, wenn Umstände vorliegen, die § 41 Nummern 1, 2 oder 3 der Zivilprozeßordnung entsprechen.

(2) Im übrigen schließt die Besorgnis der Befangenheit von der Mitwirkung im Richterwahlausschuß aus. Ob die Besorgnis begründet ist, entscheidet auf Antrag eines Mitglieds der Ausschuß ohne die Stimme des Betroffenen.

§ 19

Eintritt der Stellvertreter

Ist ein Mitglied des Richterwahlausschusses an der Ausübung seines Amtes verhindert oder von der Mitwirkung ausgeschlossen oder ruht seine Mitgliedschaft, so tritt der Stellvertreter für die Dauer der Verhinderung, des Ausschlusses oder des Ruhens an seine Stelle.

§ 20

Verschwiegenheitspflicht

Die Mitglieder des Ausschusses, deren Stellvertreter und die zu den Sitzungen hinzugezogenen Personen sind zur Verschwiegenheit verpflichtet.

§ 21

Niederschrift

In jeder Sitzung des Richterwahlausschusses ist eine Niederschrift über die gefaßten Beschlüsse zu fertigen. Diese ist dem Senat zu übersenden.

. . .

Gesetz über Verwaltungsbehörden

in der Fassung vom 30. Juli 1952 (BL I 2000-a)

§ 1[1])

(1) Der Senat führt die Verwaltung. Soweit er Verwaltungsaufgaben selbst wahrnimmt, kann er mit ihrer Durchführung Senatskommissionen und Senatsämter beauftragen.

(2) Zusammensetzung und Zuständigkeit der Senatskommissionen und Senatsämter werden vom Senat bestimmt. Den Senatskommissionen können auch Senatssyndici angehören.

(3) Der Senat kann Senatoren und Senatssyndici mit der Dienstaufsicht über Senatsämter beauftragen.

(4) Der Senat kann allgemein und im Einzelfall Weisungen erteilen und Angelegenheiten selbst erledigen, auch soweit eine Fachbehörde oder ein Bezirksamt zuständig ist.

§ 2

Der Senat beschließt über Angelegenheiten, die für die gesamte Verwaltung von Bedeutung sind oder den Fachbereich mehrerer Behörden betreffen. Er entscheidet außerdem über Meinungsverschiedenheiten zwischen mehreren Behörden.

§ 3

Der Senat ist die oberste Beschwerdeinstanz in allen Verwaltungsangelegenheiten, soweit nicht durch Gesetz etwas anderes bestimmt ist.

---

[1]) Fassung vom 13. 4. 1962 (GVBl. 107).

§ 4[2])

(1) Soweit gesetzlich nichts anderes bestimmt ist, werden Verwaltungsaufgaben, die der Senat nicht selbst wahrnimmt, von den Fachbehörden und den Bezirksämtern selbständig erledigt.

(2) Fachbehörden sind:

1. die Justizbehörde
2. die Behörde für Schule, Jugend und Berufsbildung
3. die Behörde für Wissenschaft und Kunst
4. die Arbeits- und Sozialbehörde
5. die Gesundheitsbehörde
6. die Baubehörde
7. die Behörde für Wirtschaft und Verkehr
8. die Behörde für Ernährung und Landwirtschaft
9. die Behörde für Inneres
10. die Behörde für Vermögen und öffentliche Unternehmen
11. die Finanzbehörde.

Ihre Zuständigkeit wird vom Senat bestimmt.

(3) Die Gliederung und der Aufbau der Bezirksverwaltung werden besonders geregelt.

§ 5

Der Senat bestimmt für jede Fachbehörde die Senatoren, unter ihnen den Präses und mindestens einen Stellvertreter.

§ 6

(1) Die Finanzbehörde ist allgemein, die übrigen Behörden sind im Rahmen ihres Geschäftsbereichs befugt, die Freie und Hansestadt Hamburg vermögensrechtlich und vor den Gerichten zu vertreten.

(2) Der Senat erläßt Vorschriften für den Geschäftsverkehr mit auswärtigen Dienststellen.

§ 7[3])

(1) Bei den Fachbehörden werden Deputationen aus den vom Senat in die Behörde entsandten Senatoren und 15 bürgerlichen Mitgliedern (Deputierten) gebildet.

---

[2]) Fassung vom 13. 4. 1962 (GVBl. 107); geändert 10. 9. 1962 (GVBl. 166), 9. 12. 1966 (GVBl. 265), 7. 12. 1970 (GVBl. 303).

[3]) Fassung vom 18. 2. 1971 (GVBl. 26).

(2) Die Deputierten werden von der Bürgerschaft aus den zur Bürgerschaft wählbaren Einwohnern der Freien und Hansestadt Hamburg für die Dauer der Wahlperiode der Bürgerschaft gewählt. Abgeordnete der Bürgerschaft können einer Deputation nicht angehören.

(3) Die Deputierten führen ihr Amt bis zur Wahl einer neuen Deputation fort. Scheidet ein Deputierter während der Wahlperiode aus, so findet für den Rest der Wahlperiode eine Ersatzwahl statt. Die Bürgerschaft kann Deputierte aus ihrer Tätigkeit abberufen. Der Beschluß bedarf einer zweiten Beratung und Abstimmung, frühestens 7 Tage nach der ersten Abstimmung. Er bedarf der Mehrheit aller Abgeordneten.

(4) Die Deputierten sind an Aufträge nicht gebunden.

§ 8[4])

Von den Deputierten der Finanzbehörde wird je einer in die unter § 4 Absatz 2 Nummern 1 bis 10 aufgeführten Fachbehörden entsandt. Sie haben in diesen Behörden die gleiche Stellung wie die übrigen Deputierten.

§ 9[5])[6])

(1) Die Mitwirkung der Deputierten in den Behörden wird durch Geschäftsordnungen geregelt, die die Deputationen selbst erlassen. Die Geschäftsordnungen bedürfen der Genehmigung des Senats. Die Deputierten nehmen insbesondere teil an Entscheidungen über Angelegenheiten von grundsätzlicher Bedeutung, die Aufstellung und Durchführung des Haushaltsplanes ihrer Behörde, Änderungen in der Organisation ihrer Behörde, die sachliche Erledigung von Beschwerden von allgemeiner Bedeutung und die Vorschläge, die von den Behörden für die Ernennung von Beamten gemacht werden.

---

[4]) Fassung vom 9. 12. 1966 (GVBl. 265).

[5]) Fassung vom 13. 4. 1962 (GVBl. 107); geändert 9. 12. 1966 (GVBl. 265).

[6]) Vgl. dazu die Entscheidung des Hamburgischen Verfassungsgerichts vom 9. 1. 1963 (GVBl. 1963 27): „Der Präses einer Behörde ist befugt, in den im § 9 Absatz 1 Satz 3 des Gesetzes über Verwaltungsbehörden i. d. F. vom 13. April 1962 (GVBl. 1962 107) genannten Fällen ohne vorherige Beteiligung der Deputation vorläufige Maßnamen zu treffen, die der Entscheidung der Deputation nicht vorgreifen."

(2) In der Behörde für Inneres wirken die Deputierten bei den Aufgaben des Verfassungsschutzes sowie den Einzelmaßnahmen zur Gefahrenabwehr und zur Verfolgung strafbarer Handlungen nicht mit.

(3) In der Justizbehörde und in der Arbeits- und Sozialbehörde wirken die Deputierten bei der Ernennung der Berufsrichter, in der Justizbehörde außerdem bei der Verfolgung strafbarer Handlungen durch die Staatsanwaltschaften nicht mit.

(4) In Zweifelsfällen entscheidet der Senat über die Mitwirkung der Deputierten.

§ 10

(1) Die Deputierten werden zu Sitzungen ihrer Deputation von dem Präses einberufen. Der Präses oder sein Stellvertreter führt den Vorsitz. Hat der Senat mehrere Senatoren bestimmt, so haben auch die weiteren Senatoren Sitz und Stimme.

(2) Die vom Senat bestimmten leitenden Beamten nehmen an den Sitzungen mit beratender Stimme teil. Der Präses kann die Teilnahme weiterer Bediensteter zulassen.

(3) An den Beratungen nimmt ferner ein Mitglied der Personalvertretung mit beratender Stimme teil. Sind in einer Behörde mehrere Personalvertretungen gebildet worden, so nimmt ein von ihnen gemeinsam bestimmtes Mitglied teil. Der Präses kann die Teilnahme weiterer Personalratsmitglieder zulassen.

§ 11

Die Deputationen entscheiden in den Sitzungen mit Stimmenmehrheit. Bei Stimmengleichheit gibt die Stimme des Vorsitzenden den Ausschlag. Die Sitzung ist beschlußfähig, wenn außer dem Präses oder seinem Stellvertreter mindestens die Hälfte der Deputierten anwesend ist. In einer mit einer Ladungsfrist von drei Tagen einberufenen zweiten Sitzung wird über einen wegen Beschlußunfähigkeit abgesetzten Gegenstand ohne Rücksicht auf Beschlußfähigkeit beschlossen. In der Einladung muß darauf hingewiesen werden, daß die Beschlußfassung endgültig sein wird.

§ 12

In dringenden Fällen ist der Präses auch in den im § 9 bezeichneten Angelegenheiten zu selbständiger Entscheidung befugt, die den Deputierten in der nächsten Sitzung mitzuteilen ist.

§ 13

Der Präses hat das Recht und die Pflicht, gegen Beschlüsse der Deputation seiner Behörde binnen einer Woche Einspruch an den Senat zu erheben, wenn die in den Sitzungen der Deputation gefaßten Beschlüsse nach seiner Ansicht ein Gesetz verletzen oder dem Staatswohl zuwiderlaufen. Der Einspruch hat aufschiebende Wirkung. Der Präses ist befugt, eine vorläufige Regelung zu treffen, die der Entscheidung über den Einspruch tunlichst nicht vorgreifen soll.

§ 14[7])

Die Deputierten haben das Recht zur Einsicht in die Akten der Behörde, der sie angehören, soweit dem Bekanntwerden des Inhaltes nicht gesetzliche Vorschriften oder das Staatswohl entgegenstehen. Bei Meinungsverschiedenheiten über das Recht der Akteneinsicht entscheidet der Senat.

§ 15

Die Deputierten üben ihre Tätigkeit ehrenamtlich aus.

§ 16

Die Behörden können mit Genehmigung des Senats für einzelne Abteilungen oder Dienstzweige der Behörde oder für ihnen unterstehende Ämter Verwaltungsausschüsse einsetzen. In dem Einsetzungsbeschluß sind Zusammensetzung und Zuständigkeit des Ausschusses zu regeln. Die Deputierten der Behörden haben das Recht, sich an den Beratungen der im Bereich ihrer Behörde gebildeten Verwaltungsausschüsse zu beteiligen. Die Verwaltungsausschüsse sind berechtigt, zur Beratung der von ihnen erörterten Angelegenheiten in die Sitzungen der Deputation einen Vertreter mit beratender Stimme zu entsenden.

§ 17

Der Senat wird ermächtigt, die zur Durchführung und Ausführung dieses Gesetzes erforderlichen Verordnungen zu erlassen.

§ 18[8])

---

[7]) geändert 18. 2. 1971 (GVBl. S. 26).

[8]) aufgehoben 13. 4. 1962 (GVBl. S. 107).

Bezirksverwaltungsgesetz (BezVG)

Vom 16. September 1969 (GVBl. 179, LS 2001-a)
Fassung vom 23. Dezember 1971 (GVBl. 259)

§ 1

Aufbau und Gliederung der Bezirksverwaltung in der Freien und Hansestadt Hamburg werden durch dieses Gesetz geregelt, das das Gesetz über Verwaltungsbehörden ergänzt.

Bezirke

§ 2

(1) Die Freie und Hansestadt Hamburg ist in folgende acht Bezirke eingeteilt:

1. Hamburg-Mitte
2. Altona
3. Eimsbüttel
4. Hamburg-Nord
5. Wandsbek
6. Bergedorf
7. Harburg

(2) Durch eine besonderes Gesetz wird der Bezirk Alstertal eingerichtet.

(3) Die Grenzen der Bezirke bestimmt der Senat.

Verwaltung der Bezirke

§ 3

(1) Für jeden Bezirk wird ein Bezirksamt eingerichtet.

(2) Die Bezirksämter nehmen die Verwaltungsaufgaben wahr, die ihnen der Senat zuweist.

(3) Grundsätzlich sind alle Aufgaben, die ihrer Natur nach örtlich wahrgenommen werden können, den Bezirksämtern zur selbständigen Erledigung zu übertragen.

Einzelne Aufgaben können nach Anhörung der Bezirksversammlungen für mehrere Bezirke bei einem Bezirksamt zusammengefaßt werden.

(4) Der Senat kann dem Präses oder dem zuständigen Staatsrat einer Fachbehörde das Recht einräumen, einzelne fachliche Angelegenheiten der Bezirksämter von grundsätzlicher oder sonst erheblicher Bedeutung zur eigenen Erledigung durch die Fachbehörde an sich zu ziehen.

§ 4

(1) Die Bezirksämter nehmen in den Teilen des Bezirks, in denen es im Interesse der Bevölkerung zweckmäßig ist, Verwaltungsaufgaben durch Ortsämter wahr.

(2) Der Senat entscheidet im Einvernehmen mit der Bezirksversammlung, welche Ortsämter einzurichten sind.

Aufsicht über die Bezirksämter

§ 5

(1) Die Behörde für Inneres führt die Aufsicht über die Bezirksämter. Ihr steht in fachlichen Angelegenheiten eine Aufsicht nur soweit zu, als sie selbst Fachbehörde gegenüber den Bezirksämtern ist.

(2) Die Fachbehörden haben Richtlinien und allgemeine Grundsätze für die Wahrnehmung der den Bezirksämtern zugewiesenen fachlichen Aufgaben aufzustellen (Fachliche Weisungen). Sie überwachen, ob die Bezirksämter die Rechtsvorschriften und Fachlichen Weisungen richtig anwenden. Die Fachlichen Weisungen treten mit ihren Änderungen fünf Jahre nach Ablauf des Jahres außer Kraft, in dem sie erlassen sind.

(3) Der Präses und der zuständige Staatsrat einer Fachbehörde sind zur Erteilung von Einzelanweisungen an die Bezirksämter in Fällen von grundsätzlicher oder sonst erheblicher Bedeutung berechtigt, insbesondere

a) wenn die Bezirksämter die ihnen obliegenden Aufgaben nach Beanstandung nicht in angemessener Frist erfüllen,

b) bei Gefährdung der öffentlichen Sicherheit und Gesundheit, sofern die erforderliche Maßnahme durch das Bezirksamt in der gebotenen Zeit nicht getroffen wird oder getroffen werden kann.

Die Behörde für Inneres ist gleichzeitig zu unterrichten.

(4) Bei Meinungsverschiedenheiten über die Zulässigkeit der Aufsichtsmittel entscheidet der Senat.

Haushaltswirtschaft

§ 6

(1) Im Haushaltsplan sind die von den Bezirksämtern zu bewirtschaftenden Einnahmen und Ausgaben für Fachaufgaben in einer besonderen Spalte zu veranschlagen. Die Bezirksämter sind über wesentliche Änderungen ihres Haushaltsvoranschlages rechtzeitig zu unterrichten.

(2) Der Senat verteilt die von den Bezirksämtern zu bewirtschaftenden Mittel in einem Bezirksplan auf die einzelnen Bezirksämter. Soweit es für eine wirtschaftliche Haushaltsführung erforderlich ist, Mittel bei einzelnen Haushaltsansätzen erst im Laufe des Rechnungsjahres zu verteilen, sind sie im Bezirksplan zentral auszuweisen.

(3) Die zugeteilten Haushaltsmittel bewirtschaftet das Bezirksamt in eigener Zuständigkeit. Der Haushaltsplan bestimmt die Haushaltsstellen, bei denen die Verwendung der nicht im einzelnen festgelegten Haushaltsmittel der Genehmigung der Bezirksversammlung bedarf.

Bezirksversammlung

§ 7

Die Bevölkerung wirkt durch die Bezirksversammlung an den Aufgaben des Bezirksamts mit.

§ 8[1])

Die Bezirksversammlung besteht aus 40 Bezirksabgeordneten.

§ 9

(1) Die Bezirksabgeordneten werden von der Bevölkerung der Bezirke aus deren Einwohnerschaft auf vier Jahre gewählt.

(2)Mitglieder des Senats können nicht Bezirksabgeordnete sein.

(3) Bei vorzeitiger Auflösung der Bürgerschaft endet auch die Amtsdauer der Bezirksversammlungen.

---

[1]) § 8 tritt gemäß § 32 Abs. 2 mit Ablauf der Wahlperiode zu den Bezirksversammlungen in Kraft, die im Jahr 1970 beginnt; bis dahin gilt weiterhin § 9 des Bezirksverwaltungsgesetzes vom 30. 10. 1961 mit folgendem Wortlaut:

„§ 9

Die Bezirksversammlung besteht aus mindestens 30, höchstens 50 Bezirksabgeordneten."

(4) Die alten Bezirksversammlungen führen die Geschäfte bis zur ersten Sitzung der neuen Bezirksversammlungen weiter.

(5) Die näheren Bestimmungen über das Wahlrecht, die Wählbarkeit und die Durchführung der Wahlen trifft ein Wahlgesetz.

§ 10

(1) Eine Verpflichtung zur Annahme der Wahl besteht nicht. Ein Bezirksabgeordneter kann jederzeit aus der Bezirksversammlung ausscheiden. Er scheidet aus, sobald er seine Wählbarkeit verliert. Verlegt er seinen Wohnsitz in einen anderen Bezirk, so kann er sein Mandat bis zum Ende der Wahlperiode ausüben.

(2) Ein Bezirksabgeordneter kann durch Beschluß der Bezirksversammlung ausgeschlossen werden, wenn er

a) sein Amt mißbraucht, um sich oder anderen persönliche Vorteile zu verschaffen,
b) seine Pflichten als Bezirksabgeordneter aus eigennützigen Gründen gröblich vernachlässigt oder
c) der Pflicht zur Verschwiegenheit gröblich zuwiderhandelt.

Der Beschluß bedarf der Zustimmung einer Mehrheit von drei Vierteln der Mitglieder.

§ 11

(1) Die Bezirksversammlung ist berufen:

a) Beschlüsse über Angelegenheiten des Bezirks zu fassen,
b) an der Aufstellung des Haushaltsvoranschlags des Bezirksamts und der Ausführung des Haushaltsplans teilzunehmen, insbesondere in den Fällen des § 6 Absatz 3 Satz 2 über die Genehmigung zu beschließen,
c) an den Verwaltungsaufgaben des Bezirksamts, insbesondere durch die von ihr bestellten Ausschüsse, mitzuwirken,
d) die Verwaltung des Bezirksamts zu überwachen.

(2) Sie kann in Angelegenheiten des Bezirks, deren Erledigung nicht den Bezirksämtern obliegt, Empfehlungen aussprechen.

§ 12

(1) Die Bezirksversammlung wählt ihren Vorsitzenden und dessen Stellvertreter aus ihrer Mitte.

(2) Der Bezirksamtsleiter nimmt an den Sitzungen der Bezirksversammlung mit beratender Stimme teil. Ihm ist auf Verlangen

jederzeit das Wort zu erteilen. Er kann Angehörige der Verwaltung des Bezirksamts hinzuziehen.

§ 13

Die Bezirksversammlung beschließt mit einfacher Stimmenmehrheit, soweit nicht gesetzlich etwas anderes bestimmt ist. Die Bezirksversammlung ist beschlußfähig, wenn mehr als die Hälfte der Mitglieder anwesend ist; jedoch sind alle Beschlüsse gültig, wenn die Beschlußfähigkeit vor der Abstimmung nicht angezweifelt worden ist.

§ 14

Das Beschlußrecht der Bezirksversammlung wird begrenzt durch die Gesetze und Verordnungen, den Haushaltsplan, die Anordnungen des Senats und der Behörde für Inneres sowie durch die Fachlichen Weisungen und Einzelanweisungen nach § 5.

§ 15

(1) Der Bezirksamtsleiter hat Beschlüsse der Bezirksversammlung, die gegen § 14 verstoßen, binnen zwei Wochen bei dem Vorsitzenden zu beanstanden. Wird der beanstandete Beschluß von der Bezirksversammlung nicht in einer der beiden nächsten Sitzungen, spätestens binnen zwei Monaten nach der Beanstandung, geändert, so hat der Bezirksamtsleiter den Beschluß binnen einer Woche der Behörde für Inneres vorzulegen. Die Behörde für Inneres hat in fachlichen Angelegenheiten eine Entscheidung des Senats herbeizuführen.

(2) Die Beanstandung hat aufschiebende Wirkung. Der Bezirksamtsleiter ist befugt, eine vorläufige Regelung zu treffen.

(3) Der Bezirksamtsleiter hat den Vorsitzenden der Bezirksversammlung über eine von ihm getroffene vorläufige Regelung sowie über eine vom Senat oder von der Behörde für Inneres getroffene Entscheidung unverzüglich zu unterrichten.

§ 16

Weigert sich der Bezirksamtsleiter, einen Beschluß der Bezirksversammlung auszuführen, so kann die Bezirksversammlung die Behörde für Inneres anrufen. Die Behörde für Inneres hat in fachlichen Angelegenheiten eine Entscheidung des Senats herbeizuführen.

§ 17

Die Sitzungen der Bezirksversammlung sind öffentlich. Die Bezirksversammlung kann durch Mehrheitsbeschluß die Öffentlichkeit ausschließen. Über einen Antrag auf Ausschluß der Öffentlichkeit ist in nichtöffentlicher Verhandlung zu beschließen.

Ausschüsse

§ 18

(1) Die Bezirksversammlung bestellt aus ihrer Mitte einen Hauptausschuß. Der Vorsitzende der Bezirksversammlung gehört dem Hauptausschuß an und führt den Vorsitz. Der Hauptausschuß wählt aus seiner Mitte den stellvertretenden Vorsitzenden.

(2) § 12 Absatz 2 findet entsprechende Anwendung.

§ 19

(1) Der Hauptausschuß nimmt die Aufgaben wahr, die ihm durch

a) Rechtsvorschrift

b) Geschäftsordnung

c) Beschluß der Bezirksversammlung

übertragen worden sind.

(2) Die Bezirksversammlung kann die von ihr wahrzunehmenden Aufgaben mit Ausnahme der Angelegenheiten von erheblicher Bedeutung dem Hauptausschuß zur selbständigen Erledigung übertragen.

(3) In der Geschäftsordnung kann bestimmt werden, daß der Hauptausschuß befugt ist, in dringenden Angelegenheiten, die eine Beschlußfassung vor der nächsten Sitzung der Bezirksversammlung erfordern, für die Bezirksversammlung Beschlüsse zu fassen. Die Beschlüsse sind der Bezirksversammlung in der nächsten Sitzung zur Kenntnis zu geben.

(4) In den Fällen des Absatzes 1 Buchstaben b) und c) kann die Bezirksversammlung jeden Fall an sich ziehen und selbst entscheiden. Sie hat den Fall an sich zu ziehen, wenn der Bezirksamtsleiter nach § 15 einen Beschluß des Hauptausschusses beanstandet und der Hauptausschuß seinen Beschluß nicht ändert.

§ 20

(1) Die Bezirksversammlung kann für bestimmte Fachaufgaben Fachausschüsse einsetzen; die Fachausschüsse sind beratend tätig.

(2) Zur Vorbereitung einzelner Beschlüsse und zur Prüfung einzelner Anträge und Beschwerden kann die Bezirksversammlung Sonderausschüsse einsetzen.

§ 21

(1) Die Bezirksversammlung setzt bei jedem Ortsamt einen Ortsausschuß ein; er besteht aus 15 Mitgliedern.

(2) Für Angelegenheiten des Ortsamts, die keine grundsätzliche Bedeutung haben, soll die Bezirksversammlung den Ortsausschuß ermächtigen, für die Bezirksversammlung Beschlüsse zu fassen. Im übrigen übt der Ortsausschuß eine beratende Tätigkeit aus.

(3) Für die Erfordernisse des Kerngebiets ihres Bezirks kann die Bezirksversammlung einen beratenden Ausschuß einsetzen (Kerngebietsausschuß). Er besteht aus 15 Mitgliedern.

(4) §§ 17 und 19 Absatz 4 finden entsprechende Anwendung.

(5) Die Ortsausschüsse können mit Zustimmung der Bezirksversammlung Unterausschüsse einsetzen. Für den Kerngebietsausschuß wird ein Unterausschuß eingesetzt. Die Unterausschüsse sind beratend tätig.

§ 22

(1) Zu Mitgliedern der Fachausschüsse, Sonderausschüsse, Ortsausschüsse und Kerngebietsausschüsse können außer Bezirksabgeordneten andere Einwohner des Bezirks bestellt werden, die zur Bezirksversammlung wählbar sind. Zu Mitgliedern der Ortsausschüsse und Kerngebietsausschüsse dürfen nur Einwohner des Ortsamtsgebiets bzw. Kerngebiets bestellt werden.

(2) § 10 Absatz 1 findet entsprechende Anwendung.

§ 23[2])

(1) Die Ausschüsse wählen aus ihrer Mitte einen Vorsitzenden und einen stellvertretenden Vorsitzenden.

(2) An den Sitzungen der Fach-, Sonder- und Kerngebietsausschüsse nimmt der Bezirksamtsleiter, an den Sitzungen des Ortsausschusses der Ortsamtsleiter mit beratender Stimme teil. Der Bezirksamtsleiter kann an den Sitzungen des Ortsausschusses mit beratender Stimme teilnehmen.

---

[2]) geändert 27. 10. 1969 (GVBl. 206).

(3)Der Bezirksamtsleiter kann in die Ausschüsse einen Angehörigen der Verwaltung des Bezirksamts als seinen Vertreter entsenden.

(4) Dem Bezirksamtsleiter, dem von ihm entsandten Vertreter und dem Ortsamtsleiter ist auf Verlangen jederzeit das Wort zu erteilen. Sie können zu den Sitzungen Angehörige der Verwaltung hinzuziehen.

(5) § 18 bleibt unberührt.

§ 24

Die Bezirksversammlung erläßt für sich und ihre Ausschüsse eine Geschäftsordnung. Die Geschäftsordnung bedarf der Genehmigung der Behörde für Inneres.

§ 25

(1) Die Bezirksabgeordneten und die Mitglieder der Ausschüsse üben ihre Tätigkeit ehrenamtlich aus. Sie sind an Aufträge nicht gebunden.

(2) Bezirksabgeordnete und Mitglieder von Ausschüssen dürfen nicht in Einzelsachen mitberaten und abstimmen, an denen sie wirtschaftlich, insbesondere auch in bezug auf ihren Privatberuf, interessiert sind.

(3) Das gleiche gilt, wenn das wirtschaftliche oder privatberufliche Interesse in einer Person begründet ist, mit der sie in einer Weise verbunden sind, die nach § 383 Absatz 1 Nummern 1 bis 3 der Zivilprozeßordnung zur Verweigerung des Zeugnisses berechtigt, oder die sie kraft gesetzlicher oder rechtsgeschäftlicher Vertretungsmacht vertreten.

§ 26

(1) Die Bezirksversammlung und die Ausschüsse haben das Recht zur Einsicht in die Akten des Bezirksamts.

(2) Ein Recht zur Einsicht in die Akten besteht nicht, wenn gesetzliche Vorschriften oder zwingende Gründe des Staatswohls entgegenstehen. Soweit Bezirksabgeordnete und Mitglieder von Ausschüssen nach § 25 Absätze 2 und 3 von der Beratung und Abstimmung ausgeschlossen sind, darf ihnen Einsicht in die Akten nicht gewährt werden. Bei Meinungsverschiedenheiten über das Recht zur Akteneinsicht entscheidet die Behörde für Inneres.

§ 27

Die Bezirksabgeordneten und die Mitglieder von Ausschüssen sind — auch nach ihrem Ausscheiden — zur Verschwiegenheit über alle Angelegenheiten verpflichtet, die ihnen durch Akteneinsicht und in nichtöffentlichen Sitzungen bekanntgeworden sind. Dies gilt nicht für Tatsachen, die offenkundig sind, sowie für Angelegenheiten, die abschließend beraten worden sind und ihrer Natur oder Bedeutung nach keiner Geheimhaltung bedürfen.

Bezirksamtsleiter

§ 28

(1) Der Bezirksamtsleiter wird durch den Senat im Einvernehmen mit der Bezirksversammlung auf sechs Jahre bestellt.

(2) Die Bezirksversammlung kann durch Beschluß der Mehrheit ihrer Mitglieder die Abberufung des Bezirksamtsleiters aus wichtigen Gründen fordern.

§ 29

(1) Der Bezirksamtsleiter vertritt den Bezirk gegenüber anderen Behörden und gegenüber der Einwohnerschaft. Er hat den Vorsitzenden der Bezirksversammlung über wesentliche Vorgänge zu unterrichten.

(2) Der Bezirksamtsleiter leitet die Verwaltung des Bezirksamts und führt die Beschlüsse der Bezirksversammlung aus.

(3) Der Senat bestimmt, inwieweit die Fachbehörden an den Personalangelegenheiten der Fachkräfte der Bezirksämter zu beteiligen sind.

....

....

Schlußvorschriften

§ 32[3])

(1) Dies Gesetz tritt, sofern nachstehend nichts anderes bestimmt wird, am Tage nach seiner Verkündung in Kraft.

(2) § 2 tritt am 1. Januar 1972 in Kraft; § 6 tritt mit Beginn des auf die Verkündung folgenden Jahres in Kraft. § 8 tritt mit Ablauf

[3]) geändert 23. 12. 1971 (SVBl. 259).

der Wahlperiode zu den Bezirksversammlungen in Kraft, die im Jahre 1970 beginnt. Die Vorschrift ist jedoch bereits für die Wahl der neuen Bezirksversammlungen im Jahre 1974 anzuwenden. § 21 Absatz 1 zweiter Halbsatz und Absatz 3 Satz 2 gilt erstmals für die Ausschüsse, die in der 1970 beginnenden Wahlperiode zu den Bezirksversammlungen eingesetzt werden.

(3) Es treten außer Kraft

1. das Bezirksverwaltungsgesetz (BezVG) vom 30. Oktober 1961 (Hamburgisches Gesetz- und Verordnungsblatt Seite 335) mit dem Inkrafttreten dieses Gesetzes, § 1 des Bezirksverwaltungsgesetzes jedoch mit dem Inkrafttreten des § 2, § 9 mit dem Inkrafttreten des § 8 und § 31 mit dem Inkrafttreten des § 6 dieses Gesetzes;
2. die Verordnung über die Zahl der Bezirksabgeordneten in den Bezirksversammlungen vom 23. September 1949 (Hamburgisches Gesetz- und Verordnungsblatt Seite 231) und § 3 des Gesetzes über die Wahl der Bezirksabgeordneten zu den Bezirksversammlungen vom 24. April 1961 (Hamburgisches Gesetz- und Verordnungsblatt Seite 145) mit dem Inkrafttreten des § 8 dieses Gesetzes.

(4) Die zur Ausführung und Durchführung des nach Absatz 3 außer Kraft tretenden Bezirksverwaltungsgesetzes bestehenden Verordnungen gelten fort, soweit sie nicht bereits aufgehoben worden sind oder diesem Gesetz widersprechen. Der Senat wird ermächtigt, diese Verordnungen durch Rechtsverordnungen aufzuheben.

(5) Soweit in anderen Rechtsvorschriften auf die Bestimmungen des nach Absatz 3 außer Kraft tretenden Bezirksverwaltungsgesetzes verwiesen ist, treten die entsprechenden Bestimmungen dieses Gesetzes an ihre Stelle.

(6) Die Geschäftsordnungen für die Bezirksversammlungen und ihre Ausschüsse gelten bis zum Erlaß neuer fort, soweit sie diesem Gesetz nicht widersprechen.

Gesetz über die Wahl der Bezirksabgeordneten zu den Bezirksversammlungen

in der Fassung vom 23. März 1971 (GVBl. 57, LS 111-b)

I. Allgemeines

§ 1

Die Bezirksversammlungswahl findet am Tag der Bürgerschaftswahl statt.

§ 2

Jeder Wahlberechtigte hat eine Stimme.

§ 3

Die Zahl der Bezirksabgeordneten wird vom Senat durch Rechtsverordnung für jede Bezirksversammlung festgesetzt.

§ 4

(1) Gewählt wird nach den Grundsätzen der Verhältniswahl mit gebundenen Listen.

(2) Jeder Bezirk bildet einen Bezirkswahlkreis.

§ 5

(1) Die Sitze werden auf die Bezirkswahlvorschläge im Verhältnis der für sie abgegebenen gültigen Stimmen im Höchstzahlverfahren d'Hondt verteilt. Über die Zuteilung des letzten Sitzes entscheidet bei gleicher Höchstzahl das vom Bezirkswahlleiter zu ziehende Los.

(2) Bei der Verteilung der Sitze werden nur Bezirkswahlvorschläge berücksichtigt, die mindestens fünf vom Hundert der insgesamt im Bezirk abgegebenen gültigen Stimmen erhalten haben.

§ 6

Ist für einen Bezirk nur ein Bezirkswahlvorschlag zugelassen worden, so werden die Bezirksabgeordneten diesem Vorschlag ohne Wahl entnommen.

II.
Wahlrecht und Wählbarkeit

1. Allgemeines

§ 7

Wahlberechtigt ist, wer am Wahltage

1. das 18. Lebensjahr vollendet hat,
2. Deutscher im Sinne des Artikels 116 Absatz 1 des Grundgesetzes ist und
3. seit mindestens drei Monaten seinen Hauptwohnsitz im Staatsgebiet hat.

§ 8

(1) Nicht wahlberechtigt ist, wer

1. entmündigt ist oder unter vorläufiger Vormundschaft oder wegen geistigen Gebrechens unter Pflegschaft steht,
2. infolge Richterspruchs das Wahlrecht nicht besitzt.

(2) Das Wahlrecht ruht für Personen,

1. die wegen Geisteskrankheit oder Geistesschwäche in einer Heil- und Pflegeanstalt untergebracht sind,
2. die auf Grund Richterspruchs zum Vollzug einer mit Freiheitsentziehung verbundenen Maßregel der Sicherung und Besserung untergebracht sind.

§ 9

(1) Wählen kann nur der Wahlberechtigte, der in einem Wählerverzeichnis eingetragen ist oder der einen Wahlschein hat.

(2) Der Wähler kann nur in dem Wahlbezirk wählen, in dessen Wählerverzeichnis er eingetragen worden ist.

(3) Verzieht ein Wähler nach Aufstellung des Wählerverzeichnisses in das Gebiet eines anderen Bezirksamts, so kann er in dem bisherigen Wahlbezirk wählen, soweit er nicht auf seinen Antrag in

das Wählerverzeichnis eines Wahlbezirks seines neuen Bezirksamts eingetragen worden ist.

(4) Inhaber von Wahlscheinen können im Gebiet des Bezirksamts, in dem der Wahlschein ausgestellt ist, durch Stimmabgabe in einem beliebigen Wahlbezirk wählen.

§ 10

(1) Der Inhaber eines Wahlscheins kann sein Wahlrecht brieflich ausüben, wenn er glaubhaft macht,

a) daß er sich am Wahltag außerhalb des Gebiets seines Bezirksamts aufhält oder

b) daß er infolge Krankheit, hohen Alters, eines körperlichen Gebrechens oder sonst seines körperlichen Zustandes wegen den Wahlraum nicht oder nur unter unzumutbaren Schwierigkeiten aufsuchen kann.

(2) Bei der Briefwahl hat der Wähler dem Bezirkswahlleiter im verschlossenen Umschlag

a) seinen Wahlschein,

b) in einem besonderen verschlossenen amtlichen Wahlumschlag seinen Stimmzettel

so rechtzeitig zu übersenden, daß der Wahlbrief spätestens am Wahltag bis 18 Uhr eingeht.

(3) Auf dem Wahlschein hat der Wähler eidesstattlich zu versichern, daß er den Stimmzettel persönlich gekennzeichnet hat.

§ 11

(1) Wählbar ist jeder wahlberechtigte Einwohner des Bezirks, der am Wahltag das 21. Lebensjahr vollendet hat.

(2) Nicht wählbar ist,

1. wessen Wahlrecht nach § 8 Absatz 2 ruht,
2. wer infolge Richterspruchs die Wählbarkeit oder die Fähigkeit zur Bekleidung öffentlicher Ämter nicht besitzt oder
3. wer, ohne die deutsche Staatsangehörigkeit zu besitzen, Deutscher im Sinne des Artikels 116 Absatz 1 des Grundgesetzes ist und diese Rechtsstellung durch Ausschlagung der deutschen Staatsangehörigkeit nach dem Gesetz zur Regelung von Fragen der Staatsangehörigkeit vom 22. Februar 1955 (Bundesgesetzblatt I Seite 65) erlangt hat.

§ 12

(1) Ein Bezirksabgeordneter verliert seinen Sitz,

1. wenn er freiwillig aus der Bezirksversammlung ausscheidet,
2. wenn festgestellt wird, daß eine Wählbarkeitsvoraussetzung nicht vorhanden gewesen ist,
3. wenn eine Wählbarkeitsvoraussetzung wegfällt,
4. wenn die Wahl für ungültig erklärt wird oder wenn er einer Entscheidung nach § 13 Absatz 1 zufolge seine Mitgliedschaft verliert,
5. wenn sich das Wahlergebnis nachträglich ändert.

(2) Das freiwillige Ausscheiden ist dem zuständigen Bezirksamtsleiter schriftlich zu erklären. Es kann nicht widerrufen werden.

§ 13

(1) Wird eine Partei oder die Teilorganisation einer Partei durch das Bundesverfassungsgericht gemäß Artikel 21 des Grundgesetzes für verfassungswidrig erklärt, so verlieren die Bezirksabgeordneten, die dieser Partei oder Teilorganisation zur Zeit der Antragstellung oder der Verkündung des Urteils angehören, ihren Sitz und die nicht gewählten Bewerber ihre Anwartschaft als Listennachfolger.

(2) Die Zahl der Sitze in den Bezirksversammlungen vermindert sich für die Dauer der laufenden Wahlperiode entsprechend.

2. Wählbarkeit der Angehörigen des öffentlichen Dienstes

§ 14

(1) Beamte der Freien und Hansestadt Hamburg mit Dienstbezügen, zu deren eigentümlichem und regelmäßigem Aufgabenbereich die Ausübung von Hoheitsbefugnissen mit staatlicher Zwangs- oder Befehlsgewalt gehört, und Berufsrichter können die Wahl zu den Bezirksversammlungen nur annehmen, wenn sie nachweisen, daß sie von ihrem Dienstherrn ohne Bezüge beurlaubt worden sind. Der Dienstherr ist verpflichtet, einem solchen Antrage stattzugeben.

(2) Die Zeit der Mitgliedschaft in einer Bezirksversammlung gilt als Dienstzeit im Sinne des Besoldungs- und Versorgungsrechtes, soweit sie vor Erreichung der gesetzlichen Altersgrenze liegt.

§ 15

(1) Die vorstehenden Bestimmungen gelten sinngemäß für Angestellte, wenn sie Hoheitsbefugnisse unter den in § 14 Absatz 1 genannten Voraussetzungen ausüben.

(2) Sofern der Angestellte bis zur Annahme der Wahl in der gesetzlichen Rentenversicherung versicherungspflichtig war, kann er sich auf Kosten der Freien und Hansestadt Hamburg freiwillig weiterversichern, wenn die gesetzlichen Voraussetzungen für die Weiterversicherung vorliegen. Die Freie und Hansestadt Hamburg erstattet dem Angestellten monatlich den von ihm geleisteten Beitrag bis zur Höhe des Betrages derjenigen Beitragsklasse für die Pflichtversicherung, welche für die Vergütung gilt, die dem Angestellten beim Verbleiben im Dienst zugestanden hätte. Besteht für die Weiterversicherung keine Beitragsklasse mit gleich hohem Beitrag, so ist der nächsthöhere Monatsbeitrag zu erstatten.

(3) Sofern der Angestellte bis zur Annahme der Wahl in der gesetzlichen Rentenversicherung von der Versicherungspflicht gemäß Artikel 2 § 1 des Angestelltenversicherungs-Neuregelungsgesetzes vom 23. Februar 1957 (Bundesgesetzblatt I Seite 88) in der Fassung des Gesetzes vom 27. Juli 1957 (Bundesgesetzblatt I Seite 1074) befreit war, erhält er, wenn er einen Lebensversicherungsvertrag abgeschlossen hat, den sich nach Absatz 2 ergebenden Betrag als Zuschuß zur monatlichen Prämie. Der Zuschuß darf die Höhe der monatlichen Prämie nicht übersteigen. Die Sätze 1 und 2 gelten entsprechend für Angestellte, die bis zur Annahme der Wahl versicherungspflichtig waren, aber zur Weiterversicherung nicht berechtigt sind.

§ 16

(1) Beamte und Angestellte, die in einem beim Bezirkswahlleiter eingereichten Wahlvorschlag benannt sind, haben dies ihrem Dienstherrn unverzüglich anzuzeigen. Der Dienstherr hat auf die Anzeige hin unverzüglich darüber zu entscheiden, ob der Beamte oder Angestellte Hoheitsbefugnisse unter den Voraussetzungen des § 14 Absatz 1 ausübt. Die Entscheidung ist auch dem Leiter des zuständigen Bezirksamts zuzustellen.

(2) Gegen die Entscheidung des Dienstherrn ist innerhalb von 10 Tagen nach Zustellung der Antrag auf Entscheidung durch das Hamburgische Verfassungsgericht zulässig. Antragsberechtigt sind:

1. der Beamte oder Angestellte,
2. eine Fraktion der Bezirksversammlung,
3. eine Minderheit der Bezirksversammlung, die mindestens ein Zehntel der gesetzlichen Mitgliederzahl umfaßt.

§ 17

Auf Personen, die ein Ehrenamt bekleiden oder keine feste Besoldung erhalten, finden die §§ 14—16 keine Anwendung.

§ 18

Die Entlassung eines Beamten oder Richters oder die Kündigung eines Angestellten wegen seiner Tätigkeit als Bezirksabgeordneter ist unzulässig.

§ 19

Bedienstete in der Bezirksverwaltung der Freien und Hansestadt Hamburg, die von den §§ 14—16 nicht erfaßt werden, sind zu der Bezirksversammlung des sie beschäftigenden Bezirksamts nicht wählbar.

III.
Vorbereitung für die Wahl

1. Landeswahlleiter, Bezirkswahlleiter, Bezirkswahlausschuß

§ 20

(1) Der Senat bestellt einen Landeswahlleiter. Stellvertreter des Landeswahlleiters ist der Direktor des Statistischen Landesamts.

(2) Bezirkswahlleiter ist der Bezirksamtsleiter. Der Landeswahlleiter ernennt für jeden Bezirkswahlleiter einen Stellvertreter.

(3) In jedem Bezirk wird ein Bezirkswahlausschuß gebildet. Er besteht aus dem Bezirkswahlleiter und aus 8 Mitgliedern. Die Mitglieder werden von der Bezirksversammlung aus den Wahlberechtigten des Bezirks gewählt. Für jedes Mitglied wählt die Bezirksversammlung einen Stellvertreter.

(4) Vorsitzender des Bezirkswahlausschusses ist der Bezirkswahlleiter oder sein Stellvertreter. Der Bezirkswahlausschuß beschließt mit Stimmenmehrheit; bei Stimmengleichheit entscheidet die Stimme des Vorsitzenden.

(5) Der Bezirkswahlleiter übernimmt die Vorbereitung und Durchführung der Wahl unter Aufsicht des Landeswahlleiters.

2. Wahlbezirke

§ 21

(1) Die innerhalb der Grenzen eines Bezirks liegenden Wahlbezirke für die Bürgerschaftswahl sind zugleich Wahlbezirke des Bezirkswahlkreises.

(2) Die für die Bürgerschaftswahl in den Wahlbezirken bestellten Wahlvorsteher, Stellvertreter, Beisitzer und Schriftführer üben das gleiche Amt auch bei der Bezirksversammlungswahl aus.

3. Wählerverzeichnisse

§ 22

(1) Die für die Bürgerschaftswahl für jeden Wahlbezirk aufgestellten Wählerverzeichnisse gelten gleichzeitig als Wählerverzeichnisse für die Bezirksversammlungswahl.

(2) Die Wählerverzeichnisse werden zu allgemeiner Einsicht öffentlich ausgelegt. Zeit und Ort werden öffentlich bekanntgemacht.

(3) Gegen die Wählerverzeichnisse ist der Widerspruch zulässig. Es wird öffentlich bekanntgemacht, innerhalb welcher Frist und bei welcher Stelle der Widerspruch erhoben werden kann.

(4) Über den Widerspruch entscheidet der Bezirkswahlleiter.

4. Wahlscheine

§ 23

Der Wahlschein für die Bürgerschaftswahl gilt zugleich für die Bezirksversammlungswahl.

5. Wahlvorschläge

§ 24

(1) Bezirkswahlvorschläge können von einzelnen Parteien und Wahlberechtigten, nicht aber von Parteienverbindungen eingereicht werden.

(2) Eine Verbindung von Wahlvorschlägen ist unzulässig. Unzulässig sind ferner Wahlvorschläge, die der Umgehung des Verbots der Listenverbindung dienen.

(3) Bezirkswahlvorschläge sind beim Bezirkswahlleiter einzureichen. Über ihre Zulassung entscheidet der Bezirkswahlausschuß.

(4) Gegen die Entscheidung des Bezirkswahlausschusses kann auch der Bezirkswahlleiter oder der Landeswahlleiter Widerspruch erheben. Über den Widerspruch entscheidet der Landeswahlausschuß.

§ 25

(1) Von Parteien können Bezirkswahlvorschläge nur eingereicht werden, wenn diese einen nach demokratischen Grundsätzen gewählten Vorstand, eine schriftliche Satzung und ein schriftliches Programm nachweisen. Dieses Nachweises bedarf es nicht, wenn die Partei in der hamburgischen Bürgerschaft, im Bundestag oder in einem anderen Landtag des Bundesgebiets seit deren letzter Wahl ununterbrochen vertreten war oder wenn Wahlvorschläge der Partei bei der Bürgerschaftswahl oder bei der letzten Bundestagswahl zugelassen waren.

(2) Bezirkswahlvorschläge von Parteien müssen von der für Hamburg satzungsgemäß zuständigen Landesleitung oder Kreisleitung unterzeichnet sein. Wahlvorschläge von Parteien, die bei der letzten Bundestagswahl nicht mindestens 120 gültige Zweitstimmen oder bei der letzten Bürgerschaftswahl oder Bezirksversammlungswahl nicht mindestens 120 gültige Stimmen in dem jeweiligen Bezirk erhalten haben, müssen außerdem von mindestens 120 Wahlberechtigten des jeweiligen Bezirks, die nicht zugleich Bewerber sind, persönlich und handschriftlich unterzeichnet sein.

(3) Wahlvorschläge von Wahlberechtigten müssen von 120 Wahlberechtigten des Bezirks, die nicht zugleich Bewerber sind, persönlich und handschriftlich unterzeichnet sein.

(4) Die Unterzeichner müssen ihre Wohnung und ihr Geburtsdatum angeben.

(5) Jeder Wahlberechtigte darf nur einen Bezirkswahlvorschlag unterschreiben.

§ 26

(1) Über die Aufstellung der Bewerber für Bezirkswahlvorschläge hat eine Versammlung der Mitglieder der Partei oder der von ihnen hierzu gewählten Vertreter in Hamburg oder im Bezirk geheim abzustimmen.

(2) Über die Abstimmung ist eine Niederschrift anzufertigen, die mit dem Bezirkswahlvorschlag einzureichen ist.

(3) Der Landesvorstand oder eine andere in der Parteisatzung hierfür vorgesehene Stelle kann gegen den Beschluß einer Mitglie-

derversammlung oder einer Vertreterversammlung Einspruch erheben. Auf einen solchen Einspruch ist die Abstimmung zu wiederholen. Ihr Ergebnis ist endgültig.

(4) Das Nähere über die Wahl der Vertreter für die Vertreterversammlung, über die Einberufung und Beschlußfähigkeit der Mitgliederversammlung oder der Vertreterversammlung sowie über das Verfahren für die Wahl des Bewerbers regeln die Parteien durch ihre Satzungen.

(5) Eine Abschrift der Niederschrift über die Wahl der Bewerber mit Angaben über Ort und Zeit der Versammlung, die Form der Einladung und über die Zahl der erschienenen Mitglieder ist mit dem Wahlvorschlag einzureichen. Zwei an der Versammlung beteiligte Mitglieder haben gegenüber dem Bezirkswahlleiter eidesstattlich zu versichern, daß die Aufstellung der Bewerber in geheimer Abstimmung erfolgt ist.

(6) Die Bewerber für die Bezirkswahlvorschläge können auch in einer für Hamburg gemeinsamen Mitgliederversammlung oder Vertreterversammlung gewählt werden.

§ 27

(1) Die Bewerber müssen im Bezirkswahlvorschlag in erkennbarer Reihenfolge aufgeführt sein. Name, Vorname, Geburtstag, Geburtsort, Anschrift und Beruf der Bewerber müssen angegeben werden.

(2) Ein Bewerber darf nur in einem Bezirkswahlvorschlag benannt werden.

(3) Die Bewerber müssen dem Bezirkswahlleiter ihre Zustimmung zu der Aufstellung schriftlich erklären.

(4) Wahlvorschläge von Parteien müssen den Namen der einreichenden Partei, Wahlvorschläge von Wahlberechtigten ein Kennwort enthalten.

(5) In jedem Wahlvorschlag sollen ein Vertrauensmann und ein Stellvertreter bezeichnet werden. Fehlt diese Bezeichnung, so gilt der erste Unterzeichner als Vertrauensmann, der zweite als sein Stellvertreter.

(6) Tritt nach Ablauf der Frist zur Einreichung der Bezirkswahlvorschläge ein Bewerber zurück oder fällt eine Wählbarkeitsvoraussetzung weg, so ist das für die Durchführung der Wahl unbeachtlich.

§ 28

Der Landeswahlleiter gibt die Bezirkswahlvorschläge nach der Zulassung öffentlich bekannt. Hierbei werden die Bezirkswahlvorschläge in der gleichen Reihenfolge wie bei der Bürgerschaftswahl aufgeführt. Bezirkswahlvorschläge von Wahlberechtigten, die keinen Wahlvorschlag zur Bürgerschaftswahl eingereicht haben, werden entsprechend ihrem zeitlichen Eingang nachgefügt.

§ 29

(1) Stimmzettel werden amtlich hergestellt.

(2) Sie enthalten alle zugelassenen Bezirkswahlvorschläge unter Angabe von Vor- und Familiennamen der vier ersten Bewerber. Bei Bezirkswahlvorschlägen von Parteien wird außerdem der vollständige Name der Partei unter Hinzufügung der üblichen Abkürzung angegeben.

(3) Für die Reihenfolge der Bezirkswahlvorschläge gilt § 28.

(4) Der Stimmzettel für die Bezirksversammlungswahl kann mit dem Stimmzettel für die Bürgerschaftswahl verbunden werden.

IV.

Wahlhandlung und Feststellung des Wahlergebnisses

1. Wahlhandlung

§ 30

(1) Die Wahlhandlung für die Bezirksversammlungswahl findet gleichzeitig mit der Wahlhandlung für die Bürgerschaftswahl statt. Sie ist öffentlich.

(2) Über die Wahlhandlung ist eine Niederschrift zu führen.

(3) Der Wahlraum muß so ausgestattet sein, daß das Wahlgeheimnis gewahrt wird.

§ 31

(1) Der Wähler stimmt in einer Wahlzelle ab, indem er durch ein Kreuz oder auf andere Weise eindeutig auf dem Stimmzettel kenntlich macht, welchen Bezirkswahlvorschlag er wählen will.

(2) Anstelle von Stimmzetteln können amtlich zugelassene Stimmenzählgeräte verwendet werden.

(3) Eine Vertretung bei der Stimmabgabe ist unzulässig.

§ 32

(1) Die Wahlvorsteher sind für die ordnungsmäßige Durchführung der Wahl in den Wahlräumen verantwortlich.

(2) Der Wahlvorsteher oder sein Stellvertreter kann Anwesende aus dem Wahlraum verweisen, wenn sie trotz Verwarnung die Ruhe oder Ordnung stören.

2. Feststellung des Wahlergebnisses

§ 33

(1) Erfolgt die Wahl mit Stimmzetteln und ist der Stimmzettel mit dem der Bürgerschaftswahl verbunden, dann ist die Auszählung des Ergebnisses der Bezirksversammlungswahl im Wahlraum zusammen mit der Auszählung des Ergebnisses der Bürgerschaftswahl vorzunehmen. Finden die Wahlen mit getrennten Stimmzetteln statt, ist das Ergebnis der Bezirksversammlungswahl unmittelbar im Anschluß an die Auszählung und Übermittlung des Ergebnisses der Bürgerschaftswahl öffentlich zu ermitteln.

(2) Über Stimmzettel, deren Gültigkeit nicht feststeht, entscheidet der Wahlvorstand mit Stimmenmehrheit. Bei Stimmengleichheit entscheidet die Stimme des Wahlvorstehers.

(3) Die Entscheidungen des Wahlvorstandes unterliegen der Nachprüfung durch den Bezirkswahlausschuß.

(4) Das Ergebnis im Wahlbezirk ist unverzüglich dem Bezirkswahlleiter zu übermitteln.

§ 34

(1) Der Bezirkswahlleiter stellt fest, wie viele Stimmen für die einzelnen Wahlvorschläge abgegeben worden sind. Alsdann ermittelt er nach den §§ 5, 27 Absatz 1 Satz 1 die Namen der gewählten Bezirksabgeordneten. Er teilt das Ergebnis unverzüglich dem Landeswahlleiter mit.

(2) Fallen einem Bezirkswahlvorschlag mehr Sitze zu als Bewerber benannt worden sind, so finden die Vorschriften des § 40 Absatz 3 entsprechende Anwendung.

(3) Die Feststellung des Wahlergebnisses bedarf der Bestätigung durch den Bezirkswahlausschuß.

§ 35

Der Landeswahlleiter gibt die Namen der gewählten Bezirksabgeordneten öffentlich bekannt.

§ 36

(1) Die gewählten Bewerber werden vom Bezirkswahlleiter über ihre Wahl verständigt. Sie sind aufzufordern, innerhalb von 7 Tagen schriftlich mitzuteilen, ob sie die Wahl annehmen.

(2) Erklärt sich ein Bewerber innerhalb der Frist nicht, so gilt die Wahl als angenommen.

(3) Ist der Gewählte Beamter oder Angestellter im Sinne von § 16, so gilt die Wahl als abgelehnt,

a) wenn er es unterlassen hat, die Entscheidung seines Dienstherrn herbeizuführen,

b) wenn er nicht innerhalb der Frist von sieben Tagen den Nachweis führt, daß er ohne Bezüge beurlaubt worden ist oder

c) wenn er nicht innerhalb der gleichen Frist den Nachweis führt, daß die Ausübung von Hoheitsbefugnissen mit staatlicher Zwangs- oder Befehlsgewalt nicht zu seinem eigentümlichen und regelmäßigen Aufgabenbereich gehört.

Der Ablauf der Frist ist gehemmt, bis die Entscheidung des Dienstherrn unanfechtbar geworden oder eine Entscheidung des Verfassungsgerichts gefällt worden ist.

(4) Ist der Gewählte Berufsrichter, so gilt die Wahl als abgelehnt, wenn er nicht die unter Buchstabe b genannten Voraussetzungen erfüllt.

(5) Ein gewählter Bewerber darf erst dann als Bezirksabgeordneter handeln, wenn die Wahl nach den Absätzen 1 bis 4 angenommen ist oder als angenommen gilt.

V.

Nachwahlen

§ 37

Der Landeswahlleiter hat eine Nachwahl in den Wahlbezirken anzuberaumen, in denen die Wahl wegen höherer Gewalt nicht durchgeführt werden konnte.

§ 38

(1) Die Nachwahl für die Bezirksversammlungswahl findet gleichzeitig mit der Nachwahl für die Bürgerschaftswahl statt.

(2) Auf Grund der Nachwahl wird das Ergebnis der Bezirksversammlungswahl im Bezirk neu ermittelt.

§ 39

Für die Nachwahl gelten im übrigen die Bestimmungen dieses Gesetzes sinngemäß.

VI.
Ersatz ausscheidender Bezirksabgeordneter

§ 40

(1) Lehnt ein gewählter Bewerber die Wahl ab oder scheidet ein Bezirksabgeordneter während der Wahlperiode aus der Bezirksversammlung aus, so tritt an seine Stelle der nächste Bewerber des betreffenden Bezirkswahlvorschlags. Ist der Wahlvorschlag von einer politischen Partei eingereicht worden, so kann diese bestimmen, daß ein im Wahlvorschlag an späterer Stelle stehender Bewerber an die Stelle des ausgeschiedenen Bewerbers tritt. In allen anderen Fällen steht dieses Recht dem Vertrauensmann des Bezirkswahlvorschlags zu. Die Reihenfolge bleibt von dieser Maßnahme unberührt.

(2) Verlegt ein Bezirksabgeordneter seinen Wohnsitz in einen anderen Bezirk, so kann er sein Mandat bis zum Ende der Wahlperiode ausüben. Ein Bewerber, der vor seiner Berufung als Listennachfolger seinen Wohnsitz in einen anderen Bezirk verlegt, kann nicht als Bezirksabgeordneter nachrücken.

(3) Ist kein Bewerber mehr auf dem Bezirkswahlvorschlag vorhanden, so wählt die Bezirksversammlung unter Beachtung der §§ 11 und 26 aus drei Vorschlägen, die im Falle des Absatzes 1 Satz 2 von der Landesleitung der politischen Partei, andernfalls von dem Vertrauensmann des betreffenden Bezirkswahlvorschlags zu machen sind, einen Ersatzmann. Die Erfordernisse des § 36 gelten entsprechend.

VII.
Wiederholungswahl

§ 41

(1) Ist auf Grund eines Beschlusses der Bürgerschaft eine Wiederholungswahl für die Bürgerschaft erforderlich geworden, so findet

eine Wiederholung der Bezirksversammlungswahl nur statt, wenn die Bürgerschaft dies ausdrücklich bestimmt.

(2) Bei der Wiederholungswahl wird nach denselben Bezirkswahlvorschlägen und auf Grund derselben Wählerverzeichnisse gewählt, soweit nicht von der Bürgerschaft eine andere Entscheidung getroffen worden ist.

(3) Findet in einem Bezirk eine Wiederholungswahl statt, so wird für diesen Bezirk das Wahlergebnis der Bezirksversammlungswahl neu ermittelt.

(4) Im übrigen finden die Bestimmungen dieses Gesetzes Anwendung.

VIII.
Wahlprüfung

§ 42

(1) Über die Gültigkeit der Wahlen zu den Bezirksversammlungen und darüber, ob ein Bezirksabgeordneter die Mitgliedschaft verloren hat, entscheidet unter entsprechender Anwendung des Artikels 9 der Verfassung der Freien und Hansestadt Hamburg die Bürgerschaft.

(2) Einspruch gegen die Gültigkeit der Wahlen zu einer Bezirksversammlung können jeder Wahlberechtigte dieses Bezirks und in amtlicher Eigenschaft der Bezirkswahlleiter und der Landeswahlleiter einlegen.

(3) Der Einspruch ist schriftlich bei der Bürgerschaft einzureichen und zu begründen. Bei gemeinschaftlichen Einsprüchen ist ein Bevollmächtigter zu benennen.

(4) Der Einspruch muß innerhalb eines Monats nach der amtlichen Bekanntmachung des Wahlergebnisses der Bezirksversammlungswahl bei der Bürgerschaft eingehen. Der Beschluß der Bürgerschaft über den Einspruch ist den Einsprechenden von der Kanzlei der Bürgerschaft mit einer Rechtsmittelbelehrung zuzustellen.

IX.
Pflicht zu ehrenamtlicher Mitwirkung

§ 43

Jeder Wahlberechtigte ist verpflichtet, das ihm übertragene Amt eines Wahlvorstehers, Stellvertreters des Wahlvorstehers, Beisitzers oder Schriftführers im Wahlvorstand oder eines Mitglieds im Landeswahlausschuß oder Bezirkswahlausschuß zu übernehmen. Er darf die Übernahme nur aus einem wichtigen Grund ablehnen.

§ 44

Die Übernahme eines Amtes nach § 43 dürfen ablehnen:

1. die Mitglieder des Senats,
2. die im öffentlichen Dienst Beschäftigten, die amtlich mit dem Vollzug dieses Gesetzes oder mit der Aufrechterhaltung der öffentlichen Sicherheit und Ordnung betraut sind,
3. Personen, die auf einem Bürgerschafts- oder Bezirkswahlvorschlag genannt sind,
4. Wahlberechtigte, die das 65. Lebensjahr vollendet haben,
5. Wähler, die glaubhaft machen, daß sie aus dringenden beruflichen Gründen oder durch Krankheit oder durch Gebrechen verhindert sind, das Amt ordnungsmäßig zu führen,
6. Wähler, die sich am Wahltag aus zwingenden Gründen außerhalb ihres Wohnorts aufhalten.

§ 45

(1) Ordnungswidrig handelt, wer die Übernahme einer ehrenamtlichen Tätigkeit bei der Wahl ohne wichtigen Grund ablehnt.

(2) Die Ordnungswidrigkeit kann mit einer Geldbuße geahndet werden.

X.
Wahlstatistik

§ 46

(1) Das Ergebnis der Wahl ist statistisch zu bearbeiten.

(2) Der Landeswahlleiter kann bestimmen, daß in von ihm bestimmten Wahlbezirken auch Statistiken über Geschlechts- und Altersgliederung der Wahlberechtigten und Wähler unter Berücksichtigung der Stimmabgabe für die einzelnen Wahlvorschläge zu erstellen sind. Die Trennung der Wahl nach Altersgruppen und Geschlechtern ist nur zulässig, wenn die Stimmabgabe der einzelnen Wähler dadurch nicht erkennbar wird.

(3) Der Senat kann durch Rechtsverordnung anordnen, daß in von dem Landeswahlleiter zu bestimmenden Wahlbezirken auch Statistiken nach anderen als den in Absatz 2 genannten Merkmalen unter Berücksichtigung der Stimmabgabe für die einzelnen Wahlvorschläge zu erstellen sind.

XI.
Schlußvorschriften

§ 47

Der Senat erläßt die Wahlordnung. Sie kann insbesondere Rechtsvorschriften enthalten über:

1. die Tätigkeit, Beschlußfähigkeit und das Verfahren der Wahlorgane,
2. die Briefwahl,
3. die Einreichung, Inhalt und Form der Bezirkswahlvorschläge sowie der dazugehörigen Unterlagen, ihre Prüfung, die Beseitigung von Mängeln sowie ihre Zulassung und Bekanntgabe,
4. Form und Inhalt des Stimmzettels sowie den Bezirkswahlvorschlag,
5. Bereitstellung, Einrichtung und Bekanntgabe der Wahlräume sowie Wahlschutzvorrichtungen und Wahlzellen,
6. die Stimmabgabe,
7. die Zulassung und Verwendung von Stimmenzählgeräten,
8. die Wahl in Kranken- und Pflegeanstalten sowie in Gefangenenanstalten,
9. die Feststellung der Wahlergebnisse, ihre Weitermeldung und Bekanntgabe sowie die Benachrichtigung der Gewählten,
10. die Durchführung von Neuwahlen und Wiederholungswahlen.

§ 48

Das Gesetz über die Wahl der Bezirksverordneten zu den Bezirksausschüssen der Freien und Hansestadt Hamburg in der Fassung vom 27. September 1957 (Hamburgisches Gesetz- und Verordnungsblatt Seite 413) wird aufgehoben.

Literaturverzeichnis

I. Reichs- und Bundesrecht

Achterberg, Norbert
Grundzüge des Parlamentsrechts, 1971

Anschütz, Gerhard
Die Verfassung des Deutschen Reiches vom 11. 8. 1919, Komm. 14. Aufl., 1933

Anschütz, Gerhard und Thoma, Richard, (Hrsg.)
Handbuch des Deutschen Staatsrechts, Hrsg. 1930/32

Bockelmann, Paul
Die Unverfolgbarkeit der Abgeordneten nach deutschem Immunitätsrecht, 1950

Bonner Grundgesetz, Komm. (Loseblattausg.) seit 1950

Giese, Friedrich — Schunck, Egon
Grundgesetz für die Bundesrepublik Deutschland v. 23. 5. 1949, 7. Aufl., 1967

Hatschek, Julius
Deutsches und Preußisches Staatsrecht, 1922/23

Kaisenberg, Georg
Die Wahl zum Reichstag, 4. Aufl., 1930

Laband, Paul
Das Staatsrecht des Deutschen Reiches, 5. Aufl., 1911/14

v. Mangoldt, Hermann
Das Bonner Grundgesetz, Komm., 2. Aufl. von Friedrich Klein

Maunz, Theodor — Dürig, Günter — Herzog, Roman
Grundgesetz, Komm. (Loseblattausg.), München 1969

Nawiasky, Hans
Die Grundgedanken des Grundgesetzes in der Bundesrepublik, 1950

Ritzel, Heinrich G. und Koch, Helmut
Geschäftsordnung des Deutschen Bundestages, Text u. Komm., 1952

Schäfer, Hans
Der Bundesrat, 1955

II. Die Verfassungen der Länder

Baden-Württemberg

Göbel, Kurt, Die Verf. des Landes B-W, Komm. 1953. Spreng-Birn-Fechte, Die Verf. des Landes B-W, Komm. 1954

Bayern

Nawiasky, Hans — Leusser, Claus — Schweiger, Karl — Zacher, Hans, Die Verf. des Freistaates B, Komm., hrsg. von Leusser und Gerner, 2. Aufl., 1970 f. (Loseblattausg.)

Berlin

Landsberg, Kurt — Götz, Harry, Verf. von B, Komm. 1951

Bremen

Spitta, Theodor, Komm. zur Bremischen Verf. von 1947, 1960

Hessen

Zinn, Georg August — Stein, Erwin, Komm. zur Verf. des Landes H, Bd. 1, 2. Bearb. unter Mitarbeit von Wiltraud v. Brünneck, Barwinski und Ren, 1963 f.

Niedersachsen

Korte, Heinrich, Verf. und Verw. des Landes N, 1962

Nordrhein-Westfalen

Jacobi, Die Verf. des Landes NR-W, Komm. 1950, Vogels, Alois, Die Verf. für das Land NR-W, Komm. 1951, Geller, Gregor — Kleinrahm, Kurt — Fleck, Hans-Joachim, Die Verf. des Landes NR-W, 2. Aufl. 1963

Rheinland-Pfalz

Süsterhenn, Adolf — Schäfer, Hans, Komm. der Verf. von Rh-Pf, 1950

Saarland

Schranil, Rudolf, Verf. des Saarlandes, o. J.

Schleswig-Holstein

Lauritzen, Lauritz, Die Selbstverwaltung in Schl-H, Handkomm. zur Landessatzung, 1950

III. Hamburgisches Verfassungsrecht

Zur Geschichte

Baasch, Ernst

Geschichte Hamburgs 1814 bis 1918, 1924/25

Bolland, Jürgen
Die Hamburgische Bürgerschaft in alter und neuer Zeit, Aus Anlaß des 100jährigen Jubiläums der gewählten Bürgerschaft, 1959

Lüth, Erich
Die Hamburger Bürgerschaft 1946—1971, 1971

Studt, Bernhard u. Olsen, Hans
Hamburg, Geschichte einer Stadt, 1951

Möller, Kurt Detlev u. Tecke, Annelise
Bücherkunde zur hamburgischen Geschichte I (1939), II (1956)

Vor 1860

Steinhagen, J. H.
Über die Hamburgischen Präturen, 1832

Westphalen, Nicolaus Adolph
Geschichte der Haupt-Grundgesetze der Hamburgischen Verfassung, 1. Bd. 1844

Westphalen, Nicolaus Adolph
Hamburgs Verfassung und Verwaltung, 2. Aufl., 1846

Wohlwill, Adolf
Zur Geschichte des Justizwesens in Hamburg während der Franzosenzeit, ZHG 14, 333 ff.

Unter Verf. 1879

Bertram, Alfred
Entwicklung von Hamburgs Zivilrechtspflege im 19. Jahrhundert, Festschrift zum 50jährigen Bestehen der Deutschen Justizgesetze, 1929, 27 ff.

v. Melle, Werner
Das hamburgische Staatsrecht, 1891

Perels, Kurt
Über den Hamburgischen Bürgerausschuß, 1912

Seelig, Geert
Hamburgisches Staatsrecht auf geschichtlicher Grundlage, 1902

Wolffson, J.
Das Staatsrecht der Freien und Hanse-Städte Hamburg, Lübeck, Bremen, 1884

Unter Verf. 1921

Blecke, Otto
Der Aufbau der hamburgischen Staatsverwaltung im allgemeinen, Hmb Diss., 1927

Meincke, Oskar
Die rechtliche Stellung der Evangelisch-lutherischen Kirche im Hamburgischen Staate, 1925

Mittelstein, Max
Die Verfassung der Freien und Hansestadt Hamburg v. 7. 1. 1921 mit Einleitung und Erläuterungen, 2. Aufl., 1924

Morstein-Marx, Fritz
Die Verfassungs- und Verwaltungsentwicklung in den drei Hansestädten Hamburg, Bremen und Lübeck 1918—1928, JböffR 16 (1928) 52 ff.

Nevermann, Paul
Die Auflösung der Hamburger Bürgerschaft im Jahre 1927, Hmb Diss., 1931

Wulff, Albert
Hamburgische Gesetze und Verordnungen, 3. Aufl., 1930

Im Einheitsstaat

Hasche, Walter
Der Reichsstatthalter in der Entwicklung zur Reichsmittelinstanz, 1938

Ipsen, Hans Peter
Von Groß-Hamburg zur Hansestadt Hamburg, 1938

Pfundtner, Hans
Die staatliche und gemeindliche Verfassung und Verwaltung der Hansestadt Hamburg und ihre Vorgeschichte, ReichsVerwBl. 60 (1939), 85 ff.

Rothenberger, Curt (Hrsg.)
Das Hanseatische Oberlandesgericht, Gedenkschrift zu seinem 60jährigen Bestehen, 1939

v. Rozycki, Harry und Speckter, Hans
Die Neugestaltung Hamburgs, Die Verfassung und Verwaltung der Hansestadt Hamburg und ihre Vorgeschichte, 1938

Nach 1952

Ewald, Martin
Der Hamburgische Senatssyndicus, Abhandl. aus dem Seminar f. Öffentliches Recht der Universität Hamburg, Heft 43, 1954

Glatz, Carl-Heinrich u. Haas, Diether
Die Verfassung der Freien und Hansestadt Hamburg v. 6. 6. 1952, JböffR NF Bd. 6 (1957) 223 ff.

Grapengeter, Andrew — Becker, Ulrich — Maschek, Werner
Hamburgisches Landesrecht, Sammlung von Vorschriften aus Verfassung und Verwaltung (Loseblattausg.)

Humburg, Hans Werner
Hamburgs Rechtsstellung in Cuxhaven, Abhandl. aus dem Seminar für Öffentliches Recht der Universität Hamburg, Heft 45, 1955

Ipsen, Hans Peter
Hamburgs Verfassung und Verwaltung von Weimar bis Bonn, 1956

Ipsen, Hans Peter
Hamburgisches Staats- und Verwaltungsrecht, Einführung und Quellen für den akademischen Gebrauch, Abhandl. aus dem Seminar f. Öffentliches Recht der Universität Hamburg, Heft 46, 1955

Prass, Johannes
Die Verfassung der Freien und Hansestadt Hamburg, Sonderdruck aus der Hamburgischen Beamtenzeitung, Heft 1 bis 3, 1953

Rasch, Ernst in v. Brauchitsch, M., hrsg. v. Ule, Carl Hermann
Verwaltungsgesetze des Bundes und der Länder, Bd. I (Rasch-Patzig, Verw.-Organisation u. Verw.-Verfahren), 1. Halbband 374—394, 1962

Weber, Renatus
Hamburgische Reden im Bundesrat, 1957

Die Verfassung

a) Senatsentwürfe

v. 13. 1. 1948, Mitt. des Senats an die Bürgerschaft Nr. 6
(Verhandlungen zwischen Senat und Bgsch. 1948, 4—39)

v. 19. 7. 1949, Mitt. des Senats an die Bürgerschaft Nr. 170
(Verh. 1949, 305—317)

v. 20. 1. 1950, Mitt. des Senats an die Bgsch. Nr. 16
(Verh. 1950, 13—27 und StenBer. 1952, 635—643)

b) VerfA der Bgsch.

2. Bericht (Nr. 60 v. 1951) über den Antrag des Senats Nr. 16 v. 1950 an die Bgsch. (StenBer. 1952 645—661) mit Entwurf des VerfA (StenBer. 1952, 663—671)

c) Beratungen in der Bürgerschaft

1948 StenBer. 197—228

1950 StenBer. 233—262

1952 1. Lesung StenBer. 673—738 (28. 5. 1952)
2. Lesung StenBer. 739—751 (4. 6. 1952)

Stichwortverzeichnis

Die fettgedruckten Zahlen geben die Artikel der Verfassung an, die normalgedruckten Zahlen und Buchstaben die Bemerkungen.

B

C

D

G

H

I

J

K

L

M

N

O

P

W

Z

Die beiden Verfasser waren und sind wieder Rechtsanwälte.

Dr. jur. Wilhelm Drexelius wurde 1946 Senatssyndicus des Rechtsamts des Senats und ab 1951 der Senatskanzlei. Er nahm als Vertreter Hamburgs an dem Verfassungskonvent der deutschen Länder in Herrenchiemsee teil. 1961 wurde er zum Senator gewählt und war zunächst in der Baubehörde und ab Dezember 1961 Präses der Schulbehörde, von 1966 bis 1970 war er auch Zweiter Bürgermeister. Der Bürgerschaft (SPD) gehört er seit 1961 an.

Dr. jur. Renatus Weber, M. A. der University of Denver, war von 1949 bis 1953 und von 1957 bis 1959 stellvertretender Vorsitzender der Fraktion der CDU und des Hamburg-Blocks (CDU, FDP, DP) der Bürgerschaft. 1953 wurde er zum Senator gewählt und war bis 1957 Bevollmächtigter der Freien und Hansestadt Hamburg bei der Bundesregierung, Mitglied des Bundesrates und u. a. Vorsitzender von dessen Rechtsausschuß. Von 1959 bis 1967 war er als Ministerialdirektor amtierender Staatssekretär des Bundesministeriums für Angelegenheiten des Bundesrates und der Länder.

Beide Verfasser waren langjährige Mitglieder der Senatskommission für die Justizverwaltung und des Richterwahlausschusses.

Justizbehörde

- Allgemeine Verwaltung
- Justizamt
- Strafvollzugsamt mit Vollzugsanstalten

- Staatsanwaltschaft bei dem Hanseatischen Oberlandesgericht, bei dem Landgericht
- Hamburgisches Verfassungsgericht
- Hanseatisches Oberlandesgericht, Landgericht, Amtsgerichte
- Hamburgisches Oberverwaltungsgericht, Verwaltungsgericht
- Finanzgericht

Behörde für Schule, Jugend und Berufsbildung

- Allgemeine Verwaltung mit Leitplanung für Bildung und Erziehung
- Amt für Schule: Schulverwaltung, Schulgestaltung, Schulaufsicht
  Dienststellen: Schülerhilfe, Staatliche Landesbildstelle, Institut für Lehrerfortbildung, Staatliches Studienseminar
- Amt für Berufs- und Weiterbildung
- Amt für Jugend: Verwaltung, Jugend- und Familienförderung, Vereinigung städtischer Kinder- und Jugendheime e. V., Jugendfürsorge und Erziehungshilfen, Bezirksjugendämter
- Auslandsangelegenheiten

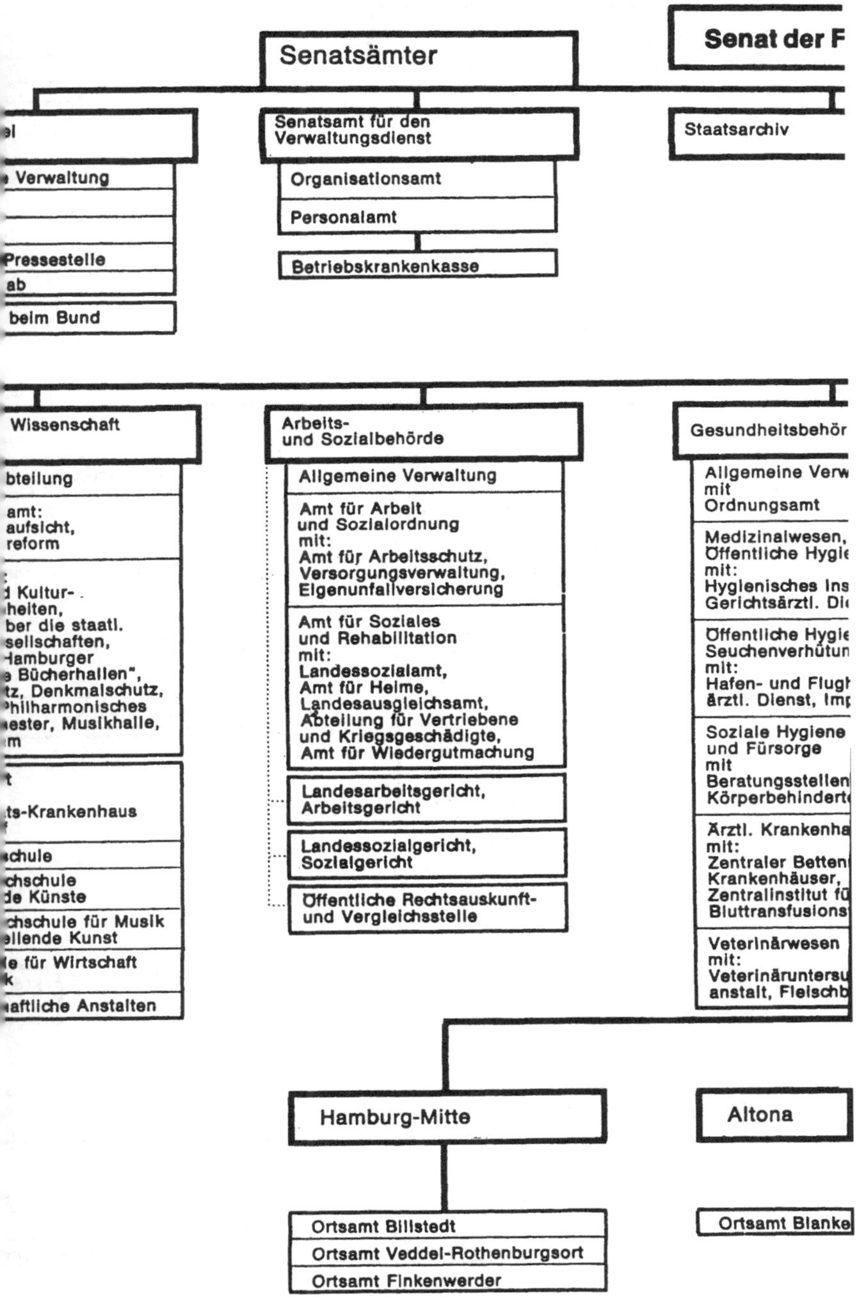
Senatsämter
Senat der F
el
Senatsamt für den Verwaltungsdienst
Staatsarchiv
Verwaltung
Organisationsamt
Personalamt
Pressestelle
ab
Betriebskrankenkasse
beim Bund
Wissenschaft
Arbeits- und Sozialbehörde
Gesundheitsbehör
bteilung
amt: aufsicht, reform
Allgemeine Verwaltung
Amt für Arbeit und Sozialordnung mit: Amt für Arbeitsschutz, Versorgungsverwaltung, Eigenunfallversicherung
Allgemeine Verw mit Ordnungsamt
Medizinalwesen, Öffentliche Hygie mit: Hygienisches Ins Gerichtsärztl. Di
d Kultur- heiten, ber die staatl. sellschaften, Hamburger Bücherhallen", tz, Denkmalschutz, Philharmonisches ester, Musikhalle, m
Amt für Soziales und Rehabilitation mit: Landessozialamt, Amt für Heime, Landesausgleichsamt, Abteilung für Vertriebene und Kriegsgeschädigte, Amt für Wiedergutmachung
Öffentliche Hygie Seuchenverhütun mit: Hafen- und Flugh ärztl. Dienst, Imp
Soziale Hygiene und Fürsorge mit Beratungsstellen Körperbehindert
ts-Krankenhaus
Landesarbeitsgericht, Arbeitsgericht
Ärztl. Krankenha mit: Zentraler Betten Krankenhäuser, Zentralinstitut fü Bluttransfusions
chule
chschule de Künste
Landessozialgericht, Sozialgericht
chschule für Musik ellende Kunst
Öffentliche Rechtsauskunft- und Vergleichsstelle
le für Wirtschaft k
Veterinärwesen mit: Veterinäruntersu anstalt, Fleischb
aftliche Anstalten
Hamburg-Mitte
Altona
Ortsamt Billstedt
Ortsamt Veddel-Rothenburgsort
Ortsamt Finkenwerder
Ortsamt Blanke

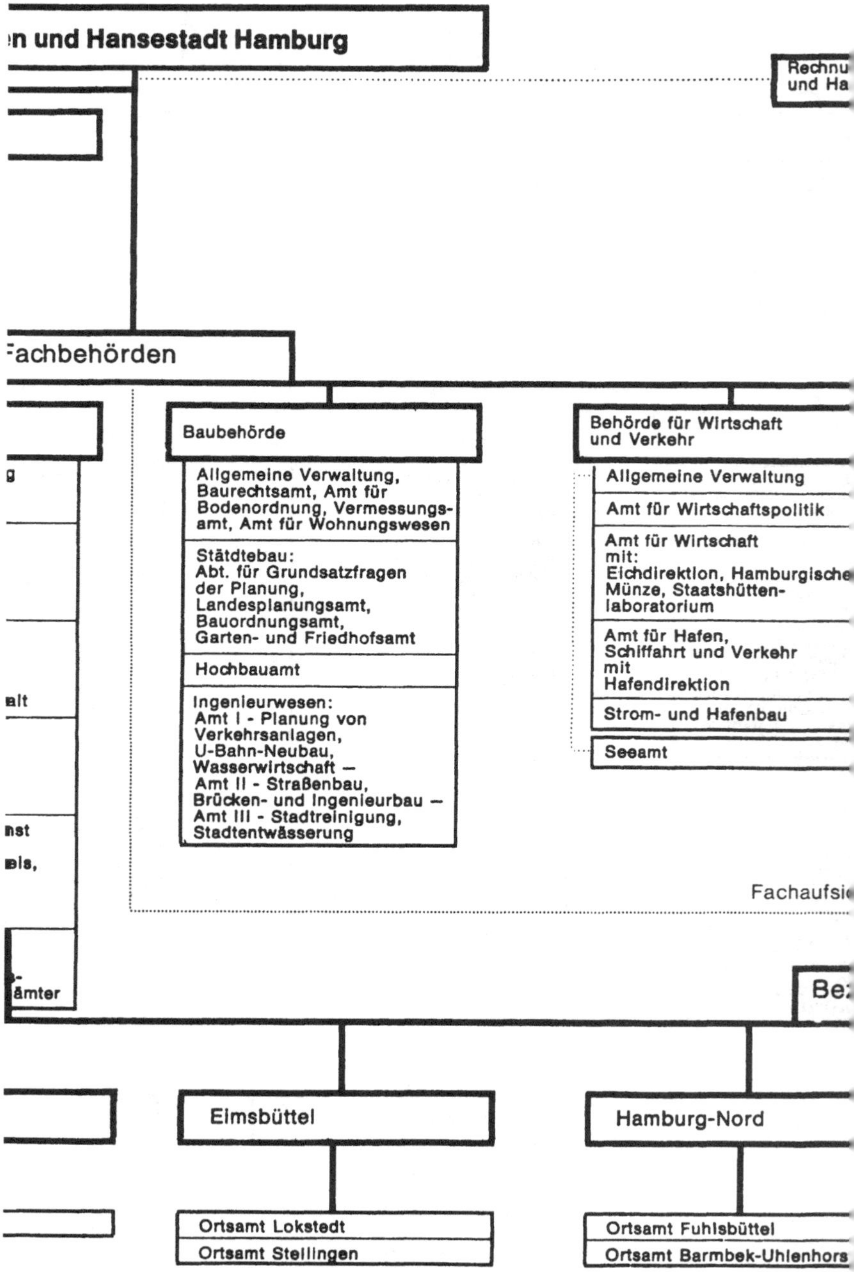

n und Hansestadt Hamburg
Rechnu
und Ha
Fachbehörden
Baubehörde
Allgemeine Verwaltung, Baurechtsamt, Amt für Bodenordnung, Vermessungsamt, Amt für Wohnungswesen
Stätdtebau: Abt. für Grundsatzfragen der Planung, Landesplanungsamt, Bauordnungsamt, Garten- und Friedhofsamt
Hochbauamt
Ingenieurwesen: Amt I - Planung von Verkehrsanlagen, U-Bahn-Neubau, Wasserwirtschaft — Amt II - Straßenbau, Brücken- und Ingenieurbau — Amt III - Stadtreinigung, Stadtentwässerung
Behörde für Wirtschaft und Verkehr
Allgemeine Verwaltung
Amt für Wirtschaftspolitik
Amt für Wirtschaft mit: Eichdirektion, Hamburgische Münze, Staatshütten-laboratorium
Amt für Hafen, Schiffahrt und Verkehr mit Hafendirektion
Strom- und Hafenbau
Seeamt
g
alt
nst
eis,
ämter
Fachaufsi
Be
Eimsbüttel
Hamburg-Nord
Ortsamt Lokstedt
Ortsamt Stellingen
Ortsamt Fuhlsbüttel
Ortsamt Barmbek-Uhlenhors

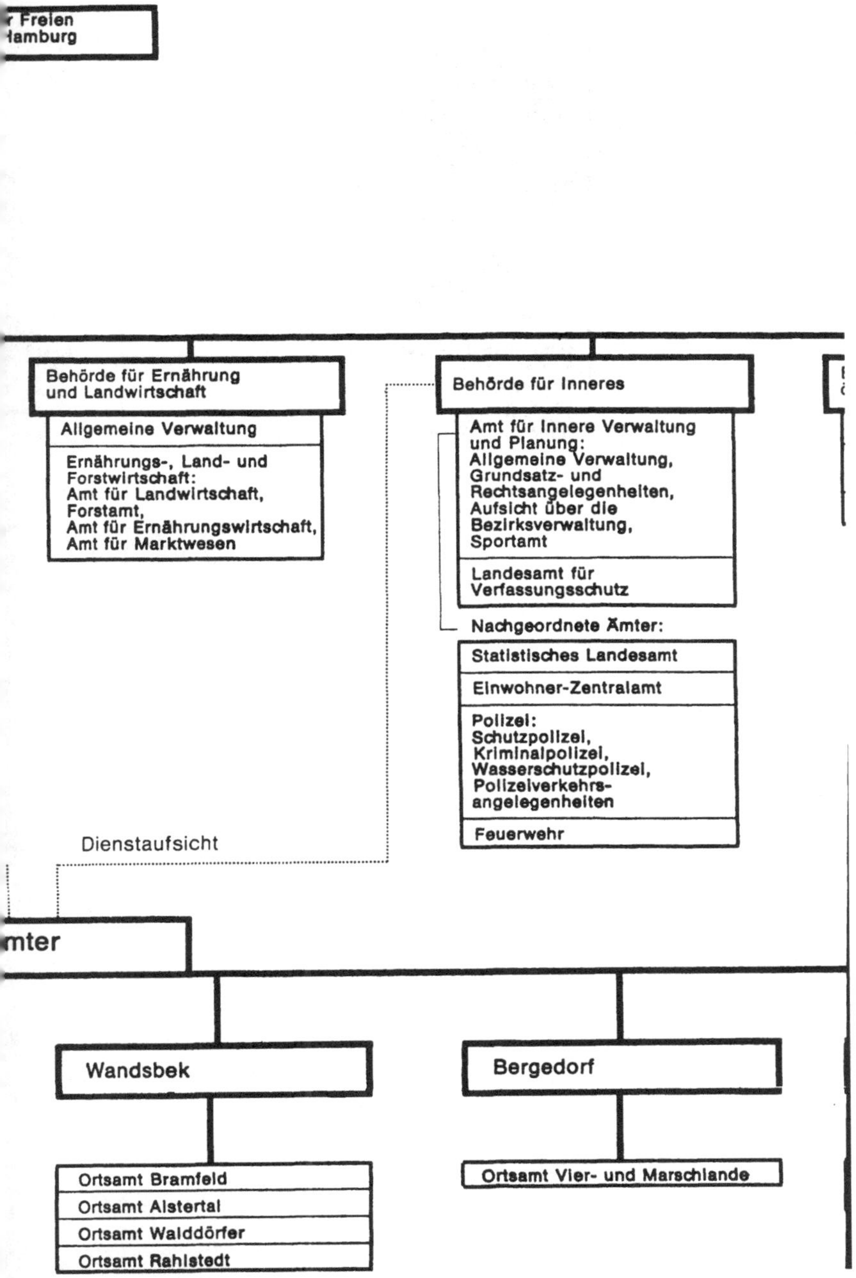

Freien
amburg
Behörde für Ernährung und Landwirtschaft
Allgemeine Verwaltung
Ernährungs-, Land- und Forstwirtschaft:
Amt für Landwirtschaft,
Forstamt,
Amt für Ernährungswirtschaft,
Amt für Marktwesen
Behörde für Inneres
Amt für Innere Verwaltung und Planung:
Allgemeine Verwaltung,
Grundsatz- und Rechtsangelegenheiten,
Aufsicht über die Bezirksverwaltung,
Sportamt
Landesamt für Verfassungsschutz
Nachgeordnete Ämter:
Statistisches Landesamt
Einwohner-Zentralamt
Polizei:
Schutzpolizei,
Kriminalpolizei,
Wasserschutzpolizei,
Polizeiverkehrsangelegenheiten
Feuerwehr
Dienstaufsicht
mter
Wandsbek
Ortsamt Bramfeld
Ortsamt Alstertal
Ortsamt Walddörfer
Ortsamt Rahlstedt
Bergedorf
Ortsamt Vier- und Marschlande

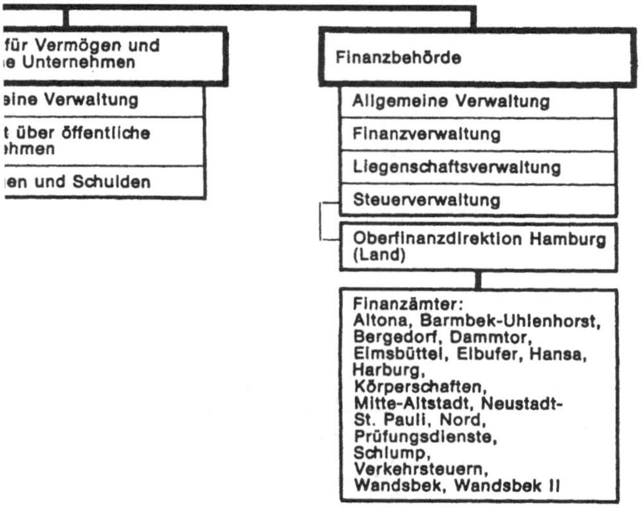

für Vermögen und
e Unternehmen
eine Verwaltung
t über öffentliche
hmen
en und Schulden
Finanzbehörde
Allgemeine Verwaltung
Finanzverwaltung
Liegenschaftsverwaltung
Steuerverwaltung
Oberfinanzdirektion Hamburg (Land)
Finanzämter:
Altona, Barmbek-Uhlenhorst,
Bergedorf, Dammtor,
Elmsbüttel, Elbufer, Hansa,
Harburg,
Körperschaften,
Mitte-Altstadt, Neustadt-
St. Pauli, Nord,
Prüfungsdienste,
Schlump,
Verkehrsteuern,
Wandsbek, Wandsbek II

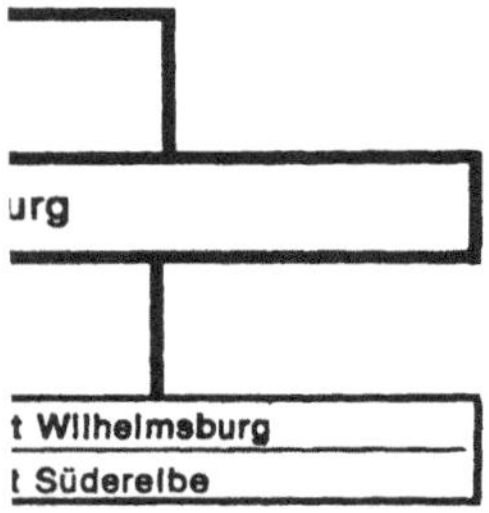

urg
t Wilhelmsburg
t Süderelbe

Kolibri 360 GmbH
Ferdinand-Jühlke-Straße 7
99095 Erfurt, Deutschland
produktsicherheit@kolibri360.de